明治神宮100年の森で未来を語る

Mの森連続フォーラム全記録

明治神宮国際神道文化研究所—編

鹿島出版会

はじめに

明治神宮は、令和二（二〇二〇）年十一月一日に鎮座百年祭を迎えました。おりしも世界がコロナ禍という未曾有の事態に見舞われるなか、数多の方々の尊いお力添えを賜りこの意義深い祭典を滞りなく執り行うことができました。

本書は、明治神宮の祈りを遠く後の世につたえるため、鎮座百年祭記念事業の一環として開催したシンポジウム「Mの森連続フォーラム――１００年の森で未来を語る」を載録したものです。

本フォーラムは、明治神宮の頭文字〝M〟をキーワードとして、一〇〇年の歴史から未来へのメッセージを読み解くことを趣旨に、MATSURI、MEIJI、MORI、MAGOKORO、MACHI、そしてMIRAIへとテーマをつなぎ、令和二年一〇月から一年間をかけて展開いたしました。

宗教、建築、グラフィックデザイン、美術、文学、服飾、歴史、自然科学、まちづくり……、さまざまなジャンルからご登壇いただいたゲストは三八名。感染症対策で参加定員を制限しての実施とはなりましたが、各回約一〇〇名、計七〇〇名をこえる皆様方にご聴講いただきました。

今日、文明の進歩と経済の発展は私たちに物質的な繁栄をもたらしました。しかし未だに世界各地では環境破壊や紛争がつづき、人間一人ひとりの心の内では一層の不安・怒り・悲しみが、嵐の吹き荒れるごとく止まることを知りません。歴史をひもとけば、先賢の多くは、森をはじめとする大自然のなかに分け入り、自らの心の奥処《おくが》の光と闇を見つめ直すことで生まれ変わり、その都度、他の存在への深い共感と瑞々しい生命力を得てまいりました。世界でも稀有な人工の神宿る広大な森、明治神宮。その清澄な祈りの場で未来を語りあったこの記録の書が、漆黒の宇宙に浮かぶ地球に暮らすわたしたち生命が歩むべき間違いのない道を探るための縁《よすが》になればと願ってやみません。

刊行にあたり、格別のご理解とご協力を賜りましたフォーラムご出演の諸先生方、また長きにわたる開催にあたってご支援をいただいた関係各位に対しまして、フォーラム開催途中まで宮司でありました中島精太郎名誉宮司とともに、衷心より厚く御礼を申し上げます。

明治神宮宮司　九條道成

令和五年一月　　参道に人々の笑顔の数限りなき折

明治神宮100年の森で未来を語る　Mの森連続フォーラム全記録―目次

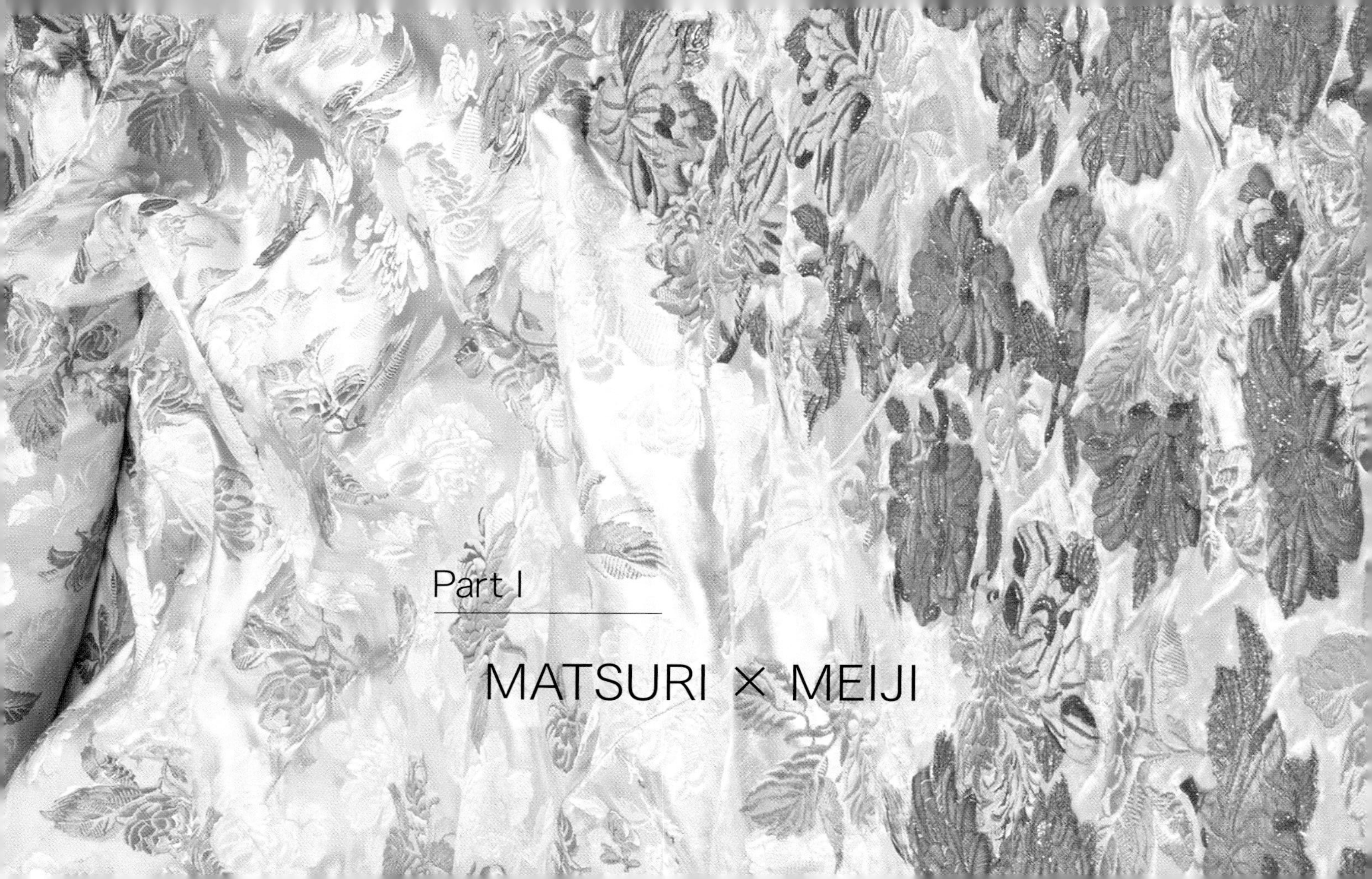

Part I

MATSURI × MEIJI

1—手塚雄二「明治神宮内陣御屏風（日月四季花鳥）」

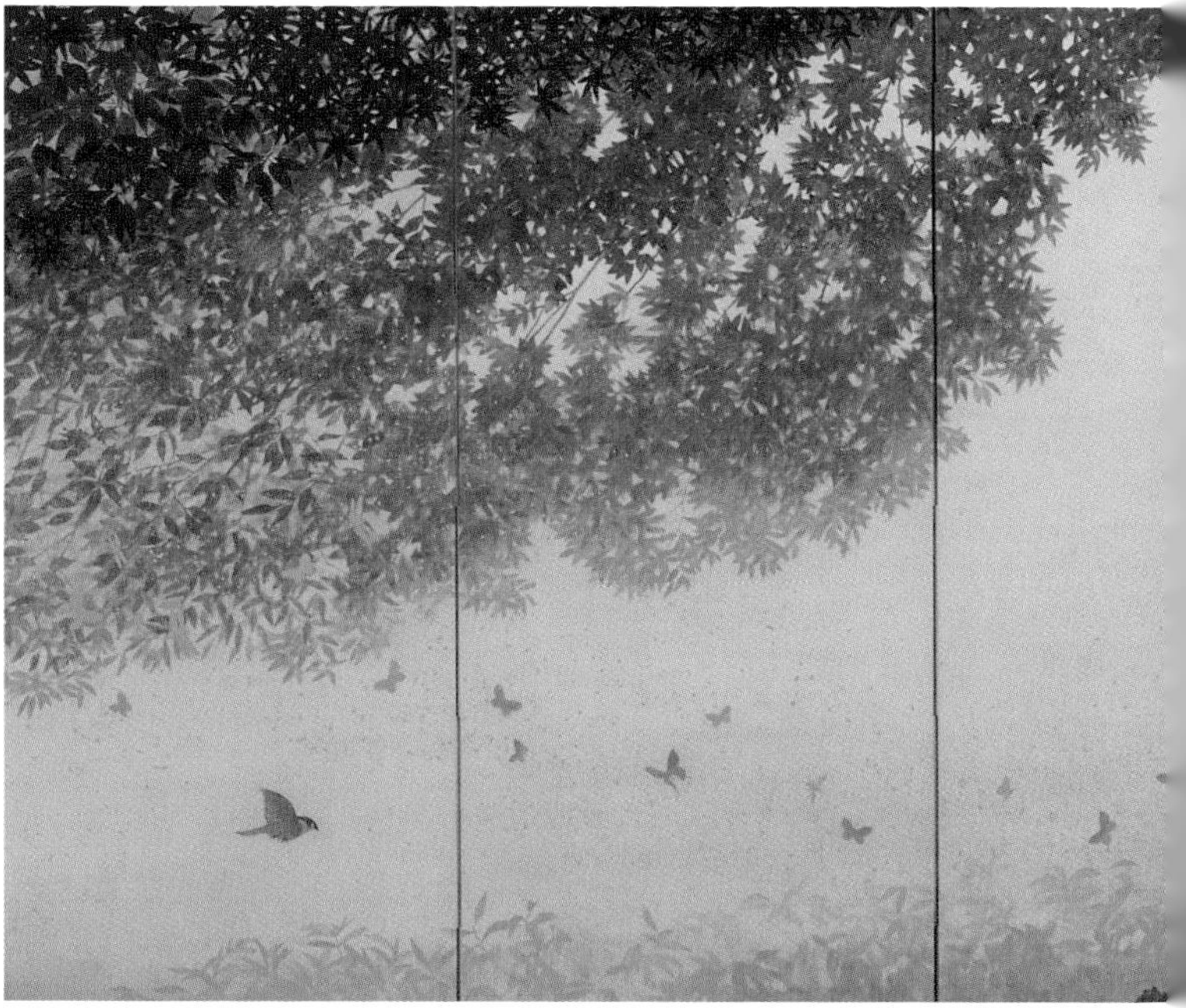

2—昭憲皇太后御大礼服
（大聖寺所蔵）

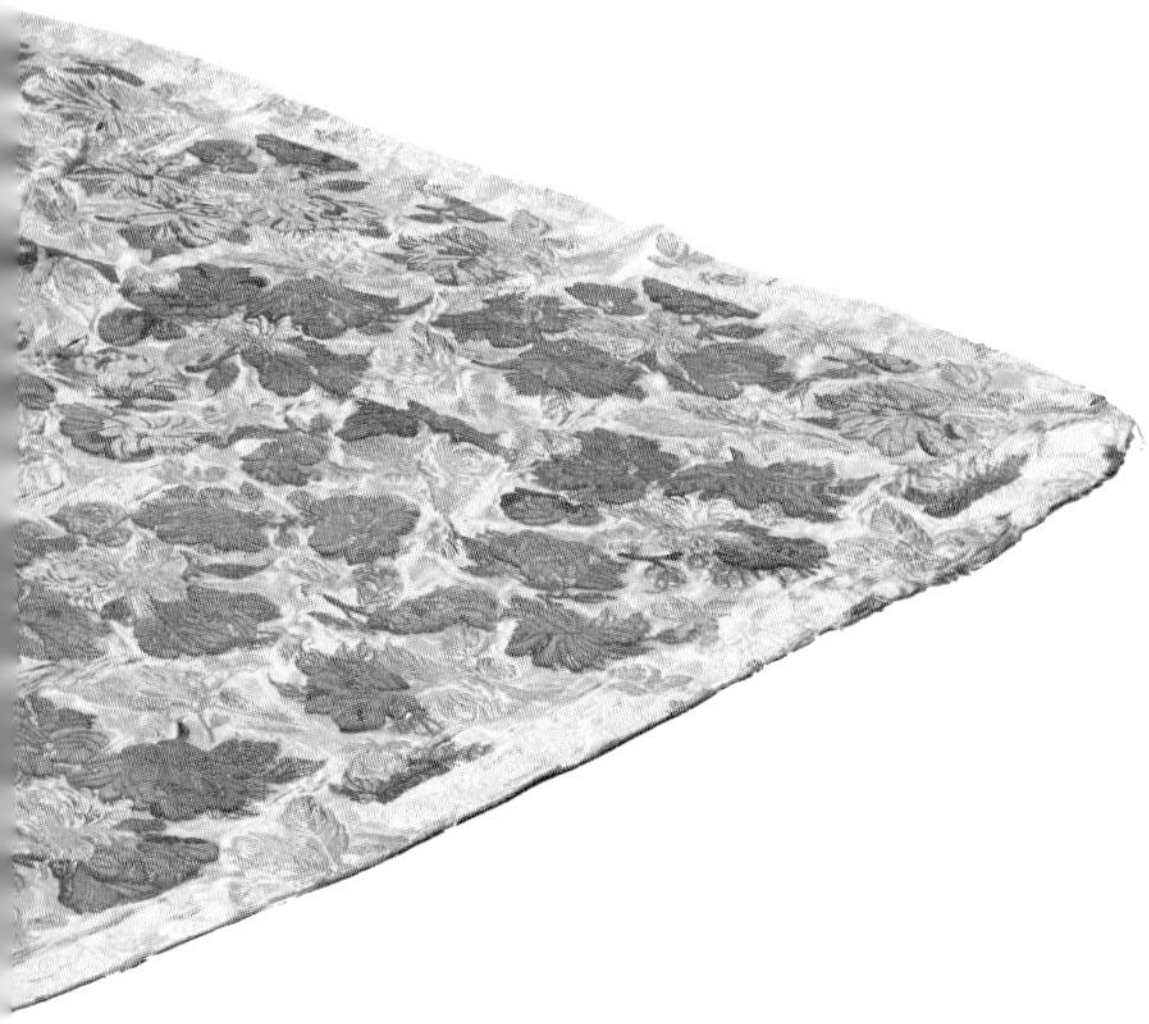

明治神宮鎮座百年大祭

令和2年 | 2020

CENTENNIAL CELEBRATION OF
THE ESTABLISHMENT OF MEIJI JINGU

百年。

百年後を考えたことはありますか。真剣に考えてみると、意外と難しいものです。しかし、百年前の人々は本気で考えていました。明治神宮に生い茂る緑は、かつては、人の手によってつくられた人工の森。明治天皇と昭憲皇太后を祀る地を、自然の力で更新される永遠の森とするべく、百年先を見越して林学者たちによって計画されたものです。

その熱意が実を結び、広大な荒地だった土地は、今では生物の多様性が豊かな自然の森へと変貌しました。明治天皇を慕い、未来を見据えた、多くの先人たちの思いが、今もこの地に受け継がれているのです。

令和二年十一月一日。明治神宮は、百年の節目を迎えます。明治を生きた人々の思いに触れつつ、これからの千年へ。新たな祈りを継いでいく時間を、ぜひ明治神宮の森で体験してください。

https://www.meijijingu.or.jp/

明治神宮鎮座百年大祭
令和2年｜2020
Centennial Celebration of The Establishment of Meiji Jingu

明治神宮ミュージアム

MEIJI
JINGU
MUSEUM

右：5—明治神宮ミュージアムのロゴマーク
下：6—明治神宮ミュージアム外観、同内観
©川澄・小林研二写真事務所

第1章

明治神宮の祈り

鎮座一〇〇年に込めた思い

神宿る大都会の森・明治神宮の未来像とは、どのような姿か。建築・グラフィックデザイン・文学、そして絵画の世界を通し、明治神宮を作品に表現した各界の専門家が、この森へ寄せる思いと、これからへ向けたメッセージを発信する。

01 古きためしをたずねつつ

中島精太郎

菊の香薫る頃となりました。本日はご多用のなか、このフォーラムにご参加いただきましたことを宮司として厚く御礼申し上げます。

想像し得なかった世界規模のコロナ禍のなか、令和二（二〇二〇）年十一月一日の鎮座百年祭を迎えるにあたり、これまでご支援ご協力を頂戴してまいりました大勢の皆様方に心から感謝を申し上げたいと思います。本日は、明治神宮の鎮座から一〇〇年までの概観をお話し申し上げます。

明治、終焉す

明治天皇の崩御は、明治四五（一九一二）年七月三〇日のことでございました。皇后である昭憲皇太后《しょうけんこうたいごう》は、その二年後の大正三（一九一四）年四月十一日にお隠れになりました。明治神宮外苑の聖徳記念絵画館には、明治神宮のご祭神である明治天皇・昭憲皇太后のご二代のご事

中島精太郎
Nakajima Seitaro
明治神宮宮司

績が八〇点の壁画で紹介されていますが、その七九番目が「不豫《ふよ》」という作品です〔図1〕。不豫とは、天皇のご病気のことを意味します。明治四五年七月二〇日、明治天皇ご発病のお触れが宮内省から発表されるや、大勢の国民が天皇のご平癒《へいゆ》をお祈りするために皇居前広場に集まりました。その老若男女の一途な祈りの光景が、この壁画に描かれています。人々の願いも空しく、天皇はまもなく崩御され、日本国中が深い悲しみにつつまれました。夏目漱石は、その感慨を小説『こころ』のなかで「すると夏の暑い盛りに明治天皇が崩御になりました。其時私は明治の精神が天皇に始まつて天皇に終つたやうな気がしました」と登場人物に語らせています。また、当時の東京市長の阪谷芳郎も「茫然として自失し取り付く島もなきが如き国民一般の心理状態でありました」と書き残しています。

それは民間から起こった

この深い悲しみと喪失を経て、明治天皇のご神霊をお祀りし永遠に敬仰申し上げたいとの切なる願いが国民から湧き起こり、明治神宮の創建運動へとつながっていきます。近代日本を代表する実業家の渋沢栄一、東京市長の阪谷芳郎、東京商業会議所会頭の中野武営

図1――「不豫」田辺至画　明治神宮外苑 聖徳記念絵画館所蔵

を中心とする民間有志が、国民の願いを代表して政府への陳情活動を展開しました。この運動が実を結び、崩御の翌年には明治神宮の創建が閣議決定され、大正天皇のご裁可を賜りました。

鎮座地選定の折には、全国各地から熱い招致嘆願がありました。鎮座地に決まったここ代々木は、両祭神がお出ましになったこともある所縁深い御料地で、お二方のお歌も残されています。明治三九年の明治天皇御製《ぎょせい》には、「里」という御題で、

うつせみの代々木の里はしづかにて都のほかのここちこそすれ

がございます。代々木の里の静寂に身を置くと、東京にいることを忘れてしまうとの感慨には、日々お忙しいご政務をお務めだった天皇が、この地でいかほど心安らかに過ごされたかが偲ばれます。また、明治三五年の「霧」と題された昭憲皇太后の御歌《みうた》、

かりみやのありともみえず代々幡のさとの杉むらきりこめてけり

は、ご休所が見えないほどの霧につつまれた、代々木御料地のひなびた光景をお詠みになられたものです。「東京府下豊多摩郡代々幡村大字代々木」と呼ばれたこの地は、かつて武家の下屋敷があった場所を除き、まさに「代々木の原」でした［図2］。

図2—造営前の明治神宮敷地

神宿る永遠の森をめざして

この不毛の原野を、人の手によって神宿る森とする前代未聞の計画が立てられました。日本林学の巨星といわれた本多静六、また、神社林の第一人者・本郷高徳《たかのり》、さらには日本造園学のパイオニアである上原敬二や折下吉延《おりしもよしのぶ》をはじめとする方々が一〇〇年先、一〇〇〇年先を見すえた、永遠の森づくりを成し遂げたのです。このプランは、本郷らにより大正十年に『明治神宮御境内林苑計画』としてまとめられていま す。この書物は、私が明治神宮に奉職した五〇数年前は一部の職員のみが存在を知る内部資料でしたが、いまや、これからの森づくりのモデルとして時代の脚光を浴びつつあります。

この林苑計画に基づき、いよいよ植栽がはじまります。まず、森づくりのために国民の方々に木々の奉納を募ったところ、全国津々浦々よりおよそ一〇万本の献木が運ばれてまいりました。現代ではさまざまな重機がありますが、当時は牛が曳いた大木もあります。

さらに、造営にあたり全国から馳せ参じて勤労奉仕に汗を流した青年団の若者たちはのべ十一万余名にのぼります［図3］。このうち静岡県駿東郡から奉仕した方々が後に結成した「御殿場菊香会」は、現在も二世三世の方々が奉仕者の思いを継ぎ、毎年十一月一日の鎮座記念祭にご参列下さっています。また、外苑敷地に位置する日本青年館は、造営奉仕を記念して、全国の青年団員の浄財によっ

図3—青年団の造営奉仕
帝国軍人教育会編集刊行『明治神宮御写真帖』大正九年

て大正一四年に建設されました。この青年館に明治神宮鎮座三〇年祭を機に集った奉仕者が結成した「大九報光会」も今日までつづいています。

実は、二日前ですが、『会えなかった祖父の面影「明治神宮の森」に生きる大溝勇』（ナカザワ、令和二年）という本と出合う機会がありました。明治神宮造営局技手として森づくりに関わった大溝勇さんという三〇代後半で早世された方の記録です。この方の孫にあたる中澤滋子さんと青木洋子さんの姉妹が明治神宮に贈呈下さったものです。改めて明治神宮造営に尽くした方の思いを、未来へ伝えるべく努めていらっしゃる方々に深い敬意を捧げるものです。

大勢の国民のお力をいただき、大正四年一〇月の地鎮祭からはじまった明治神宮の造営はおよそ五カ年を経て完遂しました。大正九年十一月一日、勅使として九條道實《くじょうみちざね》掌典長が御霊代《みたましろ》を本殿内陣に奉安し、ついに鎮座となったのです。当日の参拝者数は五〇万人に達し、奉祝鳥居が各所に建てられ、花電車が走り、東京の街は賑わいに満ちました。国民の皆さんがいかに明治神宮の鎮座祭を待ち望んでおられたかということがわかります。

鎮座当時の社殿は、社寺建築で著名な建築家の伊東忠太を中心に設計されたもので、屋根は檜皮葺《ひわだぶき》、現在の社殿と少し趣は異なりますが荘厳で美しい流造《ながれづくり》でございます。［図4］

戦禍を経て、新たな神道の可能性へ

しかし、多くの方々のまごころがこもったこの社殿は、鎮座から二五年後の昭和二〇（一九四五）年四月一四日未明、さらに五月二五日から二六日未明にわたって度重なるアメリカ軍の空襲を受け、焼失しました［図5］。社殿前の南神門と本殿裏側の外院回廊の一部を除き、惜しくも社

上：図4―創建時の社殿全景
下：図5―昭和二〇年、空襲で焼失した社殿

殿のほとんどが灰燼《かいじん》に帰したのです。御霊代は、事前に防空壕である御宝庫《ごほうこ》にご動座のうえ、奉安されていましたので、かろうじて難を逃れました。しかし、日々神明に奉仕していた神職はもとより、当時の国民の皆さんの心情を考えますと、深い感慨を覚えます。そして、終戦から時を移さず、「明治神宮の復興なくして日本の再建はない」という多くの国民の悲願によって、戦後復興事業がはじまります。鎮座から二五年の間、内務省所管の官幣大社だった明治神宮が、戦後は一転して宗教法人としての活動を余儀なくされました。国の管理から離れて一法人として焼け跡から再出発した明治神宮は、数多国民のご芳志を頂戴しつつ、関係者の懸命なる尽力によって、昭和三三（一九五八）年一〇月三一日、瑞々しく眩いばかりの社殿の復興を果たすことができました［図6］。

本日は、この会場に神社本庁統理の鷹司尚武《たかつかさなおたけ》様にお越しいただいています。鷹司様のおじいさまである鷹司信輔《のぶすけ》様は、昭和一九年から造営復興当時までの一五年余りの間、第五代の明治神宮宮司をお務めになられました。当時、鷹司宮司が描いた神社界の将来図とはどのようなものだったでしょうか。戦後の怒涛混乱の最中、鷹司宮司は神社本庁統理就任にあたって「告諭」を発しています。この「告諭」こそ、今後の神社界、そして明治神宮の将来を考えるうえで大切にすべき理念であると思っております。少しご紹介します。

図6―昭和三三年、復興遷座祭の賑わい

わが神社は茲《ここ》に国家神道より社会神道へ、或は民族の宗教より世界人の宗教へ発展の機会を与へられたるものと云ふべく、……旧来の陋習《ろうしゅう》を破り、旧套《きゅうとう》を脱し、真に新たなる構想の下に、氏子崇敬者各位の強力なる支持を得て、……所謂信教自由の原則に基き、普《あまね》く人類の信仰を贏《か》ち得ることに依り、其の福祉増進に貢献すべきものと信ず。

「国家神道」から「社会神道」へ、「民族の宗教」から「世界人の宗教」へ。鷹司宮司は、国家の管理から離れた後の神社が、より一層、大衆の信仰によって維持され、さらには広く世界の人々の祈りを受け入れて福祉増進に貢献すべきだと訴えかけておられます。神道の可能性をさらに拓こうとするこの理念は、戦禍の焼け跡から再出発した明治神宮の原点でもあると思います。先人たちが労苦の末につくりあげてきた遺産を、時代に即しながら、どう将来につないでいくべきか。鷹司宮司の「告諭」は、今もその輝きを失わず、我々に大切なメッセージを発しています。

明治天皇の御製をご紹介いたします。

いそのかみ古きためしをたづねつつ新しき世のこともさだめむ

いかなる世にあっても、古くから伝わる心を探り求めながら新しい時代のことを定めるという意味のお歌と拝察いたします。私は、日本文化の根底に古くから流れているのは、均衡と調和の心、バランスとハーモニーだと思っています。それは、大いなる働きによって生かされている自分の分際を知り、慎みをもって他の存在との共存をめざす心です。先人が営々と築き上げてきた足跡に感謝を捧げつつ、自然と人、人と人の調和を大切に、世の安らかならんことを祈りつづける神道の世界観には、物質文明によって行き詰まりをみせている現代社会の課題を解決する鍵があるように思われてなりません。

祈りといのちに満ちた森

明治神宮に奉職以来五〇数年、鎮座百年祭を間近に控えて、一層この身に感じますことは、この代々木の森に込められた祈りです。のべ十一万人の勤労奉仕の方々、一〇万本余りの木々の奉納をして下さった方々をはじめ、明治神宮の造営とその後の維持に尽くした多くの方々のまごころ、夢、そして情熱が、今もこの森に瑞々しくこだましていることを感じます。そして、全国から運ばれた木々とともに、この森にやってきた小さな生きものたちも代を重ね、かけがえのないいのちをつないでいます。

さまざまな祈りと、さまざまないのちが満ちあふれたこの森。ここでは、四季折々に息づく多彩な自然に抱かれつつ、次の一〇〇〇年をめざして神祭りが粛々と幾星霜営まれつづけます。世の平安なることを祈るこの森を未来永劫守り、ご祭神のご神徳を皆様方にお伝えしていくことが、明治神宮で奉仕する者の大きな使命であると、一〇〇年を機に心を新たにするところでございます。

02

トーク

鎮座一〇〇年のミュージアム建築とシンボルマーク

隈 研吾×原 研哉×黒田泰三

隈　隈でございます。鎮座百年祭記念事業のひとつとしてつくられた明治神宮ミュージアムがどのようなデザインの考え方に基づき、どんなプロセスでできたかをお話しします。

森に溶け込むミュージアム

明治神宮ミュージアムは原宿口から徒歩五分ほどの位置にあり、南参道の神橋《しんきょう》近くにございます［図1］。すぐ脇に鉄道が通っていますが、この森は不思議なほど力の強い森で、ほとんど鉄道の存在が感じられません。参道と線路の間にありながら、森のなかに消えていくような建物にするため、可能な限り軒を低くした入母屋《いりもや》の屋根とし、落ち着きある外観にしました。神橋の下の小川から谷へとだんだん上がっている地形になじむよう、小さな屋根が重なり合う形にしています。周囲に溶け込みながらも、天井高はしっかり確保し、内部空間も十分なボリュームを取っております［図2］。

構造的には鉄骨の構造体に木を組み合わせてつくっています。戦災に遭った明治神宮の社殿を再建する際に、本殿と拝殿を木造にするか、コンクリートにするかという議論があったとのこと

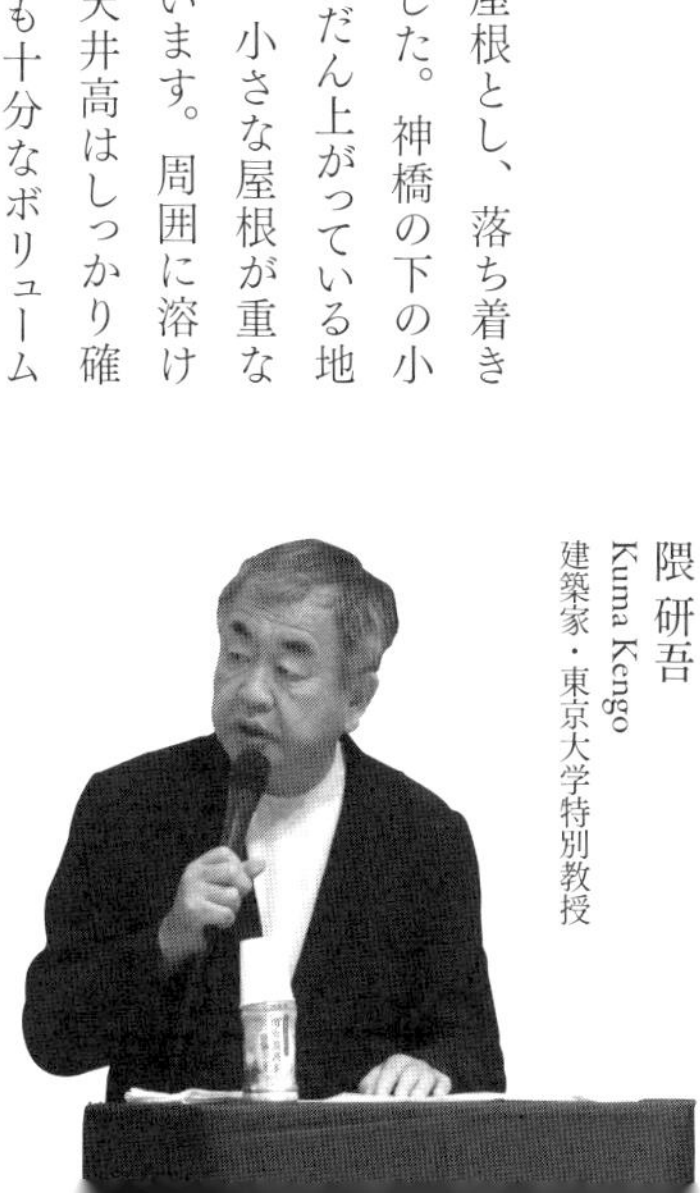

隈 研吾
Kuma Kengo
建築家・東京大学特別教授

上：図1—明治神宮ミュージアムのアプローチ　©川澄・小林研二写真事務所

下：図2—立面図（上）と配置図（下）、隈研吾建築都市設計事務所提供

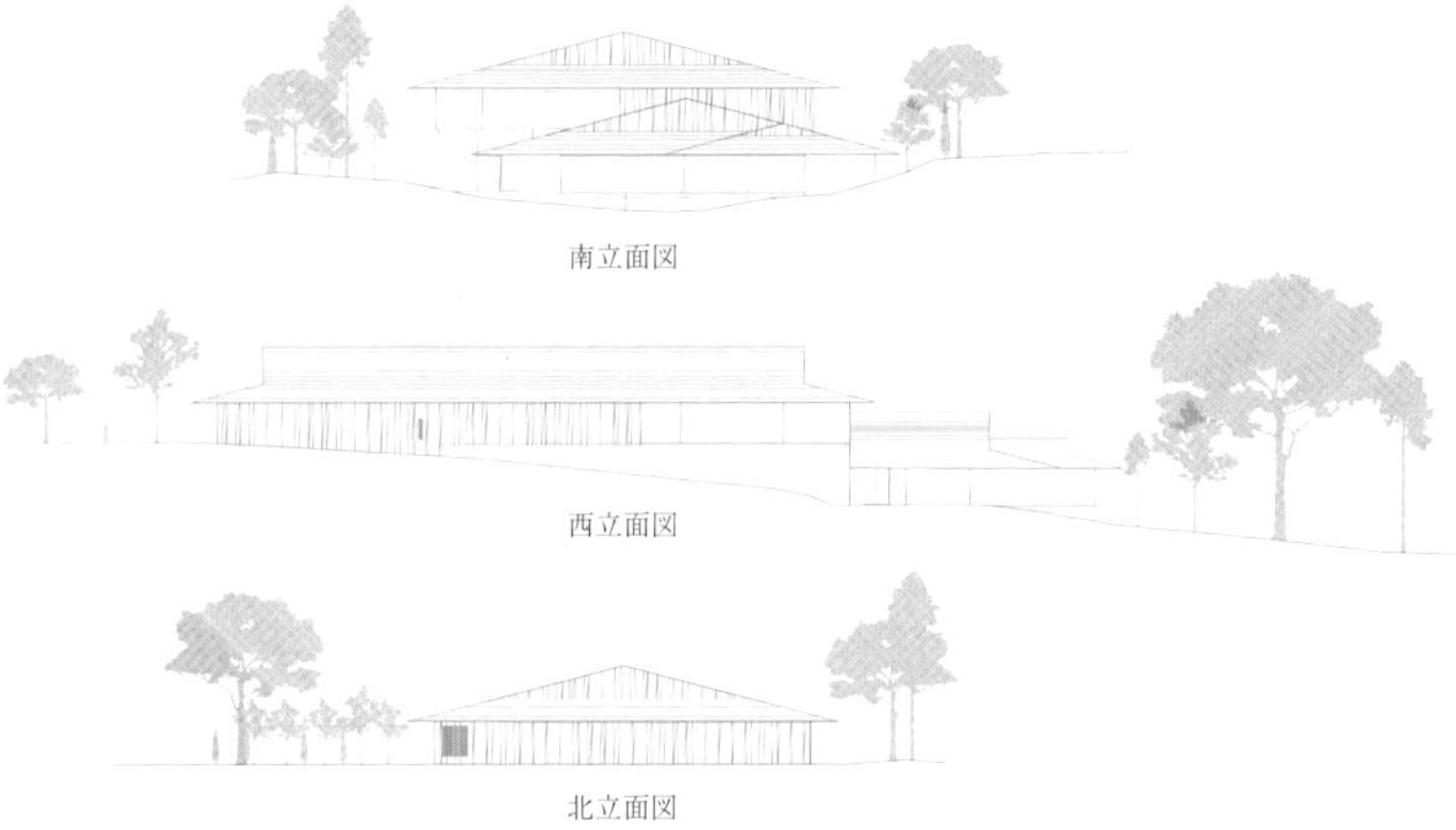

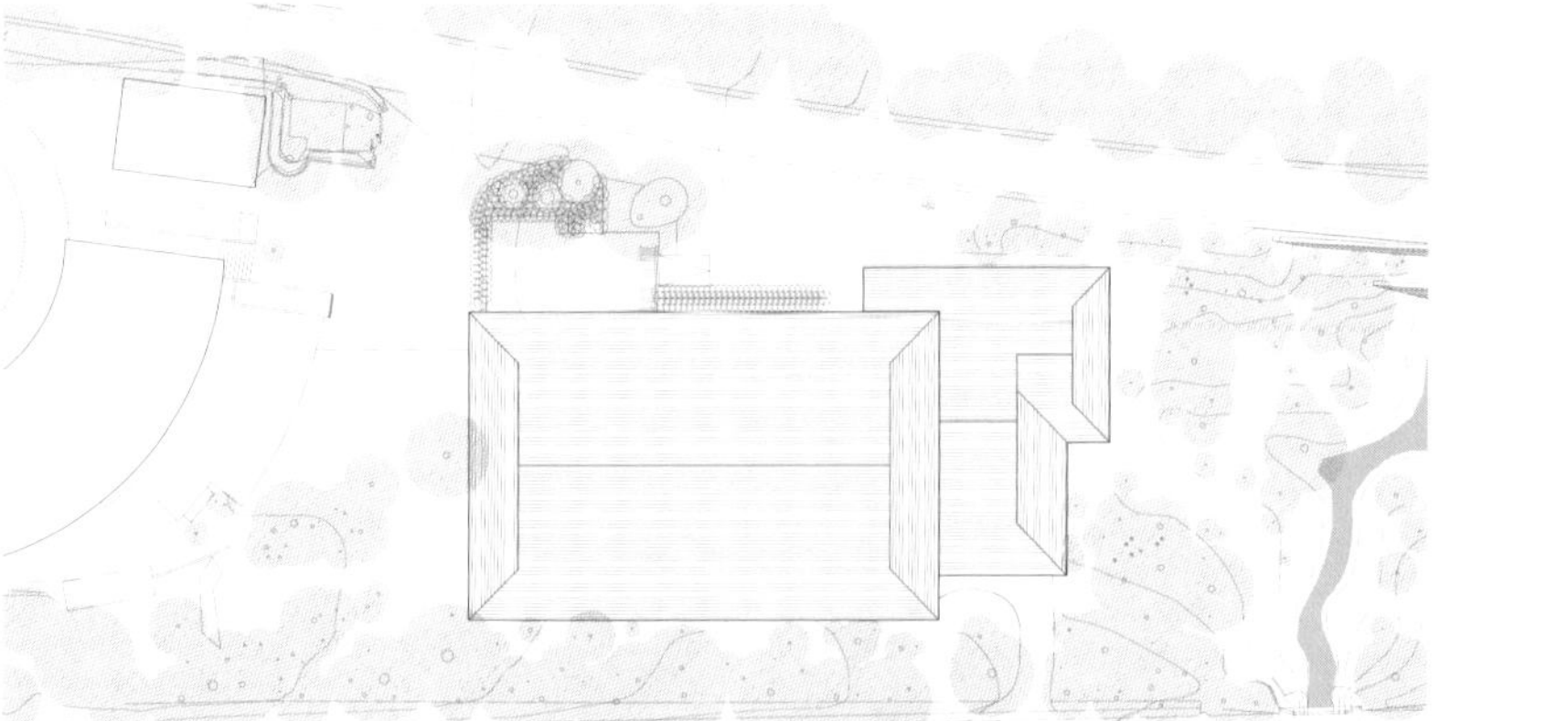

です。昭和二〇年代後半ですから、日本は高度成長期直前で、コンクリートでものをつくるのが主流の時代でした。明治神宮造営委員会の席で、丹下健三先生の師にあたる東京大学建築学科教授の岸田日出刀《ひでと》先生が、「神社建築は木造であってこそ尊さが出る」と発言され、そこから空気が変わり、本殿が木造となったという有名な逸話がございます。私どもも、このコンクリートと鉄骨の構造体に木を組み合わせることで、明治神宮にふさわしい柔らかく優しい感覚を全体的につくり出そうといたしました。

なかから見たとき、三角形の入母屋の妻の窓が森の姿を映し出すようになっています。また、展示室の壁で構造を支えていますので、外周部を壁からフリーにしてガラス張りにし、限りなく森のなかに溶け込む構成が可能となりました［図3］。

神社の建築は木組みの美しさを見せる考え方をベースにしています。そこで、われわれも木の骨組みを見せて天井を「現し《あらわ》」にするというつくり方をいたしました。仕上げには、板を交互に段差をつけながら張っていく大和張りを採り入れています。これも神社でしばしば用いられる意匠です。

展示グラフィックは、後ほどお話をなさる原先生が担当されています。二階の明治天皇、昭憲皇太后の御物の展示室では、大正一〇（一九二一）年開館の宝物殿の天井を模して、アーチを描くヴォールトの格天井となっています［図4］。この空間に置かれている明治天皇の御馬車は、驚くほどディテールがきれいで質の高いものです。

日本人を支えるもの――内苑と外苑

明治神宮外苑にある国立競技場にも少しふれたいのですが、実は、つくり方は明治神宮の建物と非常に関係があります。日本の伝統的な建築技術を踏襲し、庇を重ねながら、そこに木を張っています［図5］。先ほどおよそ一〇万本の木が全国から明治神宮に奉納されたという話がありましたが、ここでも四七都道府県からもち寄った木が使われており、どこの木であるか全部トレースできるようになっています。たとえば外苑門は一番南なので、この辺りは沖縄、鹿児島、熊本、宮崎の木が置かれ、それぞれの産地を向いた方角に並べられています。一本一本、それぞれの木のリズムが感じられるような張り方になっています。

最上階には一周約八五〇メートルの「空の杜」と呼ばれる回廊があります。地上二〇メートルから外苑と内苑の森が見える展望スペースです。内部も、明治神宮ミュージアムの天井と同じ考え方で、鉄骨と木を組み合わせて、温かく日本らしい空間をつくることをベースにしています［図6］。これらは「森のミュージアム」

と「森のスタジアム」であると私は考えていまして、外光を取り込み木漏れ日が感じられるような効果を狙っています。

明治神宮造営当時、森を有する内苑は日本人の精神的なよりどころをめざし、スポーツ施設を有する外苑は身体の健全さを求めたともいわれます。内苑と外苑が一体として、これからも

上から：図3—森に溶け込むミュージアム ©川澄・小林研二写真事務所
図4—二階の「宝物展示室」。宝物殿を模した格天井 ©川澄・小林研二写真事務所
図5—国立競技場　軒庇には四七都道府県の木材を使用　独立行政法人日本スポーツ振興センター提供
図6—木漏れ日をイメージした光がフィールドに差し込む ©大成建設・梓設計・隈研吾建築都市設計事務所共同企業体作成・提供

日本人を支えつづけていくものとなることを願ってデザインいたしました。

ひかりといのち――鎮座百年祭のシンボルマーク

原　グラフィックデザイナーの原研哉です。私からは、明治神宮鎮座百年祭のシンボルマークのお話と明治神宮ミュージアムのお話をしたいと思います。

まず、鎮座百年祭のシンボルマークですが、大変重い仕事を渡されたと当初は感じました。テーマとしたのは、明治天皇の御《み》霊《たま》を表現するということ、そして、一〇〇年という時間を表象することです［口絵3］。

シンボルマークはご覧のとおり、円相が二つ組み合わさっており、上側が御霊です。この金色の円相を光のシンボルとしてまずは据えました。その下側の円相は生命の象徴、具体的にいうと森です。神宮の森は、すでに皆さんお聞きのとおり、人の手でつくられた奇跡の森といわれます。上空から見た森はブロッコリーのようにこんもり茂っていますが、木の葉はまさに一枚一枚が太陽を向いて生えている。ですから、隙間なく生えているのですけれども、少し風が吹くとそよいで、葉の隙間から空が見える。地面には木漏れ日があらわれる。ゆっくりゆったりと豊かに育った木々の木漏れ日は、ある意味では非常に均質です。そして、そこにある生命は常にたゆまず変化しつづけている。静かに全く動かないように見える森だけれども、そこには、生命のたゆまぬ大きな動きがある。そういうものを下側の円相に組み合わせました。

同時に、一〇〇年ですから、〇〇という数字が二つ重なったものをシンボライズしてロゴタイプをつくりました。文字と組み合わせたものはシグネチャーといわれますが、「明治神宮鎮座百年大祭」を縦組みに組むと長くなる、しかし二文字で折り返すと意味がきちんと収まってくれた。しっかりと切れ味のいいものができたと思います。

しかしながら、マークとは、デザイナーがつくって、それで完結するものではありません。マークは、実は空っぽなんです。かたちの意味を、今、私は縷々《るる》申し上げましたけれども、私の解題を聞いてなるほどと思って納得して終わるようなものではなく、このできあがった器に思いが入り込むことによって、そのマークが機能していくわけです。どんな人たちの手に渡り、どんな思いを託されるかによって、マークが決まってくるわけです。鎮座百年祭のマークを非常にたくさんの

原 研哉
Hara Kenya
グラフィックデザイナー

ところで丁寧に使っていただいている様子を見ると、このマークも幸せに機能しはじめているのではないかと思います。今日も関係者の方がマーク入りのジャンパーを着て、バッジを胸につけていらっしゃるのを見るのは大変うれしい限りです。

「はじめの百年。これからの千年。――まごころを継ぐ永遠の杜をめざして」という言葉もセットにして使っていただいております。また、ポスターや新聞広告もつくりました。鎮座百年祭前々日、一〇月三〇日の新聞広告では、お社を上から撮影した写真と、森のなかに分け入って撮った写真を少しモノクローム処理して組み合わせました［口絵4］。

森のなかに実際入りますと、まったく林床の手入れをしていないワイルドな森で、木々のかたちが非常に豊かです。一〇〇年のうちに、東京のど真ん中にこんなにも豊かな自然が育ったのかという不思議と驚きを、いろいろな方々と共有したい。そんな思いでシンボルマークをつくりました。日本には皇居の森もありますが、こういう手つかずの森が密集した大都市に存在すること自体が、何かとても大事なことを象徴しているような気がしています。

明治神宮ミュージアムのアートディレクション

隈さんとご一緒に仕事をする機会が多いのですが、今回も明治神宮ミュージアムのシンボルマークを依頼していただきました。少々異形な不思議なマークに見えますが、これは明治神宮の「明」という文字からきています［口絵5］。「明るい」という字は、ご存じのように、太陽と月です。明治神宮の屋根瓦の一部にも「明」という文字がシンボライズされています。

何か不思議な生命力をもったものが、あらたかに顕現している、あらわれ立ち上がってくる。何がしか生命力に満ちたものが、隈さんの建築に対して不思議な力のように漂っている。これは、案外と新しいのではないかと思いました。

私どもは展示に関しても少し関わらせていただきました。私のデザインのモットーは、とにかく余計なことをしないということです。建築の邪魔をせず、来場の方々が展示物に素直に向き合うことができ、情報だけがスムーズに伝達されることをめざします。お辞儀の仕方、手の清め方などをイラストレーションで描く場合も、できるだけわかりやすく丁寧に、海外から来られた方々も礼節というものを理解していただけるように解説を加えています。

神社とは、生命とか宇宙とか、聖なるもの、大いなるものに対して敬虔な気持ちになって向き合う装置として大変よくできていると思います。鳥居を幾重にもくぐって、奥の中枢――そこに何がいらっしゃるかわからないけれども――に手を合わせる。装置そのものが非常によくできています。そういうものをいかに未来につなげるか、これはとても大事なことですし、今回のように節目のお祭りがあり、ミュージアムがつくられることは、改めて神社を見つめ直すとてもいい機会になるのではないかと思います。

影向《ようごう》の場

黒田　ここからはフリートークということで、まず私から、ミュージアムで仕事をしている立場で少しお話しいたします。

　ミュージアムにメインロビーと呼ばれる空間がございます。正面から入って左側が展示室ですが、右側に大きな窓に囲まれた広いスペースがあります。初夏の頃でした。夕方たまたまそこを通ったら、白い壁の上のほうに窓から差し込んだ木陰が映っていました。風に枝が揺れている影でした。けれども、わずかな時間でそれは消えてしまった。それが、あまりにも意外で、しばらく立ちつくしました。

　実は、このメインロビーという空間については、ミュージアムを建てる過程でいったいどういう役割にすべきかと議論を重ねました。私には少々こだわりがありました。基本的にそこは何も置かないスペースにしたい。そこに、両ご祭神の影向《ようごう》といいますか、気配を感じる場所をつくりたかった。少々大げさですが、そう思っていたところ、奇跡のように美しい時間に遭遇して、やはりこのミュージアムが明治神宮の本質そのものと深く関わっていることを、理屈や理論ではなく現場の体験として実感した次第です。

　それから、たいていのミュージアムは階段を上って入り口がありますが、明治神宮ミュージアムは緩やかな坂道を下ったところに入り口があります。人を招き入れるつくりになっている。いろいろな人が集まってこそのミュージアムですから、いろいろな方を招き入れるこのアプローチが、私は大変好きで、参道から見ていつも感激しています。隈先生のお話にありましたように、森に溶け込んでいる建物で、ずいぶん昔からあそこにあったのではないかという気もいたします。どこかで見た覚えがある建物だけど、実はどこにもない建物という、そういう気がしてなりません。

　原先生がつくってくださったミュージアムのマークですが、私があのマークを見ていいなと思いましたのは、まるで日本美術の水墨画の余白の美に通じる、何かとても広々とした感じがしたことです。私が感じたことがもしも当たっているなら、神社というところも、やはり余白の美があちこちにあるところではないかと思います。余白は何もないよう

黒田泰三
Kuroda Taizo
明治神宮ミュージアム館長

に見える、空っぽの空間かもしれませんが、何もないということが存在しているというふうに考えることができるのではないか。それもやはり神社のあり方と深いところで通じ合っているのではないかという気がいたします。

隈先生、原先生から、さらにお話をお聞かせいただきたいと思います。

隈　今、黒田館長から余白のお話がありました。その余白は、建築の空間でいいますと「空」。まさに空間の「空」で、その「空」が大事だという考え方は、実は西洋にはもともとはありませんでした。「空」より、実在の「solid」の部分のほうが大事であって、余白自身を主役にするという考え方はないんです。それがどのように西洋に入ったかというと、日本がきっかけになったともいわれています。

日本の建築のことを美術史家の岡倉天心が『茶の本』で明治三九（一九〇六）年に書いております。そこで、日本では真ん中の「空」が大事だということを説明していますが、これはアメリカで非常にショックをもって受け入れられます。今までそういうことをいった人がいなかったものですから。有名な話では、フランク・ロイド・ライトという帝国ホテルを設計した建築家がいますが、ライトはその本を読んだ後、二週間まったく仕事が手につかなかったといいます。自分が今まで建築について習ってきたこと、常識が覆された。おまけに自分が何となくやろうとしていたことが書かれているので、俺はこれからどうしたらいいんだと茫然自失した。そのぐらい「空」の考え方は当時衝撃的でした。

ライトはその後、自分なりに余白を探した。それがヨーロッパに伝わり、当時のいわゆるモダニズム建築のなかに「空」の考え方が入っていくことになります。ヨーロッパのモダニズム建築は、かなり日本の余白の考え方に近いものです。真ん中を大きな何もない空間が占める建築を、ヨーロッパではモダニズム建築からつくるわけですが、もとをたどると日本建築に行き着くといっている人が多いのです。

そうしてみますと、このミュージアムはまさにその日本の余白の原点である神社に、新たな余白の空間をつくることができたということで、一周回ってきた感がいたします。

原　そもそも神社という空間そのものが、中心に空っぽを抱いているような場所だと思うんです。四つの柱を立て、その頂点を縄で結ぶと空っぽの構造ができます。空っぽの構造とは、古来の日本人が発見したひとつのストラクチャー、構造です。空っぽができると、なかに「何か」が入るかもしれない、必ず入るのではなく、入るかもしれない。神社の真ん中のお社とは、四つの柱を立ててそこを結んだ「空」のシンボルの上に屋根を掛けたもので、なかは空っぽ。ひょっとするとその正殿のなかに神様がいらっしゃるかもしれない、確実にいるわけではない、しかし、「かもしれない」と思わせるイマジネーションそのものが、神社であると。こういうと不敬な感じがするかもしれませんが、あえて深い敬意を表しつつ、神社とは構造的になかに空っぽを抱いている、と申し上げておきます。

鳥居もそうです。二つの柱を立てて、それを横のポストで結ぶと、出入りする空っぽの入り口ができる。ここから入りなさいという印ができるわけです。その空っぽの入り口を幾重にも並べて参道というアプローチをつくっていく。ここから入ると、その先に空っぽのお社があり、そこに神様がいらっしゃるというイマジネーションのうちに何かを受け取る。つまり、具体的なコミュニケーションの授受が行われていないにもかかわらず、その空っぽを介して非常に大きな力と気持ちが交換できる装置としてできあがっているのが、日本の神社の基本だと思います。これはすごい仕組みです。

今を生きる人たちもまさにそういうことを無意識に感じていて、初詣をはじめ、何か機会があったときにお参りして、その大いなるものと交流していると思うのです。人々の気持ちを収めていくエンプティなる装置が、至るところに点在していて、そういうものの組み合わせによって、神社というひとつの宇宙が生み出されている。そんな空っぽ、あるいは余白の宇宙として明治神宮もあると思うわけです。

私が担当いたしました鎮座百年祭のマークも、ひとつのエンプティですし、ミュージアムのマークにも館長がお察しのとおり、余白の要素が入っています。そういうことをひそやかにデザインいたしました。

無垢なるエンプティ

黒田　私は明治神宮ミュージアムで仕事をすることになり、最初は驚きの連続でした。それは、神職や職員の方が、祭事のときだけでなく常日頃から、とてもきちんとした所作をなさっておられることです。その驚きを今でもはっきりと覚えています。私なりにそのわけを考えて、森の存在に思い至ったのです。

その頃、時間を見つけては森を歩き回っていました。現在の森は人工という感じがほとんどなく、自然の森のもつ神秘性が強く感じられます。この神秘性と対面すると、やはり、人はひざまずかざるを得ない。どうしても謙虚な気持ちになる。奥深い森で仕事をなさっている方々だからこそ、自然と謙虚な気持ちになり、それがきちんとした所作にあらわれるのではないかと、納得をしたのです。
　先生方には森と対座したときの気持ちということから、お話を少々お聞かせいただけますとうれしいです。

隈　この森は、原さんが新聞広告で使われた写真を見ても、多様性がひとつの特徴だと思います。その多様さのなかに、多様性を超えた何かひとつの真理が潜んでいる。その状態は、神社の本質を感じさせるものだと思いました。
　その森に建物をつくるには、やはり謙虚にならざるを得ない。われわれも、この森を邪魔しない工夫として、人間の意識に大変影響を与える軒をなるべく低くし、また、凝った構造設計で柱を木の幹よりも細くしました。そのことで、森が建物のなかに入ってきているような感覚を生み出せたのではないかと思います。

原　このプロジェクトをはじめるにあたって、森づくりのお話を改めてうかがい非常に感動したのですが、こうして森を観察するほどに思い至るところがあります。それは、東京という密集都市の真ん中に森が育ったと思いがちですが、そうではなく、森という非常に無垢なるエンプティが真ん中にあればこそ、都市が周辺に旺盛に育ったのではないかということです。森と都市の関係を見ると、決して東京の真ん中に森ができたわけではなく、森ができることで東京がますます密集していったのではないか。そう考えないとあり得ないぐらいのコントラストです。つまり、無があるから有がはびこってくるというような、そういう構成のなかに東京という街があるのかもしれない。
　シンボルマークに二つの丸があります。片方は御霊であり光であり、もう片方は生命であり森であるのですが、いろいろな二極性をそこに読み取ることもできる。つまり、東京という都市が輝く生命体と、エンプティなる森というものを二つ併せもった場所であるということもシンボライズしているような気がだんだんとしてきました。

黒田　ありがとうございました。

03

小説『落陽』の世界

朝井まかて

朝井まかてです。よろしくお願いいたします。私は歴史小説や時代小説を書いておりまして、明治神宮の造営という一大プロジェクトに迫りました。書こうと思ったそのときに、ある直感がありました。本多静六博士や本郷高徳《たかのり》先生、上原敬二先生たちが、学者としての才能だけでこれほどの難事業を成し遂げたかというと、それだけではとてもあの熱量を説明できません。やはりプロジェクトの根源には天皇への思いが強くあり、であれば天皇ご自身の心情にこそ小説は迫るべきだという、そういう直感です。となると、幕末から維新、明治、大正、いくつもの時代を見渡して総括することになります。ですから、小説家としては途方もないチャレンジです。身が震える思いではじめた小説でした［図1］。

タイトルは、そのときにふと浮かんだもので『落陽』（祥伝社、平成二八年）。まさに太陽。太陽は天子、帝をあらわしています。その太陽が沈む「落陽」、そこから小説ははじまりました。

図1—平成二八年一〇月、『落陽』上梓の奉告参拝をする朝井まかて氏

朝井まかて
Asai Makate
作家

異例づくめのプロジェクト

このプロジェクトは調べれば調べるほど異例づくめでありまして、まず、政府主導ではなく、民間の運動によってはじまったということです。当時の東京市長の阪谷芳郎が天皇の御陵、つまり墳墓をぜひ東京にという陳情を宮内省に対して行ったのは、明治天皇が崩御なさった直後でした。その市長とともに財界を代表して動いたのが、今また注目を集めている渋沢栄一です［図2］。彼らは宮内省に日参して、どうぞこの東京に帝の陵墓をという陳情をつづけますが、すでに京都の伏見桃山に内定していました。これは帝自身のご意思でした。天皇はご自身のご希望を出さないお方です。いい意味で公私の区別がない、つまり、すべてが公というご生涯でしたから、あれがしたい、これがしたいとおっしゃらないのです。にもかかわらず、死して後は京都に帰りたいとおっしゃいました。渋沢栄一らは、そのご意思をやはり重く受け止めました。

天皇が江戸に入られたのは、満でいうと一六歳です。江戸はすぐさま東の京、東京と名を変えますが、当時遷都の詔《みことのり》というものは出ていなかったのです。ですから、京都では帝はまたすぐにお帰りになると思っていますし、新政府のなかでも首都をどこに置くかは迷いがありました。とにもかくにも帝を東京にお迎えして明治という時代がはじまったのです。

本当に大変な新政府でした。戦争はうまいけれども、まだ外交がよくわからないというメンバーが多く、さらに旧幕臣、反薩長勢力をしのぎながら、欧米諸国の圧力に耐えて、まずは日本という国の独立を守らねばならない。そのためには何が何でも近代化が急務でした。その

図2―明治神宮外苑竣功式の渋沢栄一（右側）
野依秀市編『青淵渋沢栄一翁写真伝』実業の世界社、昭和一六年

近代国家日本の君主として、満一六歳の青年に君主教育、帝王教育が施されたのです。長い間、朝廷は徳川幕府やそれ以前からの武家政権の管理下に置かれていましたから、新しい時代の君主のありよう、お手本はどこにもありませんでした。あえてご心情に踏み込むとすれば、いかほど心細く、孤独であったかと思います［図3］。

青年は、——あえてここでは青年と申し上げますけれども——実に周囲の期待に応えられた。でも、ささやかな抵抗を示されたときもあったようです。特に兄のように頼りにしていた木戸孝允や西郷隆盛がこの世を去り、大久保利通も暗殺され、伊藤博文は西洋に行ったまま帰ってこない。そういうときには非常にお心が揺れておられたご様子です。ですが、天皇としてのキャリアを積むにつれて、誰もやったことがない近代国家日本の君主のありようをご自身で磨いていかれたわけです。ですから、自らを律し、ご自分についてのご要望を口にされない。その天皇が、死して後は京都に帰りたいとおっしゃいました。渋沢栄一たちは、そこまでお望みであれば、もう引き下がるしかないと、やはりこの辺りの気持ちは非常に複雑であっただろうと想像します。東京でお過ごしになった時間のほうがはるかに長いです。なのに、やはり京都がいいのですかと。

図3——馬上から野営演習をご覧になる明治天皇（満二〇歳）。左は陸軍元帥の西郷隆盛「習志野之原演習行幸」小山栄達画　明治神宮外苑聖徳記念絵画館所蔵

森がなければ、つくればいい

　彼らは、それでも諦めきれなかったのです。何としてでも天皇の徳、それから、よくここで天皇として頑張ってくださったという、ご恩を偲ぶよるべをこの地につくりたい。それで神宮を造営しようという運動に舵を切ったわけです。では、どこに神宮を造営するのか。日本人は古代から、森や樹木そのものを神として拝んできましたから、神がおわす場所には森が不可欠です。もともと木々の繁った森に神を祀るのですから、それこそ日本各地で手が挙がるわけです。風光明媚な山、森の広がる各県が手を挙げましたが、最終的には東京の代々木の御料地に決まりました。渋沢たちの当初の計画が、まず東京ありきですから当然なのです。どうしても東京でないといけなかったのです。

　ところが、その造営地として決定した代々木御料地には森がなく、しょぼしょぼとした松林があるだけでした。果たしてそこに明治神宮を造営できるのか。でも渋沢たちは考えたのです。森がなかったら、つくればいいではないかと。

　それで白羽の矢が立ったのが、渋沢栄一とも懇意であった本多静六博士でした。ご存じのように、日比谷公園を設計したことで、当時すでに名を成していた森林学者です。ようやくプロジェクトは民間から国の事業へ格上げされ、今から一〇五年前にプロジェクトが正式にスタートしました。驚きますが、当時、本多博士は四九歳、本多の林学教室の講師であった本郷高徳先生は三八歳、そしてもう一人大学院生も選ばれました。後に造園学で非常な権威になる上原敬二氏、彼は二六歳でした。

　今から思えば、とても若い三人によって人工の森づくりははじまったわけですが、そもそも本多博士と本郷講師は、東京に神宮を造営することには反対でした。つまり、伊勢の神宮や日光東照宮のような、あの静粛さ、歩くだけで荘厳な気持ちになる趣は、天を覆うばかりの長大なスギやヒノキ、そういった針葉樹こそが醸し出すものである。ところが、東京の土地は乾燥した関東ローム層で、針葉樹は健全には育たない、そのことは学者としてよくわかっていたわけです。しかも、明治になってからの急速な近代化で、東京はすでに工場の粉塵や煙に悩む都市となっていました。針葉樹は煙害にも弱い。かような条件の、しかもおよそ二二万坪の土地に、思わず手を合わせたくなるような荘厳な森を人工でつくれと、こういうプロジェクトです。しかも、期間は六年を目標とされていました。

そこで彼らが考えたことは、神社の森イコール針葉樹という既成概念を捨てることでした。針葉樹ありきではなく、関東ローム層である武蔵野の地にもともと生えていた広葉樹、特に関東の土壌に合ったカシ、シイといった常緑の広葉樹の森にするという発想に転換したのです。そうすると、樹木自身の力できっと天然更新していけるはずだと。これはもう起死回生のアイデアです。命じられるままに針葉樹でやりましょうではなく、彼らは発想をきちんと転換したのです。

難題、また難題

ところが、思わぬところから横やりが入りました。当時の大隈重信首相です。神社の森を雑木なんぞでつくるとはけしからんと。これはもう有名なエピソードで、ことこのプロジェクトの話になれば、大隈公が敵役のように登場しますが、大隈公は決して植物にとんちんかんな人ではありません。むしろ造詣が深いのです。自身も大変な植物好きで、自宅に立派な温室をつくって外国の要人を招き、温室外交を繰り広げたという人です。ですから神宮の森に対する思い入れはより強かったわけです。本多博士は大変に叱られて、計画の変更を命じられました。本当に難題続きのプロジェクトなのですが、結局、スギがいかに育たない土地かということを科学的に示して、かつ、「あなたのおっしゃるとおりにスギ林をつくれば間違いなく枯れます。それでもいいのですか。あなたはその責任をお取りになれるのか」という、有名な脅しにも近い台詞で首相を説き伏せたと伝わっています。

現代の学者が時の首相に面と向かってここまでのたんかが切れるでしょうか。実は当時も、これは大変なことでした。旧幕時代は、植物学というものはありませんでした。本草学、つまり、薬として使う植物の研究はあったのですが、森林学や造園学は、いわば輸入学問で、たくさんのお雇い外国人を、もうそれこそ莫大なギャラで招いて、ようやくはじまった学問です。ですから、時の政府の首脳にたてついたならば、人材面でも研究費面でもカットされる、この学問はしばらくよろしいといわれるリスクも高かったのです。それでも、本多博士には危機感があった。首相の命じるままスギ林をつくったら枯れる。これは神社として成立しないだけでなく、やっとはじまった、やっと産声を上げた森林学が世界中に恥をさらして、学問そのものが一気に後退する。ひょっとして、森林学が、日本ではそのまま死に絶えるかもしれないという危機感です。ですから、大変な覚悟を持ってたんかを切ったはずなのです。それで大隈公も、あの大狸、古狸といわれた人が、そこまでいうならと、引き下がったのです。それで、常緑広葉樹に、まずは針葉樹も混ぜた混合林の計画が立てられ、五〇年後、一〇〇年後、そして一五〇年後にようやくこの土地に最も適した天然の林相に達する、そういう予測での植林計画がはじまりました。

ところが、ここでまた難題です。何を植えるかは決めたけれども、国の事業にもかかわらず、樹木を購入する予算が計上されていませんでした。ですから、国民からの献木に頼るほかなかったのです。しかも、木の高さや種類を非常に細かく指定しませんと、妙なものを送ってこられたら困ります。理想の森になりません。ところがやはり、先祖代々大事にしてきた立派な盆栽をもってくる人などがいるわけです。毎日とんでもない量の樹木が古い原宿駅に到着するのですが、それをすぐ植えるというわけにはいかない、まずは養生をさせないといけません。その養生のためには、何の木かわからなければいけないのですが、樹木の名前も方言のように地方によって異なるので判別が大変に難しい。植物の分類学ははじまってからまだ時が経っていませんでした。あえて上原君といいますけれども、上原敬二君が送り状を見てもよくわからない名前で来るのです。植えるまでどんな手入れをして守ればよいのか、「うーん」と唸らなければいけない、そういう大変な作業がありました。

日本人の祈り方

先ほど中島宮司がお話しされたように、明治神宮造営には青年団の奉仕活動もありました。これもやはり費用が足りなかったので、造営局が声をかけたところ、日本全国から集まってくれたのです。この青年団という組織も、そもそもは旧幕時代から日本の各地にあった若者組という、地方によっては江戸時代以前からあった組織、これが基になっています。少年期・青年期に、村や町のお兄さん、おじちゃんと一緒に過ごすことで、公での振る舞い方、果ては女子とのつき合い方、お酒の飲み方までを大人から伝授されるという仕組みです。その若者組の発展型の青年団の人々が日本各地からやってきました。彼らは、天然更新の森の完成期である一五〇年後の景色をめざして、もっこを担いだり土を掘ったりして木々を植えたのです。

私たちが忘れてはならないと思うのは、歴史の流れです。明治神宮の森というと、明治時代、そして大正時代だけに注目しがちです。私の小説は天皇の崩御からですので、大正あたりからはじまります。歴史には便宜上区分があります。しかし、実際には継ぎ目がありません。歴史は長い大きな川の流れです。ですから、今の時代には必ず前の時代があり、そのもっと前の時代を踏みながらずっと流れてきたものなのです。この神宮の森のつくり方も、明治以降に入ってきたドイツ流の森林学の影響を受けている。それから森林の思想でいえば、近代化しすぎたヨーロッパでとてつもなく自然が荒廃した様子を見たゲーテやシラーなどの文学者、思想家、詩人が抱いた自然回帰への思想の影響もたっぷりと受けている。かつ、植物の植え方、育て方については、江戸時代の職人の知恵が生かされている。

こうして、民間の意思、運動からはじまった神宮の森プロジェクトは、材料である樹木を民間が献木したこと、青年団が造営奉仕したことをはじめとして、当時の国民たち自身の力が非常に尽くされて完遂したものです。政府の命令を受けてではないのです。国民自らが天皇への感謝をお示ししたい、そういう切なる思いではじめ、やり遂げた。その点において、まれに見る大プロジェクトであったと思います。

しかも、その成果をすぐ得られるわけではない。自分たちはもうこの世にいない一五〇年後を見すえた計画です。そのうえ、もしかしたら植えた木は枯れるかもしれない。今、私たちはこの計画がまさに正しかったということを目の当たりにするけれども、はじめるときは失敗する可能性もあったのです。もしかしたら、徒労に終わるかもしれない。しかし、ひとたび使命を感じたら粛々となすべきことをなす、そして天命を待つ。自然の営みに委ねる。これこそが日本のオリジンであり、日本人の祈り方だと私は思います。そこに明治神宮の森の尊さがあると思うのです。ですから、この森を歩くとき、私たちは忘れかけていた日本人の誇りを取り戻させてもらうことができます。

森は日本人の記憶です。生きた記憶であり、そして未来への指標でもあると思います。

04

内陣御屏風を新調して

手塚雄二

手塚雄二でございます。私は明治神宮内陣御屏風《ないじんおんびょうぶ》を、構想から二年半がかりで制作いたしました［口絵1］。この御屏風は、令和元（二〇一九）年に、ご祭神のご神霊が鎮まる神聖な場所である本殿の内陣に納められました。

そもそものきっかけは、創建から一〇〇年近くこの内陣に設えてあった下村観山先生の御屏風に経年の劣化がみられたため、鎮座百年祭を機に新調する運びとなり、私に依頼があったのです。非常に大きな仕事であり、ためらいが強くありました。けれども、また同時に光栄なことと思い、お引き受けいたしました。この作品は私が描いたものではありますが、私自身も、もう見ることはできない、ましてや多くの方に見ていただくことができません。なぜなら、この御屏風が設えられる内陣は、年に二度、ご祭神の更衣の儀式である御衣祭《おんぞさい》の際に精進潔斎した宮司さんと限られた神職の方が参入するほかは、立ち入りが許されないところだからです。だからこそ、ひとしお思いを込めた作品です。

手塚雄二
Tezuka Yuji
日本画家

太陽と月、めぐる四季

この御屏風は、日月四季をあらわしています。右隻《うせき》は、内陣の向かって右側に鎮まりますご祭神の明治天皇を象徴したもので、太陽を描きました。季節は春夏です。また同時に昼間をあらわします。左隻《させき》は、向かって左側に鎮まりますご祭神の昭憲皇太后のイメージで、月を描きました。季節は秋冬です。右隻の昼に対して夜をあらわします。

右隻の右下に桜をあしらっています［図1］。桜の花びらが、左に移ると、蝶に変わっていきます。太陽の下には蝶が舞っています。その蝶が今度は蜻蛉《とんぼ》に変わり、落ち葉になり、雪になっていくことで、四季の流れをあらわしています。

右隻に一羽、左隻に一羽、この二羽の雀が太陽のほう、明治天皇に向かって飛んでいきます［図2］。夏から秋にかけては一番風の力を感じるところですが、その強い風に向かって雀が太陽をめざして羽ばたいています。それとは逆に、花びら、蝶、蜻蛉、葉は風に乗って、月のほう、昭憲皇太后に向かっていく。

風は右下から左上に向かって吹き、空の切れ目は右上から左下に流れる、つまり交差する流れがあるのです。この双方の流れをXの構図にし、左右に太陽と月をそれぞれあらわして、右隻と

図1—装飾的な桜の表現

左隻がひとつの画面になるようにいたしました。

　そして、御屏風はご神体の後方に設えられるものですので、明治天皇のご神座の辺りに右隻の太陽を、昭憲皇太后のご神座の辺りに左隻の月をそれぞれ配置いたしました。

　太陽は金砂子《きんすなご》の撒きつぶしです。金箔を砂のように細かくして埋め尽くすのです［図3］。箔を貼っただけではピカピカと光って品がなくなります。しかし、この砂子で撒きつぶす金は、実に落ち着いた、いい色が出るのです。ここで意識したのは、初代の日本美術院の同人、東京美術学校の大先輩である横山大観先生です。

上：図2―右隻の雀。上には、蝶と蜻蛉
下：図3―金砂子の撒きつぶしによる太陽

気韻生動

　先ほど、隈先生から岡倉天心先生のお話がございました。天心先生の薫陶を受けた大観先生は、日本画とは「気韻生動《きいんせいどう》」であるといわれています。「気韻」は何かというと、高い品格のことです。高い品格が日本画の命。ですから、同じ金を使うにしても品格をもった金にしなければならない。同じく金箔を使った技法として、蜻蛉が飛ぶ夏から秋にかけての光景には、「小石」という金箔を小さく四角く切ったものを散りばめています。「平家納経」などによく使われたもので、やはり日本古来の技法のひとつです［図4］。

　左隻の月の部分だけは胡粉《ごふん》の白を使っています。あとはプラチ

図4―金箔を四角く切ったものを散りばめる技法「小石」

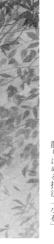

ナと青金で、金と銀を混ぜたものを使っています。礬水《どうさ》という「にじみ止め」をかけますと、銀は腐食せず変色しません。それを何度もかけてコーティングしています。将来もおそらく変化しないと思っており、一〇〇年先を楽しみにしているのです。

枝に積もっている雪の部分のアップの写真をご覧下さい［図5］。こんなにアップにしたら、本当は恥ずかしくて嫌なのです（笑）。この積もっている雪は胡粉の白ですが、周りで雪のように降り注いでいるのは全部プラチナです。このプラチナ砂子で色がかすんでいる姿が私はとても日本的でよいと思います。こうやって皆さんにご覧いただいていますが、現物、本物を見ることはもうできないのです。このスライドでよく見ておいて下さい（笑）。

御屏風は、六曲一双の中屏風というかたちになります。高さは大体一二〇センチ、横は三メートル弱の大きさです。表具も普通の黒の縁取りではなく金の縁に金襴を回したかたちにいたしました。といいますのは、下村観山先生の御屏風は、六曲一双の絵の一面ずつ一二枚をそれぞれに縁どるという初期の屏風の形式で、縁に回した布および金具は大変な装飾品になっております。観山先生の御屏風と比較して劣ることのないものをめざして、今回、布も全部西陣の特注で織りましたし、菊の御紋章の金具も東京芸術大学の飯野一朗教授にオリジナルでつくっていただきました。表具は大観先生

の作品も担当された寺内遊神堂です。

屏風と屏風の縁の折れているところを「オゼ」というのですが、この「オゼ」まで色を差しています。「オゼ」は普通白とか金なのですけれども、この屏風に関しては、絵と同じ色を使っています。

青く暗い空と森

先ほど申し上げた「気韻」の「気」。その言葉にならないような気配を、明治神宮から最初に感じたのが、参籠の晩です。制作にあたり、平成二八（二〇一六）年立夏の御衣祭の際、内陣から観山先生の御屏風を搬出して検分させていただけることとなりました。この儀式の場に臨むため斎戒が必要となり、前夜境内で参籠したのです。この絵のイメージをつかんだのはそのときです。

夜半、宿舎に戻るため、参道を歩いておりました。外は真っ暗。「いま、参拝者は誰もおりません、閉門していますから」と神職の方が説明して下さいました。上を見上げると、パッと美しいかたちの空が切り取られています。その切り取られ方は、先ほど先生方がおっしゃっていた余白であると思います。この余白の美しさは、平安時代からつづく美しさの矩形でございます。その空の矩形は、石山切《いしやまぎれ》のなかの切り継ぎ、破り継ぎのなかの矩形そのもの。御屏風では、その矩形とともに緑、青の文様を意識いたしました。

夜が更けて、真っ青な暗い空と、青くて緑の暗い森との対比がこの上もなく美しかったのです。と同時に、神秘的な気品を感じたのです。この気品、この気持ちを、絵にするべきではないか、

図5—プラチナ砂子による色がかすむ雪の表現

絵にできたらと思ったわけです。

「明治神宮の〝明〟は〝日〟と〝月〟と書きます」と、夜道を先導されていた神職がふとつぶやかれました。あっ、太陽と月を題材として考えてもいいかなとそのとき思ったのです。昼と夜を描きたいと思ったのです。日月四季の構想が、このとき決まりました。

この何年かは、明治神宮にふさわしい作品を描かねばならないというプレッシャーとストレスにさらされつづけました。これで使命を果たすことができたのかどうかわかりませんが、私のできる限りのことを明治神宮のご祭神に捧げたつもりでおります。日本人の美意識を具現化することが、明治神宮内陣御屏風の制作者としての私の使命であったと思っております。

05

トーク

明治神宮の未来像

中島精太郎×隈 研吾×原 研哉×朝井まかて×手塚雄二×黒田泰三

黒田　先生方に今後の明治神宮に期待すること、あるいは明治神宮が果たすべき役割などにつきまして、ぜひご提言をお願いしたいと思います。

文化の根源にあるもの

隈　ひとつは、多様性ということ。それは日本の神社のイメージをこれからもっと広げていくのに非常に役に立つ考え方ではないかと思います。コロナ禍で信じられない変化がさまざまにあったわけですけれども、単一のものは、やはり変化に非常に弱い。多様なものの持っているフレキシビリティとレジリエンス、変化に対する柔軟性と強さを、この明治神宮の森は示していくことができるのではないかと思います。

もうひとつは、みんなでつくった森であるということです。「参加」ということも、これからの社会のひとつのキーワードになると思いますので、多くの人が力を合わせて明治神宮をつくったことをもっと知ってもらいたいと思います。この森が原生林だと思っている子どもたちも多いと思うのですが、人間の手によって一〇〇年でできたということ、これは本当に奇跡的なことです。このことを語り伝える試みを、今回のようにどんどんつづけていただきたいと思います。

原　日本が今後どうなっていくのかと、いろいろ考えます。「日本とは何か」という問いになかなか明確に答える方法はないのですが、問いつづけることは大変重要なことかと思います。私は、ことさらジャパンラバーでも、日本主義者でもないですし、日本文化を熱烈にアピールしてきたわけではないのですが、ただ、世界がグローバルになればなるほど、相対的にローカルというものの重さが、立ち上がってくると思うのです。自分の母国の文化をきちんとわきまえたうえで世界に向かう姿勢、あるいはそこへの貢献を果たしていく姿勢が問われていくのではないか。なかなか、日本とは何かという問いに答えることはできません。ただ、神社のような場所には、その問いかけの答えが非常にピュアなかたちであらわれている気がするんです。日本とは何かということを問う装置として、神社のような場所が守られていくことが大事なのではないかと思います。

アジアモンスーンの地域では、壊されても復元していく力の強い自然があって、そこに非常に多様なものが芽生えてくるわけです。神宮の森は、太古からつづいてきたものではありませんが、ひとたび何もなくなっても再びそこに素晴らしいものが生み出されてくる、つまり、国土や風土が持っているエネルギーの根源のようなものを象徴している感じがあります。そういう場所に来て、自分たちの文化の根幹に何があるのかを自問することは非常に貴重だと思います。明治神宮が、その問いかけに答えてくれる存在としてずっとありつづけてくれることを期待いたします。

手入れと美意識

朝井　ちょうど『落陽』を書く前、平成二五（二〇一三）年ですか、第二次明治神宮境内総合調査の公開シンポジウムがあり、そこに一般聴衆として伺ったことがあります。境内生物相に関するその報告で、土壌中のダニが非常に減っているというデータがありました。ゆゆしき事態だと感じました。土が変わるということは、必ず植物に影響があります。ですから、一五〇年後に完成するはずの林相が一〇〇年で完成したというのは、日本の植物の力もあるのですが、気温が高くなったということも、これは必ず考え合わせないといけません。となれば、今後の神宮の森が果たすべき役割は、本郷高徳《たかのり》先生がご指示をなさった「管理しない管理」「人間が手を出しすぎない手入れ」をずっとつづけることだけではないかもしれないと思います。

明治神宮がもっている、森のありようの指標としての機能は変えてほしくないのです。ですが、このままいって、もし、あと五〇年で神宮の森がどうなるかわからないという事態になった場合に、なにがしかの決断をしなければいけないと思うのです。つまり、この神宮の森が果たすべき役割に対して私たちが期待するのではなく、今度は私たちが、そして東京が、日本が、国民が、神宮の森に対して何ができるかを問うことが大切です。そこをきちんと考えたいと思います。今、都市化によるヒートアイランド現象が進んでいます。もう大阪などは本当にひどいです。皇居やここの森のような大きな森が大阪にはないのです。明治神宮のモデルになった仁徳天皇陵がわずかに生態系の保存庫になっています。神宮の森は、人工のものもやりようによっては、自ら大きな自然になりうるのだという稀有なモデルなのです。つくり込みすぎず、手を出しすぎず、時の力にゆだねる。現代は、相手を支配し、すべてをコントロールしようとしがちなだけに、森が示唆していることはとても深い。神宮の森には変わらずにいてほしいのです。変わらなければいけないのは私たちだと、そのようなふうに思います。

手塚　この明治神宮の森はいい森です。いい森というのはいいかたちの森であるということです。この明治神宮の森は、樹形が美しい。木のかたちと木のかたちが美しく配置されている。最初に植えたときの植え方がよかったのではないかと思います。ひとつも等間隔に植わっていません。そして真っ直ぐな木が何本もないです。つまりシンメトリー、左右対称の美意識ではないのです。左右対称の美意識でない美意識こそが、日本の美意識です。日本の美意識が集まって上手にでき上がったのが、明治神宮の森だと思っています。

しかし、この森を自然なままずっと放っておいていいかというと、とんでもないことなんです。この美しさを保つためには、やはり、木を剪定して美しいかたちに整えていかなくてはいけません。今のかたちがとてもいいのであれば、今のかたちの美しさを維持していくために、まさにこれまで以上に努力をしなくてはいけないと思います。では、その努力は誰がするかといえば、庭師です。庭師の方の何が大事かというと、美意識です。庭師の美意識が低ければ、丸刈りにされてしまう。また、楽だからといってシンメトリーにされてしまう。しかし、日本的な空間と構図がその庭師の身体のなかに生きていれば、森も守られていくのではないかと、私はそう感じています。

黒田　ありがとうございました。隈先生からは「多様性」と「参加」というキーワードをいただき、原先生からは日本ということを考えること、朝井先生からは管理しない管理の仕方のこれからについて、手塚先生からはこの森のかたちを保つためには美意識が必要であるというご提言を頂戴いたしました。

それでは、中島宮司、ご提言を受けてぜひお話をお願いいたします。

祈りといのち

中島　本当に貴重な意見をありがとうございます。

現在の明治神宮の森ではいろいろな問題が出ております。たとえば、植樹した木は、根が地中深く伸びずに横に張るものが非常に多いのです。そうすると雨風に弱く、台風などが来たときに倒木で山手線が止まったり、高速道路が遮断される可能性もあります。そのため、造園業の方々に日頃からお手伝いいただかないといけません。本郷高徳さん方が残された計画書には、まったく手をつけないで森を維持する方針が示されています。しかし、現代の社会では、どうしても森に手をつけざるを得ないところがあります。今後、しっかりと専門の先生方のご意見を反映しながら、この森を見守っていかなければならないと思います。

さて、ここであらためて、明治神宮の原点についてお話しできればと思います。

そもそも大勢の方々をこの森づくりに駆り立てたものは、何だったのでしょうか。私が思いますに、それは明治天皇、昭憲皇太后の祈りです。その祈りが国民の心と一体であったからこそ、人々は明治天皇と昭憲皇太后をここまでお慕いしたのです。その両ご祭神の大きな祈りを理解するために、ぜひお歌にふれていただきたいと思っております。明治天皇は約一〇万首、昭憲皇太后は約三万首のお歌を残されています。

この度、『100さいの森』（松岡達英、講談社、令和二年）という絵本が出版されます。子どもたちにこの森を知ってもらおうと企画いたしました。私はそのあとがきで明治天皇の御製《ぎょせい》を紹介しながら、祈りといのちについて書きました。

さまざまの蟲のこゑにもしられけり
　生きとしいけるもののおもひは

いのちあるものはみなそれぞれ思いがあるのです。一生懸命に生きているのです。さまざまに鳴いている虫の声から、いのちあるものの切実な思いが伝わってきますという明治天皇のお歌でございます。明治天皇のどのお歌にも、祈りが込められているのです。昭憲皇太后の御歌《みうた》も同様です。

実は、天皇皇后両陛下、上皇上皇后両陛下、昭和天皇、大正天皇、あるいは孝明天皇、仁孝天皇――、歴代の天皇の御心、皇室の御心は、まさに、このいのちの安らかならんことへの祈りにあるのです。天皇親《おんみずか》ら発せられたお歌を通して、その時代その時代を見ると、日本の文化の素晴らしさ、精神性の高さを改めて理解できると思います。

今朝、献詠披講式という毎年恒例の祭典を奉仕してまいりました。本年は鎮座百年祭にあたりますので、天皇皇后両陛下、そして秋篠宮皇嗣同妃両殿下、各宮殿下からお歌を賜り、ご祭神に捧げました。

今回賜りました天皇皇后両陛下のお歌をご紹介いたします。

　百年《ももとせ》の世のうつろひをみまもりし
　　御社《みやしろ》は建つ明治の杜に

皇后陛下からはこのような御歌をいただいています。

　木々さやぐ豊《ゆた》けき杜の御社《みやしろ》に
　　参りて明治の御代を偲びぬ

明治神宮は、多くの先人によって守られてまいりました。ＧＨＱ（連合国最高司令官総司令部）の占領下で、行く末が非常に暗く感じられた時代もありました。しかし、先人たちは、造営に尽くした方々の心を忘れることなく、この代々木で祈りを捧げつづけることを誓い合い、皆の神社として数多の苦難を乗り越えてきたのです。明治神宮は、こうして、皆さんのご支援をいただき、おかげをもって鎮座百年祭を迎えることができます。

はじめの百年。これからの千年

黒田　最後に、ひと言ずつお話をいただければと思います。

隈　森をつくっただけではなく、その後もいろいろな試練、苦難に打ち勝って一〇〇年を迎えたという明治神宮の歴史を、日本人だけではなく、世界の皆さんにも知っていただきたいと、中島宮司のお話を聞いて思いました。それによって日本というものをまた再評価していただけるのではないか。本当に素晴らしいお話だと思います。

原　改めて、明治という時代は本当に大変な時代だったと思うんです。日本という国が近代化へ大きな舵を切ったわけで、その時代が終わって、ひと区切りついて一〇〇年ということですけれども、これからの自分たちのありようを考えるときに、明治という時代を振り返ることも、とても大事なことのように思うのですね。

明治が終わった節目に生まれた森とそのなかのお社。そこは、自然が旺盛に育つなかで、日々、掃除に明け暮れて、お社の姿をきちんと守ってきた庭のような場所だと思います。そういう静穏な場所で明治という時代を今、思うことの重要さがあるのではないかと思いました。時々訪ねて、そういう思いに向き合える場所でありつづけてほしいと思いますし、自分でもそうしたいと思っています。

朝井　私も日本人のこの自然とのつき合い方、自然観こそが世界に向けて発信できるものであり、もっともっと発信していきたいものだと思います。経済成長、効率主義を前提としない生き方、そういうパラダイムチェンジを日本が行うためには、やはり日本独自の自然観というものが不可欠になってくると思います。自然の循環から逸脱するもの、自然に還元できないもの、無力化できないものをできるだけつくらないようにしていくということを、この神宮の森を見ながら考えていけたらと思っております。

手塚　この明治神宮の森に来ると、息ができる、呼吸ができる、息を深く吸い込むことができる。大都会の真ん中にこういう場所があるということはとても大切なことです。まさに日本がここにあるという実感、それを常に保ちつづけていかなくてはいけないと、私はそう思います。

黒田　ありがとうございました。今日先生方のお話をうかがって、明治神宮の何が一体こんなにまで人を惹きつけていくのかということを改めて考えさせられました。

一〇〇年経ち、まだまだ森はつづいていきます。世界的に大きな変動が起きているなかで、今後一〇〇年、あるいは一〇〇〇年という長い時間軸がこの後待っています。過去一〇〇年の時間を無駄にしないよう、未来に向け私たちが今できることは何かという問いに思いを馳せていきたいと強く思いました。

第2章

美の継承
明治の皇后のドレスをめぐる探究の物語

私たちはどのように伝統を次代へと引き継ぐことができるだろうか。

明治の皇后、昭憲皇太后がお召しになった大礼服。その調査・修復を手がける国際プロジェクトの専門家とともに、宮中で洋装を奨励した皇后へ思いをめぐらす。

01

明治の皇后と日本の近代化

昭憲皇太后と大礼服の修復プロジェクト

モニカ・ベーテ

洋装への勇気ある決断

明治二〇（一八八七）年一月、昭憲皇太后は新年拝賀の儀式で、はじめて大礼服を着用しました。皇后をはじめ皇族や臣下が宮中で着用する礼服には、大礼服（マントー・ド・クール）、中礼服（ローブ・デコルテ）、小礼服（ローブ・ミデコルテ）、通常礼服（ローブ・モンタント）の四種類がありましたが、大礼服は最も格が高い宮中の礼服です。

皇后がお召しになった最初の大礼服は、明治一九年にドイツのベルリンに発注されたものです。この注文には、参議で内務卿を兼ね、宮中改革を推進した伊藤博文などが深く関わっていたようです。ドイツの大きなオートクチュールメゾンでは、新しい洋服ができるとお披露目の展示をします。現地の新聞は、陳列された明治宮廷の衣裳を紹介するとともに、国家的な大変革

モニカ・ベーテ
Monica Bethe
中世日本研究所所長

に挑む日本の様子を次のように伝えています。「皇后、王女、女官たちは、それまでの東洋の伝統的な装束を脱ぎ捨て、あらゆる場面で、そしてこれからの一生、頭の先から足の先まで、新たなスタイルを身につけなければならない」（『ベルリナー・ターゲブラット』紙　明治一九年一〇月二〇日）。

明治の皇后、美子《はるこ》にとって、宮中の洋装化は大変勇気のいる決断だったと思います。そもそも、皇后が公の場ではじめて洋服を着用したのが、明治二〇年の新年拝賀のわずか六か月前、前年七月のことでした。皇后は、近代国家建設のためには洋装が不可欠であることをよく理解し、明治二〇年に洋装を奨励する「思召書」を下されています。この「思召書」で、皇后は国産の洋服地の使用を奨励し、殖産興業にも目を向けています［図1］。また、近代化が進むなかでも伝統的な職人や技術者を大変重んじ、経済的な支援だけでなく、その職業が長くつづくことを願われました。その一例として象徴的な存在が、大礼服であるといえます。

大聖寺門跡に下賜された大礼服

京都の尼門跡寺院、大聖寺には、昭憲皇太后から下賜された大礼服が所蔵されています。デザインや資料から、明治二一〜二三年頃に製作されたと思われ、

図1―明治六年の「富岡製糸場行啓」荒井寛方画　明治神宮外苑 聖徳記念絵画館所蔵

これは現存する昭憲皇太后の大礼服で最も古いものです。大聖寺の記録によると、下賜されたのは明治四二年のことでした。

大聖寺門跡は室町時代より歴代内親王が御入室になり、長くその由緒ある法灯を守ってきた尼門跡寺院です。尼門跡寺院の尼僧たちは、御下賜の染織品や奉納の着物をほどき、四方形の打敷や戸張に仕立て直し、仏前を荘厳にしてきました［図2］。打敷などにして祭壇に飾ることには祈りが込められています。この大礼服のトレインも下賜二年後に二枚に裁断され、打敷に仕立てられ「従皇后宮／明治四十四年孟夏御寄附貳枚之内／岳松山大聖寺什」と墨書がほどこされました［図3］。打敷になった大礼服のトレインはその後、墨書のある裏地とともに、再び元のトレインのように縫い直されました。

このように貴重な歴史資料でもある大礼服は、大事に守られてきましたが、やはり経年劣化のため、重厚な刺繍や装束全体に激しい傷みが見えました。

研究・修復・復元プロジェクトが始動

私が所長を務める中世日本研究所では、皇室とゆかりある尼門跡寺院を調査研究し、所蔵の宝物などに修復が必要であればお手伝いをしています。大聖寺の大礼服も修復を要することから見積りをとったところ、時間がかかる作業のため、かなりの額になりました。私たちの研究所では、とても実現不可能です。そこで、明治神宮と公益財団法人文化財保護・芸術研究助成財団にご協力をいただき、実行委員会を立ち上げることになりました。それが、大聖寺大礼服の保存を目的に研究と修復を行う「昭憲皇太后大礼服研究修復復元プロジェクト」

です。発足したのは平成三〇（二〇一八）年、明治一五〇年の年のことでした。

プロジェクトの始動から三年。この間に大礼服自身が、自らの存在の重要性や修復の必要性を語りはじめ、そのストーリーはどんどん大きくなっています。

プロジェクトではまず、織り・仕立て・刺繍が、いつ、どこで行われたか調べはじめました。国内外の資料や文献調査はもとより、内外の専門家にも協力を求めています。その成果は追って詳しくお話ししますが、大聖寺の大礼服はおそらく、織り・仕立て・刺繍ともすべて国内

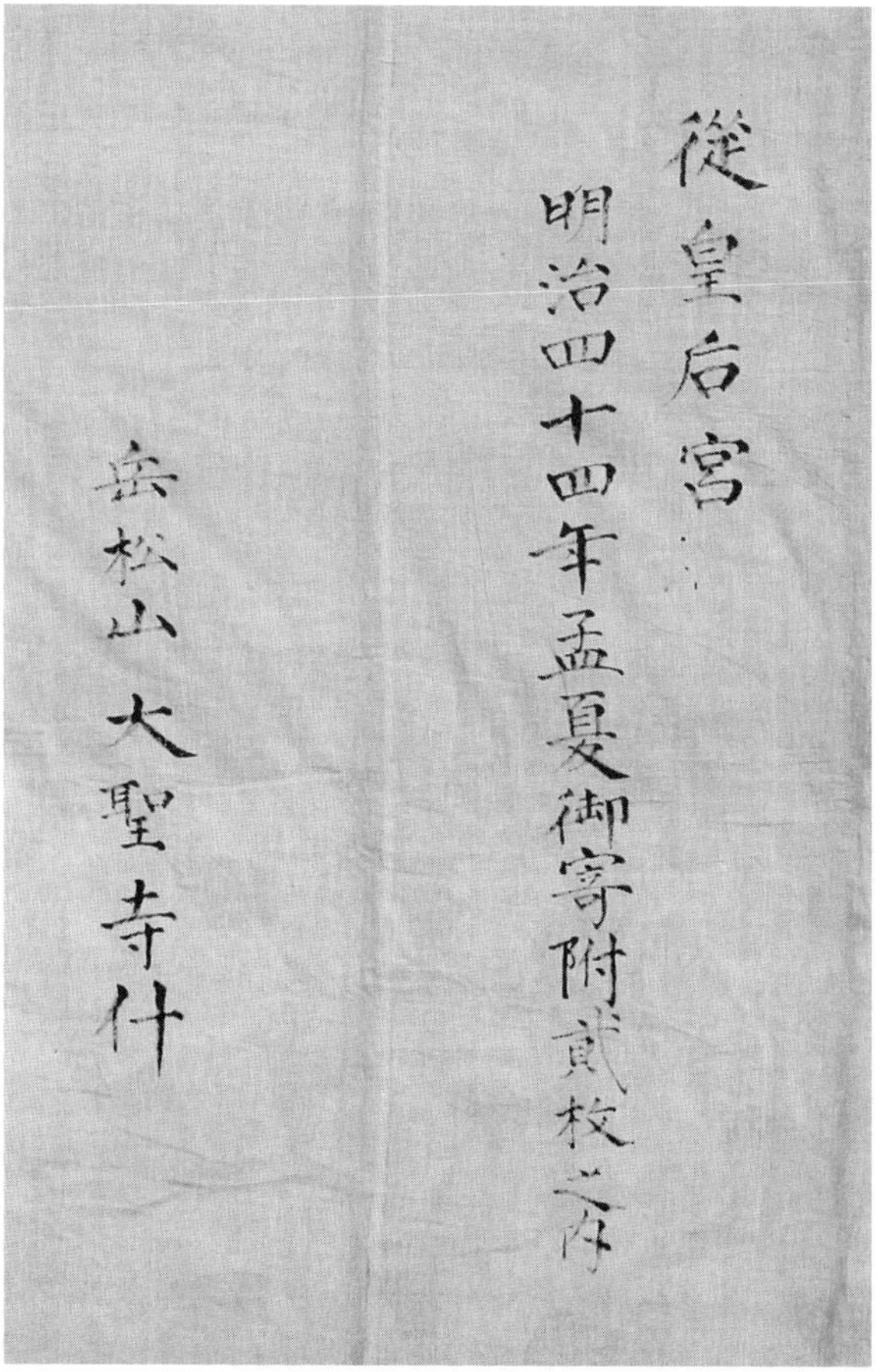
従皇后宮
明治四十四年孟夏御寄附貳枚之内
岳松山 大聖寺什

上：図2—大聖寺本堂内　仏前の装飾
下：図3—トレインを打敷に仕立て直した際にほどこされた墨書

で行われた日本製と考えられます。

ここでは、大礼服にどのような修復が必要となったか、その破損状況について写真をもとにご報告します。

繻子織の特性として、経糸が長く表面に織り出されるため擦り切れやすく著しい劣化が見

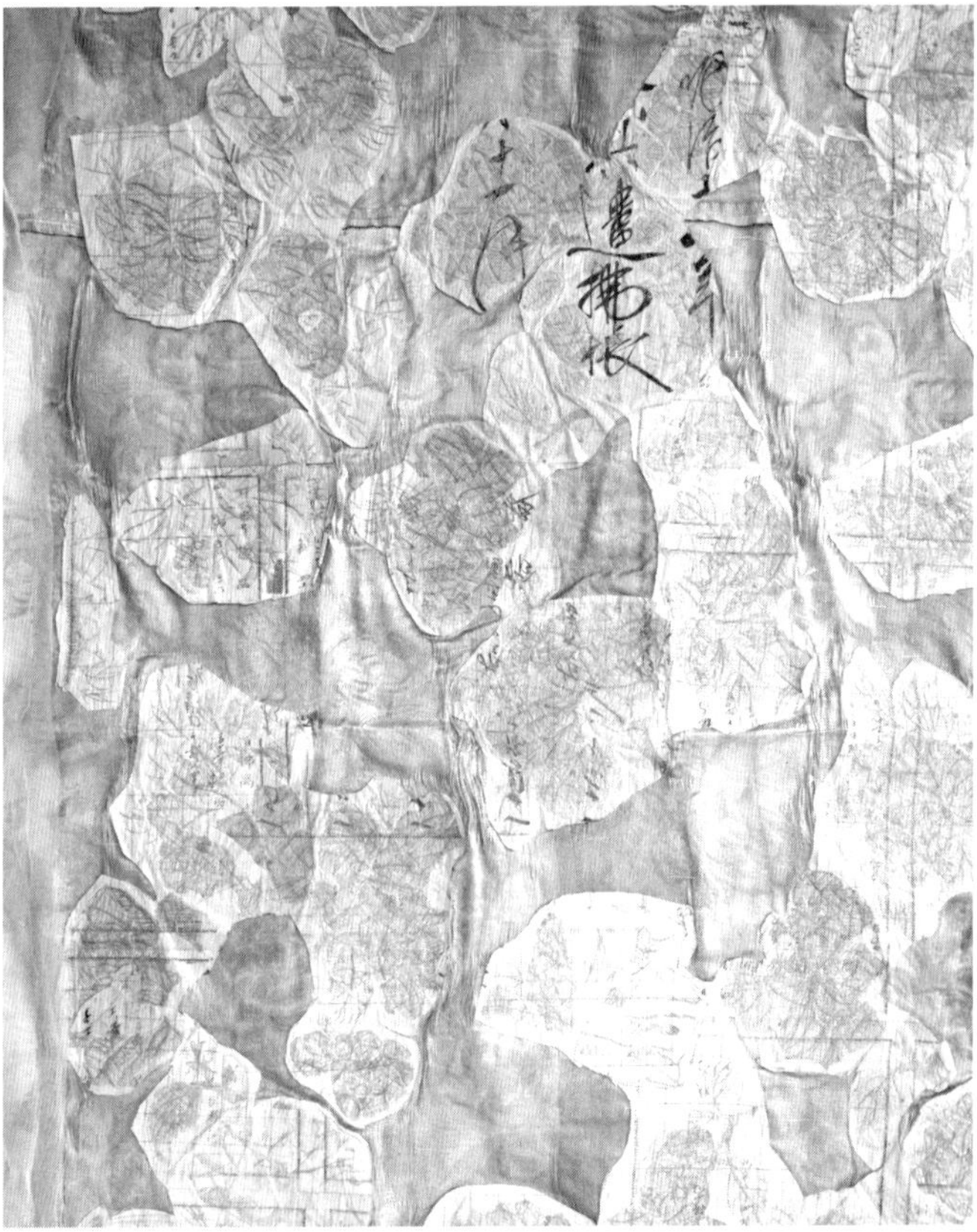

上：図4—経糸の劣化により緯糸が浮いている
下：図5—トレインの裏地に補強のためにあてられた反故紙。墨書が読み取れる

られます。特に畳み山部分やプリーツがあったところ、刺繡の裏に施された和紙の周辺に、傷みや切れ目が多くあることがわかりました。また、経糸の劣化により、緯糸が浮いている様子が確認できます［図4］。

大礼服の修復は、文化財を数多く手掛ける京都の修理工房、染技連で行われています。トレインの修復では、いったん裏地を取り外し、絹地をトレインの生地の裏にあてて補強しました。表側の損傷した糸を裏から駒縫いで留めることで、さらなる劣化を防ぎます。

ところで、トレインの裏地を取り外したことで新たな発見がありました。トレインの裏地表面には、重厚な金属刺繡のモール糸を補強するため、反故紙があてられていました。墨書のある和紙の発見は、刺繡が日本でなされたことの証拠となります［図5］。本プロジェクトでは、この和紙に書かれた文字を読み解く作業も進めています。

この大礼服は、白地に白文様で織られた花葉に沿って、金属のモール糸とコイルで立体的な刺繡がほどこされています。その刺繡が傷んだため外れてしまったコイルを、一つひとつバックステッチで返し縫いをします。しかし、モール糸を盛り上げるために泥紙が挟まれており、また生地の裏に補強のための和紙がほどこされているため、硬くて針がなかなか通りません［図6］。刺繡の修復は困難を極め、国内外の修復専門家に方針を相談する必要がありました。

現在、明治神宮ミュージアムでは、この修復途中の大礼服を特別展示中（明治神宮鎮座百年祭記念展「明治神宮の鎮座」令和二年十一月一日～一二月六日）ですので、ぜひ表からも裏からも修理工程に思いを馳せながら、鑑賞いただければと思います。

図6―外れた刺繡のモール糸やスパンコールを留める

02

明治維新の完成
明治二二年の大日本帝国憲法の制定

瀧井一博

宮中顧問フォン・モール——和装を勧めたドイツ貴族

一三〇年前の憲法発布式は、国家の威信をかけた一大セレモニーでした［図1］。この時、当時の宮内省は皇室の儀礼を整えるため、海外からお雇い外国人を招きます。それがドイツ貴族のオットマール・フォン・モールという人物でした［図2］。初代総理大臣の伊藤博文らは、宮中の洋装化を進めるための先兵としてモールを招聘しました。

ところがそのモールは、宮中の正装は和装がふさわしいというわけです。これに対し、伊藤はあくまで洋装化を主張し、次のようにモールに伝えました。「日本においては中世はすでに克服された。もっと後の世紀になって日本が民族衣裳に復帰することもあるやもしれない。しかし、今や宮廷における女性の応接用衣服は洋装を厳守すると決定した」（モール『ドイツ貴族の

瀧井一博
Takii Kazuhiro
国際日本文化研究センター副所長・教授

図1——「憲法発布式」和田英作画
明治神宮外苑 聖徳記念絵画館所蔵

明治宮廷記』)。

明治二〇年代といえば、「鹿鳴館外交」という言葉をお聞きになったことがあるかと思いますが、ヨーロッパの文明を象徴した鹿鳴館のように、ヨーロッパ化を推進した時代と受け取られています。実はその一方で、大和魂といいますか、日本の伝統というものをもっとしっかり守っていかなければならないという意見も、非常に高まった時代でもありました。

金子堅太郎の議事堂建築意見

そこで、今度は政府内の声を紹介したいと思います。

金子堅太郎は、当時、伊藤博文の秘書的な役割を担っていた政治家です[図3]。憲法の起草にもタッチした右腕的存在でした。この金子は、憲法公布の翌明治二三年に帝国議会を開設するというので、各国の議会のあり方を調査するため欧米に派遣されます。金子は、帰国後の明治二四年に行った講演で、次のように述べています。

オーストリアの議院は優美の極みで、その点においては宇内随一でこれほど立派な建物はありません。しかし、そこにはギリシャ・ローマの絵や像ばかり飾っています。美術的にはそれは立派なものでしょう。しかしながら、議員たちが見て、どんな感興を起こすか。ギリシャ・ローマは過去の国でしかも他国ではないか。私は、オーストリアの建築家が装飾の設計をして、オーストリアの昔のハプスブルクの王家の歴史上の事績に代えた

右：図2——オットマール・フォン・モール
フォン・モール『ドイツ貴族の明治宮廷記』講談社、平成二三年

左：図3——金子堅太郎　国立国会図書館所蔵

らばと思います（金子堅太郎「議院建築意見」『国家学会雑誌』明治二四年四月、筆者による現代語訳）。

オーストリアの議事堂は、優美の極みである。これほど立派な建物はない。しかし、そこには歴史がない、と金子はいいます。

私も二年ほどウィーンに留学したことがあります。このときの指導教授が、たまたまオーストリアの国会で副議長をしており、案内してくれました。内部はまさに金子がいう通り、装飾はすべてギリシャ・ローマがモチーフになっていました［図4］。教授の説明によると、当時、オーストリアのハプスブルク帝国は多民族国家で、ある民族のシンボルを掲げるとほかの民族の反発を招く恐れがあったということでした。つまり、ハプスブルク帝国には、すべての民族が共通で戴くシンボルやイメージというものがなかった。そこで苦肉の策として、民主主義のふるさとであるギリシャ・ローマをもち出さざるを得なかったということです。金子は、それは良くないと。このように、やはり、歴史に立脚した議事堂でなければならないと提言したわけです。このように、伊藤博文の周りでは、外から呼んできたお雇い外国人からも、内側の秘書的存在の人物からも、もっと歴史を大切にしろという声が起こっていました。

ウィーン大学シュタイン教授――和装を勧めた憲法制定の助言者

もうひとつの例をご紹介します。当時、ウィーン大学で国家学を教えたローレンツ・フォン・シュタインという学者がおります。このシュタインは、伊藤博文が明治

図4―オーストリア国会議事堂

憲法をつくるにあたり、一番頼りにしたヨーロッパの学者です。伊藤は、明治一五年にウィーンに行って、シュタイン先生から教えを受けるのですが、当時、「シュタイン詣で」という言葉が生まれたぐらい、日本の政府高官がこぞって学んだ学者でした［図5］。そのシュタイン先生は、日本人の教え子がお土産にもってきた和服の人形を見て、この着物でヨーロッパの宴席に臨めば、きっと賞讃がやまないだろうと、やはり和装を勧めたそうです。「御国の貴婦人をして此の服飾にて欧州の宴席夜会に臨ましめば、其の盛粧は衆賓の歎賞して止まざるのみならず、典故学士は勿論、美術に於ても、世界中婦人装飾の上乗を占むるの公評を博せむ」（元宮内省原版『須多因氏講義』筆記）。

こうして、伊藤博文は四方八方から和装を勧められるのですが、かたくなに洋装を推進したわけです。

「徹頭徹尾日本的」

では、伊藤博文は、古い伝統はもう捨て去り、日本は鹿鳴館そのままに洋風一色でよいと考えていたのでしょうか。

ドイツの図書館には、明治二二年三月一日付で伊藤博文が

シュタインに宛てた手紙が残っています。ここで伊藤は、憲法それ自体はヨーロッパ由来のものである。しかし、それを日本にもってくるには、日本的な憲法でなければならない、日本がつくった明治憲法は、「いかなる点においても、他のあれこれの憲法の単なる模倣ではない」とも述べています。"Entirely Japanese"。明治憲法は「徹頭徹尾日本的」な憲法なのだと書き送っています。

伊藤はやはり、日本の国が発展を遂げるには、世界で基調となっている新しい文明を受け入れねばならないと思っていたのだと思います。それは当時においては、ヨーロッパの西洋文明であり、それを受け入れるなかでいかに日本化していくか、それが課題だった。彼は明治日本の課題、ミッションを、そこに見ていたのだと思います。

私はよく、半分は冗談ですが、明治憲法とは奈良の大仏のようなものだといっています。奈良の大仏、仏教も、当時の東アジアの国際環境のなかで、律令制とともに日本は新しい文明として受け入れたわけです。しかし、表面的には一生懸命模倣しますが、それを内側から日本化していった。このように、明治維新に限らず日本というものは、異国の文明を受容して、そこから新しい自分たちの文明を創造してきた。それが日本の歴史の本質であるといえるかと思います。さらに、今日の話につなげれば、大礼服もそのような文明化のプロジェクトとしてあったということができるのではないでしょうか。

図5―シュタイン博士（左から二人目）と日本人の教え子たち
樋山光四郎『外人の観たる我が国体』偕行社、昭和九年

03

明治時代における日本と世界の宮廷服

深井晃子

瀧井先生のお話にありました通り、明治になり日本は西欧化を急ぎました。天皇の儀式の様式もそのひとつでした。皇族の礼服が明治六（一八七三）年に制定されました。最高位の宮廷服は祭事用として平安時代の公家装束が踏襲されましたが、それ以外の場には新たに西洋式宮廷服が制定されました。

マントー・ド・クールの伝統

女子の宮廷服も、明治一九年に西洋式が制定され、皇后が洋装をなさるようになりました。大礼服は、フランス語でマントー・ド・クール、英語ではコート・トレイン、つまり「宮廷のトレイン」と申します。トレインというのは、日本式の裾《きょ》、長い裳裾のようなものとお考えください。

深井晃子
Fukai Akiko
京都服飾文化研究財団
理事・名誉キュレーター

図1はフランスのルーブル美術館にある皇帝ナポレオン一世の戴冠式の絵です。この戴冠式は、一八〇四年にノートルダム大聖堂で行われました。ナポレオンは、ダヴィッドという当時第一流の画家に、その様子を大きな絵画として描かせたのです。このときの宮廷服は、画家のイザベイがデザインしたといわれます。中央で跪いているのが皇妃ジョゼフィーヌですが、そのマントー・ド・クールには、スカーレット色のベルベットが使われており、裏側に毛皮が張ってあります。この毛皮はアーミンといってシロテンですが、ポチポチと点々が見えています。あれはアーミンの冬毛なのです。大礼服は、中世以来非常に高い身分の人々の衣裳として、伝統的に毛皮で裏打ちされていました。

写された大礼服

次は、明治二二年に撮影された大礼服姿の昭憲皇太后です［図2］。この大礼服のトレインを、あらためてお衣装について詳しく見ていきたいと思います。この大礼服のトレインには、絹ベルベットが使われています。縁取りにセーブル（クロテン）の毛皮が張られているのがわかりますが、縁だけなのか裏全体か、写真からではわかりません。それから、ボディスとはドレスの上の部分をいいますが、こちらもベルベットです。当時はこのように、ボディスとスカートが別々なのが一般的でした。

マントー・ド・クールのトレインは、大変長くて重い衣裳です。身分が高いほど長くなります。重いので、それを御裳捧持者と呼ばれた少年たちがもちました。学習院中等部の少年が、その役を担ったそうです。大礼服の裏側にもち

図1—「皇帝ナポレオン一世と皇后ジョゼフィーヌの戴冠式」ジャック・ルイ・ダヴィッド画 ルーブル美術館所蔵

手が付いていて、そこをもつのです。この肖像写真の大礼服は現存していませんので、どこでつくられたのかはわかりません。ただ、ダイヤのティアラとネックレスは、ドイツでつくられたようです。

現存する大礼服とその来歴

現存する昭憲皇太后の大礼服は三点確認されています。一番古いものが、大聖寺門跡のおもちのものです。これは先ほどの御真影が撮影された時期とほぼ同じ頃につくられています［口絵2］。次に古いのが、文化学園が所蔵するものです［図3］。ベルベットに菊の花の刺繍がされています。ふくらんだ袖から、明治二〇年代後半につくられたと思われます。この袖のかたちが当時の流行でした。また、トレインの色が日本らしい朱赤で、菊の花の刺繍をほどこしているところから、おそらく日本製ではないでしょうか。

三着目は、もう少し後のもので、非常に立派な菊の花が刺繍されています［図4］。明治三九年のもので、日本製です。

大聖寺の大礼服は、トレインが最も長く、当初は四メートルあったようです。幅も一・七六メートルあり、かなり広いわけです。図5は、ハプスブルグ家皇帝の弟の妃、マリア・テレジア大公妃が着装したものです。位が高い方のものですから、トレインの長さは四・二メートルあります。

図2―昭憲皇太后御写真（鈴木真一・丸木利陽撮影）明治神宮所蔵

上：図3―昭憲皇太后大礼服　明治二〇年代後半　文化学園服飾博物館所蔵

中：図4―昭憲皇太后大礼服　明治三九年　共立女子大学所蔵

下：図5―ハプスブルグ家マリア・テレジア大公妃着用の大礼服　一八〇〇年代　©京都服飾文化研究財団、林雅之氏撮影

着目したいのは、このハプスブルグ家の大礼服と大聖寺の大礼服の文様が、どちらもバラであるという点と、そのバラの刺繍に同じようなモール糸が使われているという点です。非常に興味深く、この共通点についてはさらに調査が必要ですが、どこか同時代性がありそうだと思っております。

大聖寺の大礼服は、残念ながらスカートが現存していません。どのよ

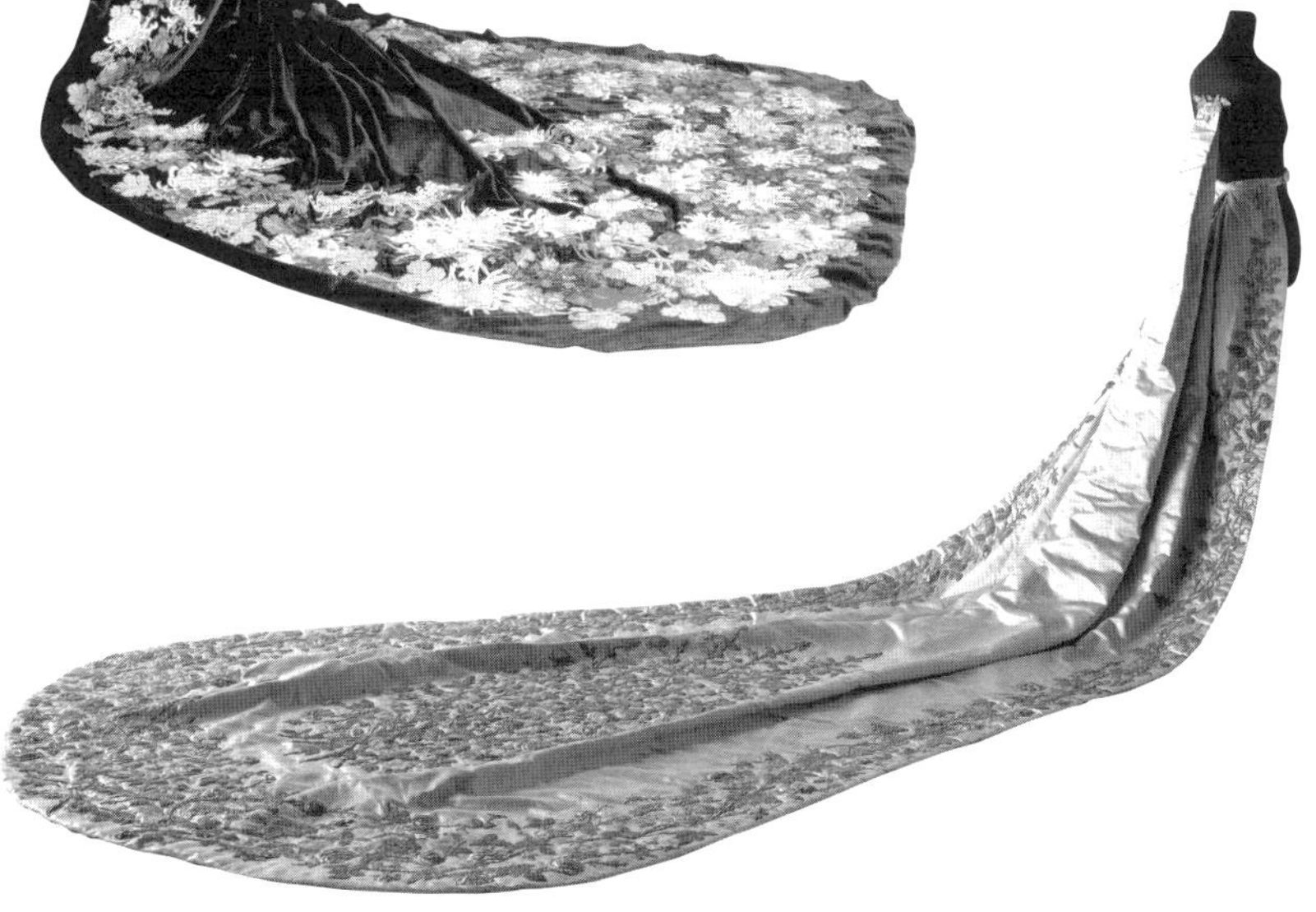

貴女裁縫之圖

うなかたちであったかよくわかりませんが、おそらく同時代にパリのウォルト店でつくられた図6のようなスカートではなかったかと思われます。このような膨らみがあるスカートは、バッスルスタイルと呼ばれ、当時流行のスタイルでした。鹿鳴館に女性たちが着ていったのは、このようなスタイルのドレスでした。

上：図6—宮廷服　ウォルト店製　明治二一年　メトロポリタン美術館所蔵

下：図7—松斎吟光「貴女裁縫之図」『風俗錦絵雑帖』明治二〇年、国立国会図書館所蔵

ベルリン製、パリ製から日本製へ

明治に入り、男性の洋装化がまず進みましたが、女性の洋装化は遅れました。こうした折に、昭憲皇太后は日本の新しい女性像をつくるため、率先して洋装をなさり、非常に大きな役割を果たされます。

明治二〇年、皇后は「思召書」で女性の洋装を奨励なさいました。西洋服はボディスとスカートの上下二部形式であるから、宮廷古来の伝統と一致する、と皇后は述べられ、国産の洋装の着装を呼びかけていらっしゃいます。洋服は、当時横浜の居留地などの仕立屋でつくることができましたが、宮中でも女官の服地を西陣に発注し、御所内の裁縫所で仕立てていたようです［図7］。しかし、国内で洋服を仕立てるのは、当時は非常に難しいことでした。

先ほどベーテ先生からお話がありましたが、昭憲皇太后がはじめて大礼服を着用されたのが、明治二〇年の新年拝賀式のことです。この大礼服はベルリン製で、マックス・エンゲルという人物の店でつくられました。同じくベルリンのヘルマン・ゲルソン社にも、日本の宮廷服が発注されています。また、ほぼ同じ時期、パリにも注文しています。当時の日本でも、パリのファッション評価はとても高いものでした。慶応三（一八六七）年、パリ万博参列のためフランスに渡った渋

沢栄一も、パリのファッションが一番だと書いています。

実際に皇室は、パリのウォルト店に発注しています。この店は、ナポレオン三世の皇妃ウジェニーをはじめとして、イギリスを除く西欧の各宮廷の注文を受けていたという第一流のお店です。そのウォルト店の創始者シャルル・フレデリック・ウォルトの息子で、後継者のジャン・フィリップ・ウォルトは、日本から宮廷用の大礼服の依頼があったことを回顧録『A Century of Fashion』に書き残しています。「日本の皇室から注文を受けたが、非常にプロトコルが厳しくてつくりにくかった」。

ウォルト店は一九五六（昭和三一）年に閉店しました。その資料をビクトリア&アルバート美術館が購入し今も保存されていますが、残念ながら一九一三（大正二）年以降のものに限られています。日本からの注文については、これからもう少し調査したいと思っているところです。

最後に話をまとめます。明治の西洋式宮廷服は伊藤博文らの政治的な思惑と絡みながら、西洋化を表象しました。マントー・ド・クールはそれを何よりもわかりやすく視覚化するものでした。これらの宮廷服から見えるのは、近代化が推進される過程において生み出された明治独特の政策であり、文化だったと考えます。そこに、国産生地を用い西洋式に調製したいと考えられた昭憲皇太后の国内産業の振興に寄せる思い、すなわち日本の発展へ寄せた強い願いを感じます。

04

現存する最も古い大礼服をめぐって

日英米独仏プロジェクト研究チームの成果をもとに

モニカ・ベーテ、ジョアナ・マーシュナー［ビデオ出演］

私たちのプロジェクトでは、明治二〇年代前半に大聖寺の大礼服が製作された背景や環境を知るため、国内外の専門家による研究チームを編成して調査を行っています。現在はコロナ禍でなかなか行き来が難しい状況ですが、令和元（二〇一九）年八月には、英米独仏から複数の研究者が京都に集まり、大礼服を実見しながらディスカッションを行いました［図1］。

ここでは、その国際チームの研究成果と進捗をお伝えいたします。

生地はどこでつくられたのか

まず、米国ロサンゼルス・カウンティ美術館（LACMA）学芸員のシャロン武田さんには、今回のプロジェクト全般にわたり、アドバイスをいただいています。シャロンさんは染織が専門で、

ＬＡＣＭＡではこれまでに小袖や能・狂言の装束をテーマとした展覧会を開催しており、私も協力したご縁があります。また、西洋と東洋双方の染織史に造詣が深い方です。平成二七（二〇一五）年になりますが、大聖寺の大礼服をはじめて視察したシャロンさんが、第一印象で「これは西洋の生地ではなさそうです。日本製と思われます」とおっしゃったのが大変印象的でした。

それでは、生地はどこでつくられたのでしょうか。

フランスのリヨンは絹織物の産地として歴史的に知られています。当地には古い「生地帳」が残っており、これまでリヨンでつくられた生地がデータベース化されています。この調査は、リヨンの織物装飾芸術博物館学芸員マリーエレン・ゲルトンさんが担当してくれました。彼女によると、明治二〇年前後（一八八五〜一八九五）のデータを徹底的に調べた結果、大聖寺の大礼服と似た文様や織り方の生地はリヨン製の生地にはない、とのことです。同様に、西欧の主要な織物産地であるイギリスのスピッターフィールド、ドイツのクレーフィルドなどでも調査しましたが、一九世紀後半には似たようなデザインと織り組織の織物は皆無でした。

そこで、日本の染織専門家である、旧京都市織物試験場

所長の藤井健三先生をお訪ねしました。藤井先生は、この大礼服の文様は、一八世紀の洗練されたロココ調で、織り組織が複雑で多様であるとおっしゃいました。当時の日本で使用されていたジャガード織機では、このような生地を織ることは物理的に難しかったのではないかというご意見でした。

一方、川島織物の技術者とも織り組織の調査を行いました。京都・西陣を発祥とする川島織物は、明治二一（一八八八）年に竣功した明治宮殿建設にあたっても、室内の装飾織物を数多く手がけています。このとき、職人は空引機《そらびきばた》を使って複雑な織りのベルベットを織り上げました。この織り方は人が機械の上に座り、文様に従って経糸を操作し、下で熟練した職工が緯糸を紡ぎます。大聖寺大礼服の織り構造はジャガード織機で織るような複雑さをもっていますが、現段階でいえる結論は、日本で織られたのであれば、空引機で織られた可能性もあります。ジャガード以前の一八世紀ヨーロッパでもよく似た織り組織が空引機で織られていました。

デザインがよく似たフェノロサ夫人のドレス

大礼服のスタイルやデザインは時代によって異なります。そのため、大聖寺大礼服の製作時期を特定するうえで手がかりともなります。この方面でも、アメリカ、ドイツ、フランスで活躍する宮廷服の専門家が調査に協力してくださっています。

ＬＡＣＭＡの服飾専門学芸員のメイ・メイ・ラドゥさんは、大聖寺の大礼服と類似のデザインのドレスを調査し、フィラデルフィア美術館でフェノロサ夫人が着ていた礼服を見つけました。アーネスト・フェノロサは明治のお雇い外国人で、妻リジーとともに明治十一年に来日しました。

図1—令和元年八月、大聖寺所蔵大礼服の調査で、京都に集まった各国の専門家たち

そのバラ文様の礼服は、夫人が日本にいる間に着用したもので、ミュージアムの解説には、おそらく明治宮殿で着用したとの説明があります。明治一九〜二〇年頃にパリのウォルト店でつくられたようです。

一方、ドイツではドイツゲルマン国立博物館染織宝飾部門主任学芸員ゲサ・カスマイヤーさんとハイディ・ラッシュさんが、ベルリンで仕立てた皇后の洋服について、記述がある現地の資料や新聞を調べてくれています。私が先ほどご紹介した『ベルリナー・ターゲブラット』の記事もその一例です。

英国からは、ヒストリック・ロイヤル・パレス主任学芸員のジョアナ・マーシュナーさんが、このシンポジウムのためにビデオメッセージを寄せてくださったのでご紹介します。

西洋の宮廷服に見る皇后の装い

こんにちは、ジョアナ・マーシュナーです。本日は、西洋の宮廷、特にイギリス王室のドレスについて年代順に例をお示しし、昭憲皇太后大礼服のフォーラムの参考になればと思います。

何千年にもわたり、王や君主、その家族や周りの人たちの衣服は、地位や財力、そして役割を象徴するものでした。外見からその人がどのような人なのか区別してきたのです。そのため、早くから奢侈禁止令などで規制され、特定の色、服、アクセサリーのスタイルなどは、特定の役割を果たす者が、特別な機会においてのみ着用が許されました。

「大礼服（グラン・アビ）」として知られるフランス宮廷の礼服では、綺麗なシルエットを保つために体に沿ったボーンを入れたボディスを、スカートとトレインと一緒に着用するのが特徴でした。

図2—英国王妃シャーロット（右、一七六〇〜一七六二年頃）とロシア皇后エカテリーナ二世（一七六五年）Royal Collection Trust /© His Majesty King Charles III 2022

一八世紀の欧州を通し、このスタイルのドレスが宮廷で着用されます［図2］。イギリスでは一般的に、戴冠式や王室の結婚式など最もフォーマルな場で用いられました。

宮廷ドレスは、その古風さこそが、着用者が社会のなかで非常に特別なグループの一員であることをあらわしました。スカートの形や大きさ、そしてトレインの長さはそのようなメッセージを伝えるためのキャンバスとしての役割もあったのです。

古風なスタイルが威厳をもたらす

では、明治日本の大礼服が、ヨーロッパのモデルとどう対応するのか見てみましょう。大聖寺所蔵の昭憲皇太后の大礼服は、体に沿ったタイトなフィットで、えりぐりが深いボディスです［口絵2］。ボディスとトレインに使われている生地は同じものです。この大礼服はおそらく一八八〇年代後半から一八九〇年代前半につくられたものです。

当時、日本に滞在していたヨーロッパの人たちの記述が残っています。明治二七年から四三年まで日本に滞在したベルギー公使夫人メアリー・ダヌタンや、イギリス公使夫人メアリー・フレイザーは、式典で皇后陛下がお召しになったドレスについ

て日記に書き残しています。二人とも、皇后陛下のトレインが特に長かったと記しています。一八八〇年代および一八九〇年代において、トレインは宮廷礼服の非常に重要な要素であり、それは長さのみならず厚みも重視されました。

昭憲皇太后のこの大礼服のトレインは、元はどのようなスタイルだったのでしょうか。おそらく、芯地にしっかりとしたカンバス地を使い、中綿のようなものを入れていた可能性が高いと見ていいでしょう。こうすることで皇后が移動するときや、トレインの縁をもち上げているときも、だらりと垂れ下がることなく美しいラインを維持できました［図3］。歩くと裏地が見え、そこに込められた細やかな仕事を見てとることができるよう、裏地の縁に意匠をほどこすことが一般的でした。

次に、トレインがどのように着られていたかですが、一九世紀末には幾つか流行りがあったことに留意しなければなりません。一番一般的に使われた方法は肩留めでした。エレガントで、着用者の身長を高く見せる効果もありました。一方、より古典的な方法は腰留めでした。残っている写真から判断すると、皇后陛下がお好みになったのもこのスタイルだと思われます。腰留めのトレインは通常、ボディスのなかを通り越しセットの前で結ばれる細いリボンのウェストバンドに、プリーツ状になるようつなぐものでした。ものによってはスカートのウェストバンドにフックかほかの留め具が組み込まれており、トレインがきちんと正しい位置で固定されるようにしていた場合もありました。

図3—重く長いトレインには、形がくずれないよう詰め物がされている
After Arthur Hopkins. Engraving. 'The Moment before presentation,' *The Graphic.* 2 June, 1888 ／ © Joanna Marschner.

最後の疑問は、失われたスカートがどのようなスタイルであったかです。ボディスとトレインが同じカラフルな絹地でつくられていたことから、スカートはおそらく簡素で、淡い色合いの布でコントラストを与えるものであったと思われます。また、トレインのボリュームと重さを支えるため、バッスルスタイルといいますがスカートの後ろに膨らみをもたせ、さらに大げさにプリーツを寄せた可能性が高いでしょう［図4］。

流行よりも少し古風なスタイルの大礼服は、威厳をもたらしました。それはやはり実質的に時代遅れでしたが、流行りものととられかねない要素を省くことは長年続く皇室の皇后として的確な判断であったといえます。

ドレスのスタイルにもメッセージが込められているように、この大礼服は日本製と思われる絹が使われ、日本の職人の手によりつくられています。日本の芸術性と技術の結晶であることを高らかに謳っているといえます。国家を、宮廷を、そして彼女自身をさらに高い位置にすえたといえるでしょう。ありがとうございました。

仕立てと刺繍——縫い糸が語る歴史

マーシュナーさん、ビデオメッセージをありがとうございました。

図4——スカートの後ろに膨らみがあるバッスルスタイル、一八九〇年頃
Alexander Bassano Albumen photograph. Mrs Alexander Kelso Hamilton in court dress. HRP06846 Historic Royal Palaces.

次に、時代を示す記号のひとつ、仕立てについて話題を移します。今のビデオでも紹介があったように、宮廷では少し古い形をとり入れました。

ドイツのバイエルン国立博物館学芸員ヨハネス・ピーチェさんは、修復の専門家、裁縫史の研究もしています。彼は、縫い方の一針一針から歴史を読み取ることができるといいます。そのピーチェさんが、ヨーロッパで仕立てられたボディスと比較して、この皇后のボディスの仕立てはいくらか素人的だと指摘します［図5］。さらに縫い糸を顕微鏡で詳しく調べると、二本の糸が緩く縒り合されていることがわかりました。同氏によると、ヨーロッパでは三本をきつく縒り合わせてつくるのが通常であり、このボディスの裁縫に使用した縫い糸はヨーロッパ製ではないとのことです。

次は、刺繡です。トレインの下部や縁の周辺は、白色で織られたバラ文様のうえに金属製のモール糸で刺繡が施されています［図6］。赤や黄色のバラの周りが、光り輝く金銀銅の立体的な花や葉に囲まれ、美しさが際立ちます。この金属刺繡の材料についても、明治の初期、日本ですでに男性の軍服の飾りのために小さなモール、金、銀の飾りを縫い付ける技術が導入されていました。そのため日本はヨーロッパからモールやコイル、スパンコールなどをすでに輸入していました。

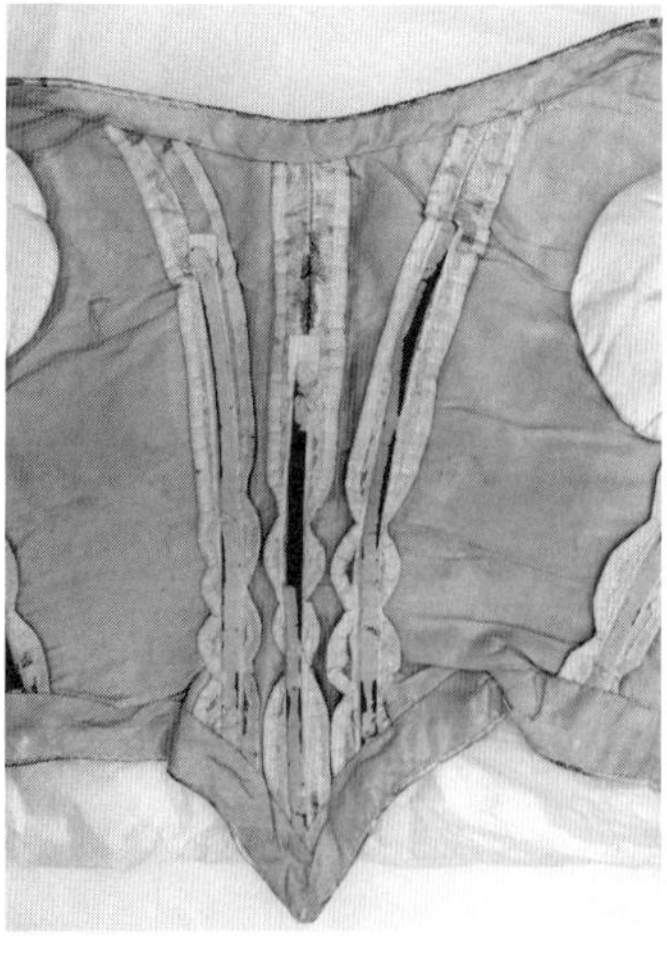

金属刺繍の修復

ところで、大聖寺大礼服の金属刺繍糸は変色しているようでした。そこで、落ちてしまったモールを分析調査してもらいました。協力してくださったのは、嵯峨美術大学の佐々木良子先生と、仲政明先生です。その結果、丸いスパンコールは、銅の上に金メッキが、コイルのほうも合成銅

図5—ボディスの前面（右）と内側。形を整えるため鯨ひげ（ボーン）が縫い付けられている

図6—バラの織文様（上）と白地文様に施された金属刺繍

の上に金銀メッキがされており、もともとは金色・錆金色・銅色・黒色という色調が異なる四種類があったようです。試しに、つくられた当時の色で刺繍をシミュレーションしてみましたが、今は黒ずんだ色に見えるモール糸も、元はもっと白に近かったことが想定され、随分と印象が異なることがわかりました。

刺繍の技法については、刺繍作家である三代目樹田紅陽さんにご指導をいただきました。その結果、モール糸を盛り上げるために細かい土を含む厚手の泥紙が挟まれており、さらに生地の下には補強のために和紙が二枚あてられていることがわかりました［図7］。西洋の金属刺繍では布で裏打ちし、刺繍の下にはフェルトまたは段ボールを挿入して立体的に見せます。出来上がりは似ていますが、補強材料が東西の国で異なっていました。

そして、第一部でも少しお話ししましたが、この補強のためにあてられた和紙は、新しい紙ではなく、文字などが書かれた反故紙でした。この技法は日本で一六世紀頃から使われ、裏側に反故紙を一緒に縫い付けることで強化し安定させるのが、伝統的な日本刺繍の方法でした。

このように大聖寺の昭憲皇太后大礼服は、織り・仕立て・刺繍のいずれも日本製である可能性が高いことが、国際研究チームの調査からわかってきています。このことは、反故紙に書かれた文字の解読を進めている桁居宏枝さんのご研究からも一層明らかになってきていますので、次にその成果を発表いただきます。

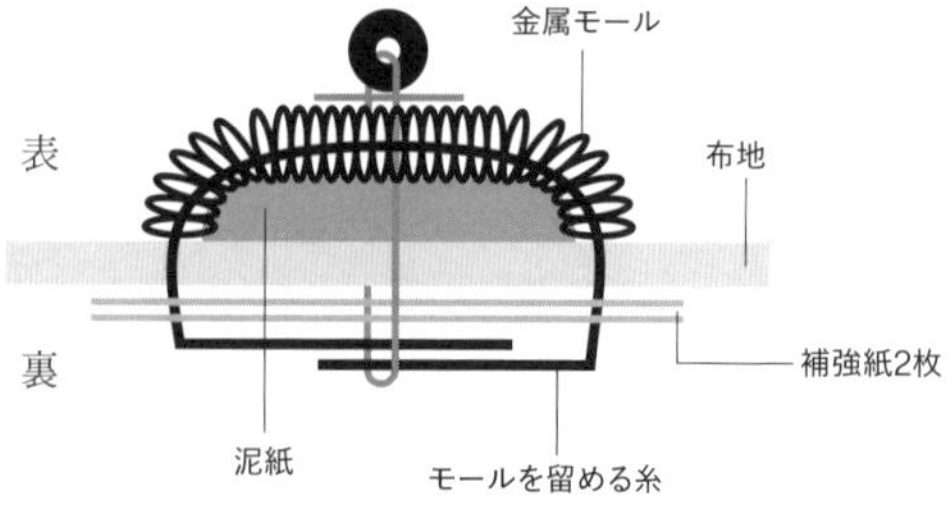

図7——刺繍の技法。泥紙と和紙が二枚挟まれている

05

トーク

大礼服の隠された物語

モニカ・ベーテ×瀧井一博×深井晃子×柗居宏枝×今泉宜子

史料は語る

今泉　引きつづき、ディスカッションに移ります。ご紹介します。大阪市立大学都市文化研究センター研究員の柗居宏枝先生です。

柗居　柗居と申します。私は明治一九（一八八六）年、ドイツに注文された大礼服に関する論文で、昭憲皇太后の大礼服をめぐる対独外交について考察しています。

明治一九年は宮中で服制の改正が行われた年で、翌年の二〇年に伊藤博文はこんなことを語っております。

政治は進て取り振て為すの方針なれは、宮中の儀式と云ひ、社会の状勢と云ひ、漸次歩を進め、其対面を改め、開明各国の釣合を取り、以て其習俗に均しからん事を期するは他なし。（「明治廿年十月廿二日晩餐後伊藤総理大臣閣下ノ口話」『長崎省吾関係文書』国立国会図書館憲政資料室所蔵）

宮中の儀式も社会の状勢も、漸次歩みを進める、それはなぜかというと、開明各国と釣り合いをとるためである。明治二〇年は、衣服の制度を変えて社会の気風を一新するべき状況にある、と伊藤はいいます。瀧井先生もおっしゃったように、律令制を取り入れたとき、元正天皇は唐の制度を導入するとともに衣服の制度も変えました。伊藤は、進取

柗居宏枝
Matsui Hiroe
大阪市立大学都市文化研究センター研究員

今泉宜子
Imaizumi Yoshiko
明治神宮国際神道文化研究所主任研究員

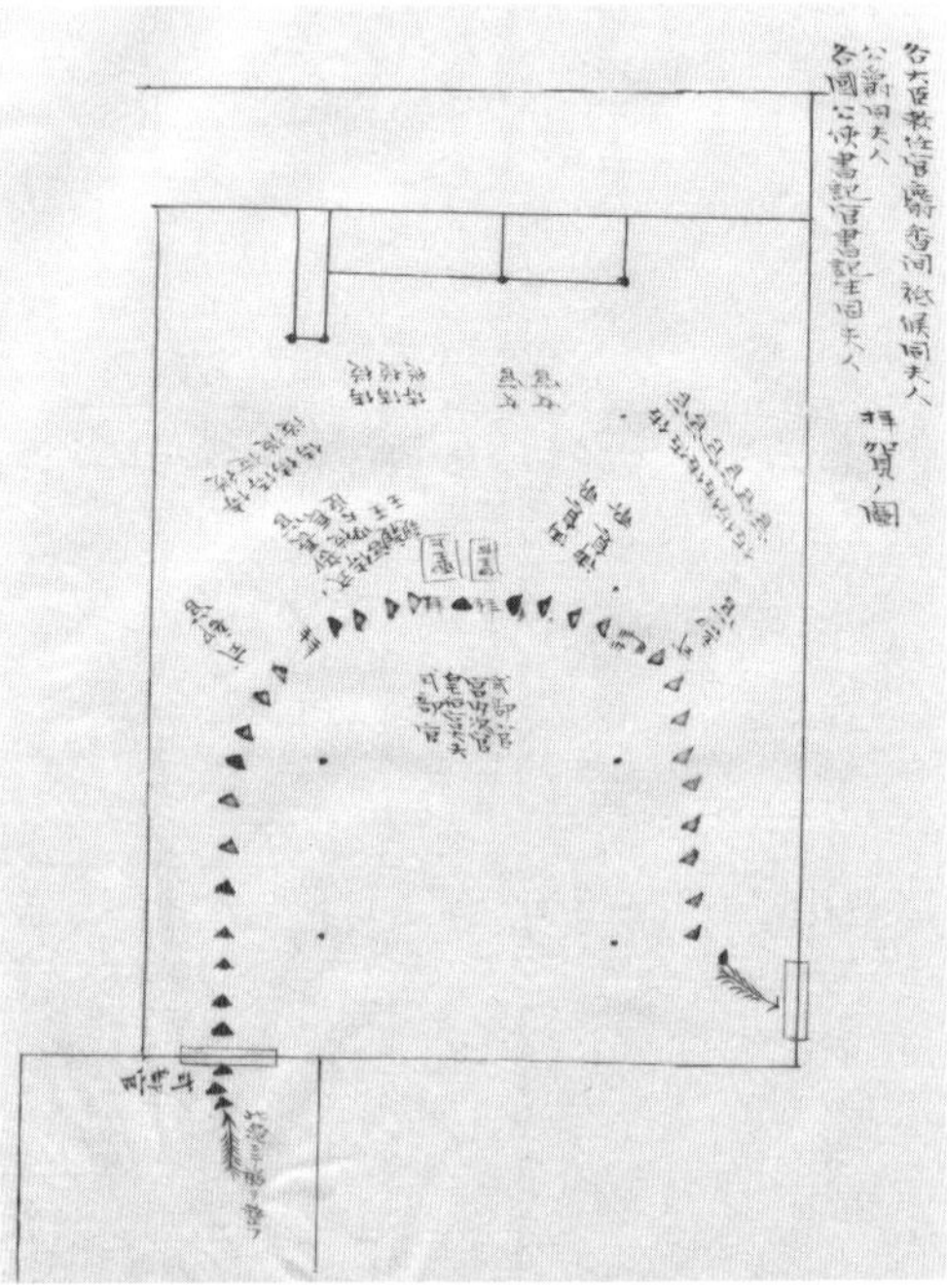

図1―明治二〇年一月一日新年拝賀の図　国立国会図書館憲政資料室所蔵『長崎省吾関係文書』所収
図2―トレインの裏地に使われた和紙に「遺拂帳」の文字が見える

決行の方針は、古来からの例に沿うものだと主張しました。

図1は、明治二〇年一月一日、新年拝賀の資料です。昭憲皇太后は、この明治二〇年の新年式ではじめて大礼服を着用して人前にお立ちになりました。式はどのように行われたかというと、図の中央で、右側に立つのが皇后で、左側が明治天皇です。各国公使は左から進み、天皇皇后に拝賀し右に抜けるという流れになっています。

伊藤が重要視したのは、公使を含めより多くの目に洋装した皇后を見せることだったと思います。特に各国公使に見せるのは、正確な情報をいち早く諸外国に伝えるという役目を担っていたのではないでしょうか。

ここで、先ほどベーテ先生から報告があった、トレインの裏地の和紙の話に移ります。和紙に書かれた墨書のなかでも図2は大きく目立ちます。つぶれている文字もありますが、「明治十□年　□遣拂帳　十一月」と読むことができます。別の箇所には、「造船所」という文字も見えます。つまり、この遣払帳は、造船所でつくられたもの、もしくは使われたものと考えられます。

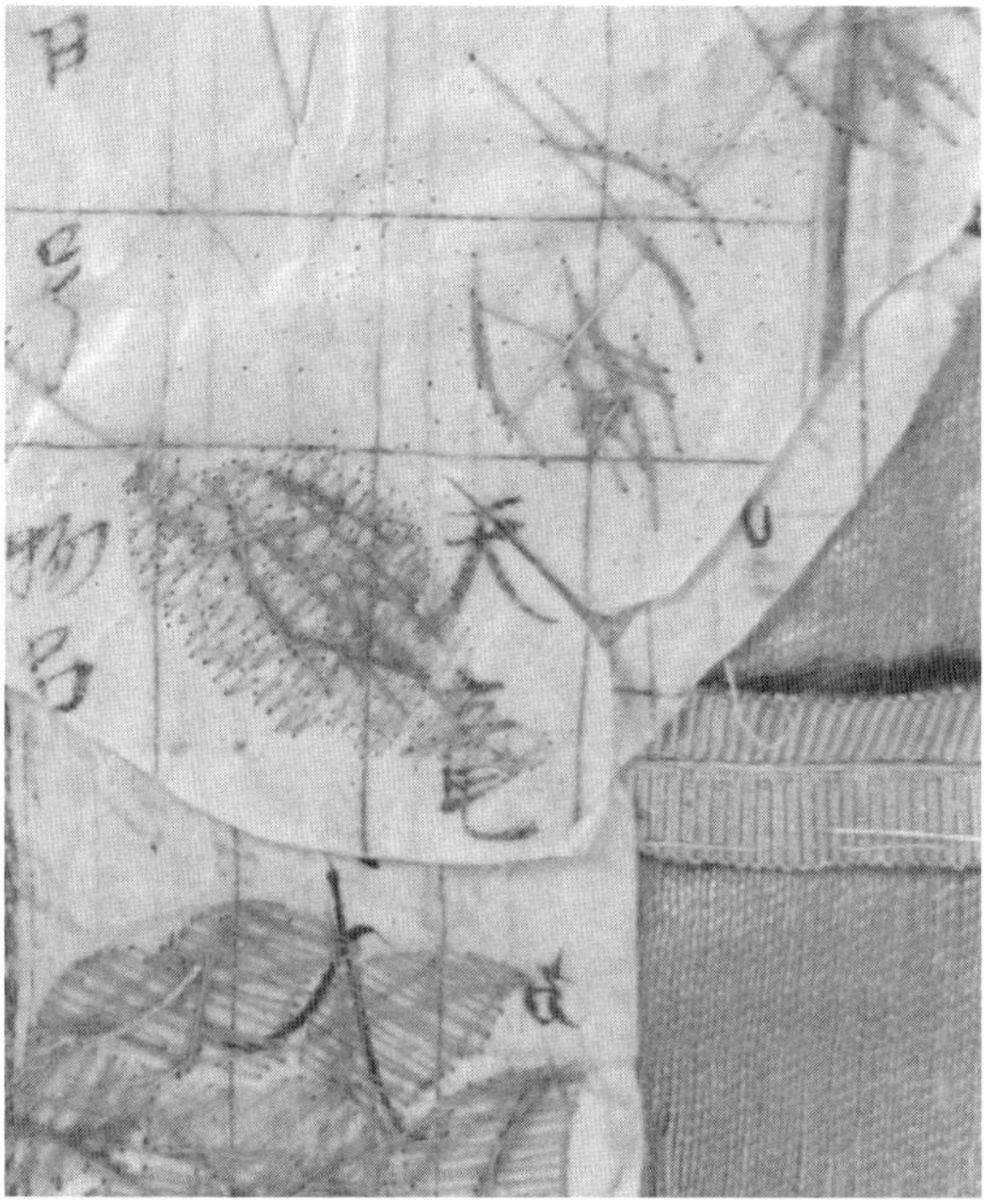
図3—船名「天竜」の文字（画像は反転させたもの）

さらに、別の和紙には「天竜」という文字がありました［図3］。造船所ですから、「天竜」とは船の名前になりますが、実際に「天竜」をつくっていたのが、横須賀造船所でした。この「天竜」は、明治十一年から一六年八月の間につくられたといいます。先ほどの遣払帳には「十一月」とありましたので、大礼服の裏地の和紙は、明治十一年から一五年に横須賀造船所が「天竜」を造船したときにつくった遣払帳の反故紙だったということができます。
これはどういうことでしょうか。いろいろ推測ができます。本日、明治神宮ミュージアムで明治天皇の軍服を拝見して確信したのですが、軍服の肩章や大礼服に使われている金モール。これをつくる技術に共通点があるのではないか。つまり、海軍もしくは陸軍の軍服の金モールをつくった人物は、同時にこの大礼服トレインの刺繍にも関わったのではないでしょうか。当時、日本人の金モール製作者は複数おり、なかでも中野要蔵という人物がよく知られていたようです。
私は歴史を専門としていますので、文献史料を調査します。ベーテ先生や深井先生は大礼服をご覧になって研究なさる。その意味で、この大礼服プロジェクトは多方面の研究者が関わり、総合的な判断ができる非常に充実した研究になっているのではないかと思っております。

外国のインスピレーションと日本の心

今泉　船居先生、ありがとうございます。瀧井先生、深井先生、これまでの報告を振り返って、ご質問やコメントがおありかと思います。

瀧井　普段聞けない話をたくさん拝聴して、勉強させていただきました。少々情報提供ができればと思います。

明治二〇年代、伊藤博文をはじめ、たくさんの政治家や政府高官が、シュタイン博士を訪ねた話を第一部で致しました。明治天皇も、幼馴染であった侍従の藤波言忠をウィーンに遣わし、自分の名代としてシュタインの講義を聴講させました。帰国した藤波が、その講義を天皇に代講したのです。明治天皇はお礼として、シュタインに自分が着ていた寝間着を授けることにしたといいます。

ウィーン民族学博物館に残されているシュタインの遺品には、絹製の白い和服の寝間着が残っておりました。ただ、ウィーンの学芸員が少々怪訝に思われていたのは、その寝間着に継ぎはぎがあることでした。

しかし、今日のお話で、皇后の大礼服に造船所の遣払帳の紙を再利用していると知りました。また、私も午前中にミュージアムを拝見し、明治天皇というのは非常に質素で、普段の内廷でのお召し物には継ぎはぎなどもして着ていたとうかがいました。そこで、ウィーンに残る寝間着は、やはり明治天皇のものだろうと確信を深めた次第です。

深井　本日、プロジェクトの進捗を改めてお聞きし、素晴らしい調査・研究に敬意を覚えました。ベーテ先生、本当にご苦労様でした。

面白いことに、どうしてマントー・ド・クールのようなヨーロッパの典型的な服を日本でおつくりになろうとしたのか、改めて疑問も湧いてきました。生地もどうも日本製であると。それから、刺繍の具合もそうだし、縫った人も日本人であると。

そのときの昭憲皇太后のお心を想像しますと、非常に新しい女性像を感じます。新しい国を引っ張っていくという気持ちがおありになったのではないか。織物にせよ、ヨーロッパ風のものをつくるというのは、大変なことです。でも、それができてみれば、日本と海外のどちらでつくったのか、研究者の目さえも惑わすような良い出来栄えになっていることも素晴らしいです。

もうひとつ面白いと思ったのは、憲法もそうですが、外国のものからインスピレーションを得る、そして、それをうまく取り入れる、しかし、取り入れたけれども、新しいものをつくるとき

図4―文化財修理所の染技連で作業中の修理技師たち。右側中央が櫻井彩さん

には、日本の心が入っているものに仕上げる。そういう精神があることも深く感じた次第です。

ベーテ　本日はありがとうございます。私はこれまで長く染織の世界と関わってきました。桁居さんから金モールの職人さんの話がありましたが、明治二〇年代の日本がこの大礼服をつくることで、どれほどたくさん新しい職業が生まれたのか、また、どれほど昔の知恵や技術が将来につながったのかということを、もっと深く考えたいと思っています。明治時代は調査のしがいがあります。

価値ある文化財として

今泉　ここで少し会場にもマイクを向けたいと思います。まずは、服飾文化がご専門で宮中の洋装に関する研究の先駆者である、元文化学園大学教授の植木淑子先生です。次に、大聖寺大礼服の修復を手掛けておられる文化財修理所、染技連から、代表取締役の矢野俊昭さんと修理技師の櫻井彩さんにコメントを頂戴します。

植木　大礼服の位置づけにつきまして、近代化のなかでの貴重な歴史資料ということがよくわかりました。大礼服は個人的な資料ではなくて、皇后が公の場で着用した服飾ですから、価値のある文化財ということができます。これからも大切に守っていかなければいけないと改めて感じました。

それから、プロジェクトが立ち上げられた大きな意味を感じております。これまで、大礼服は外国製と考えられていましたが、調査や研究によって、日本でつくられた可能性が大きいということですから、プロジェクトは大きな成果を上げていると思います。また、同時に修復も進められていることは、大変喜ばしいことです。一般に、染織品は傷みやすい性質をもっているものですから、この大礼服も修復されなければ、傷みがさらに進んでしまうことも考えられます。今の段階で修復の手が加えられることは、とても大事なことだと思います。

矢野　修復を担当しました染技連の矢野でございます。すべてがはじめてづくしの修理を経験しまして、多方面の先生方からいろいろな研究・指導をいただき、何とか手を尽くしていますが、まだ道半ばなのです。全部修理できたわけではありません。これからも気を引き締めて次の修理にかかりたいと決意を新たにいたしました。

櫻井　櫻井です。この大礼服の生地はとてもボリューミーで、縫い取りも艶やか。本当に柔らかい、ふんわりとした生地なのです。大変重厚な刺繡がたくさんされていて、重みもとてもあって、それを支えるために和紙が裏にしっかりと入っています。しかし、それが影響して、生地に傷みが生じている部分がずいぶんあります。これからもモニカ・ベーテ先生方に見ていただきながら、修復をつづけていきたいと思っています［図4］。

プロジェクトの未来

今泉　矢野さんもおっしゃいましたが、今日はこの修復プロジェクトのあくまで中間報告ということですので、これからボディスの修復、そして現存していないというスカートの復元に着手して、最終報告をまとめるまでには、あと二、三年を要する予定です。そこでディスカッションの後半はこのプロジェクトの未来に目を向けたいと思います。

本日のテーマは「美の継承」ですけれども、たとえば、技術や伝統の継承という観点から、今後このプロジェクトに期待すること、あるいは展望について、ぜひご提言をいただければと思います。

松居　私からは、三点お話しさせていただきます。多くの外国人は日本が洋装を取り入れることに反対の姿勢でした。さらに、ヨーロッパでは着物が流行しておりました。着物のオリエンタリズムというか、そういった面に惹かれる方が多く、ヨーロッパ、特にイギリスでは、着物が流行していた時代でもありました。こういった点をどう考えたらいいのか。

二つ目ですが、継承という点で申し上げますと、廃刀令によって、刀の鍔をつくっていた金工師が失職すると、そういった金工師を救済するため、ボンボニエールをつくることが新たにはじまったという研究がございます。今回は服飾の分野ですが、染技連さんが修復をなさることで、おそらくそれを契機に、改めてさまざまな技術が明らかになり、再興されていくのだと思います。そういった点で、昔の技術がつながるということを重視すべきだと思っています。

三つ目、最後ですけれども、本日の研究はひとつの大礼服をめぐって、法政治の瀧井先生、服飾の深井先生、染織のベーテ先生、そして、日本近代史の松居がコラボして成立しております。また、ご門跡がおもちの大礼服をこうして明治神宮でシンポジウムにするということに、非常に現代的な意味を感じております。

深井　本日はそれほど深く追求されなかった点があると思うんですけれども、それは絹地についてです。絹は日本を代表する産業ですから、昭憲さまもそのことを意識していらして、このような大礼服を日本でとお考えになったのではないかという気もします。そして、現在の皇后さまも、その伝統を伝えていらっしゃるわけですから、絹そのものについても、時間がおありになれば、ぜひ調査していただきたいなと思いました。

もうひとつ、ファッションといいますと、フランスがどうしても中心になるわけです。思召書では、大礼服はマントー・ド・クールというフランス語も併せて記されています。当時、ファッションで一番お手本とすべき国はフランスだと理解していたからです。ですから、ドイツだけでなく、もう少しフランスの資料にも目を向けていきたいという気がしました。

瀧井　明治神宮の創建にあたっては、ドイツの林学や経済学などを学んだ学者たちが、この造営プロジェクトでその学問の成果をかたちとして実現させたわけです。舶来の知識や西洋の学問を取り入れて土着化させ、そこから日本的な価値をつくり出すということ。これは大礼服も、私が専門としている憲法も同じで、われわれのご先祖は明治時代に見事に成し遂げていた。

これからは日本化した文化というものを、どれだけほかの国の人々にも伝えられる普遍的な文明にしていけるかという、そう

いうことが課題としてあるのではないかなと思います。

今泉　ベーテ先生、大礼服研究修復復元プロジェクトの実行委員長として、最後にひと言お願いします。

ベーテ　このプロジェクトを通じて、人とものとの良い関係が築かれていくありがたさを感じています。たくさんの方が、この取り組みに意義を見出し、協力くださっています。私が一番感謝したいところです。

修復とは、伝統工芸の技法や素材、図案を後世に継承し、未来の世代に引き継ぐことでもあります。昭憲皇太后が残してくださった遺産である大礼服をお守りすることはもちろん、何よりもそこに宿された知見を後世に伝えていくという大切な役割を、このプロジェクトが果たすことができればと願っております。

Part II

MORI × MAGOKORO

扉―空から見た明治神宮（航空写真家・野口克也氏撮影）
1―現在の北参道（久保田光一氏撮影）

2—大正時代の造営工事の様子

3—杜の生きものたち（佐藤岳彦氏撮影）

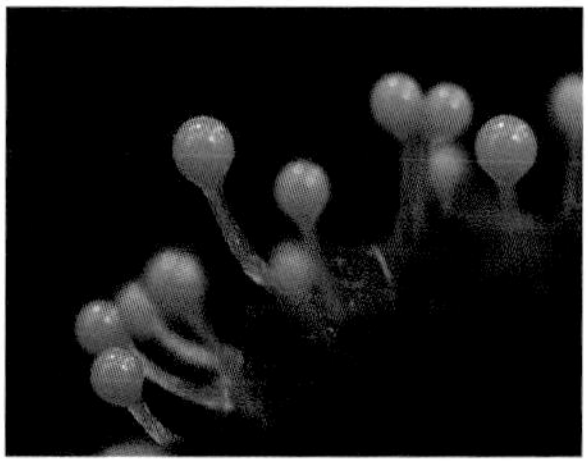

上：4―『明治神宮御境内林苑計画』（明治神宮所蔵）
下：5―林相遷移図

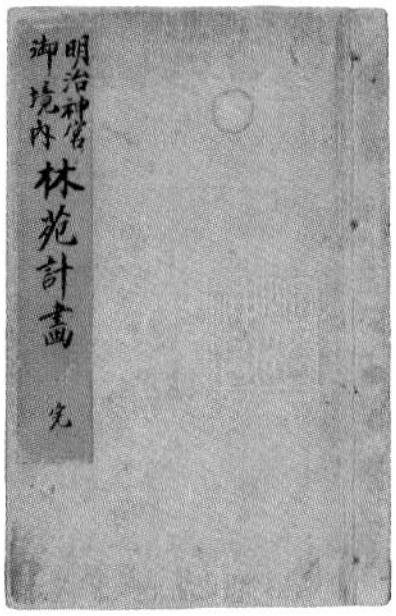

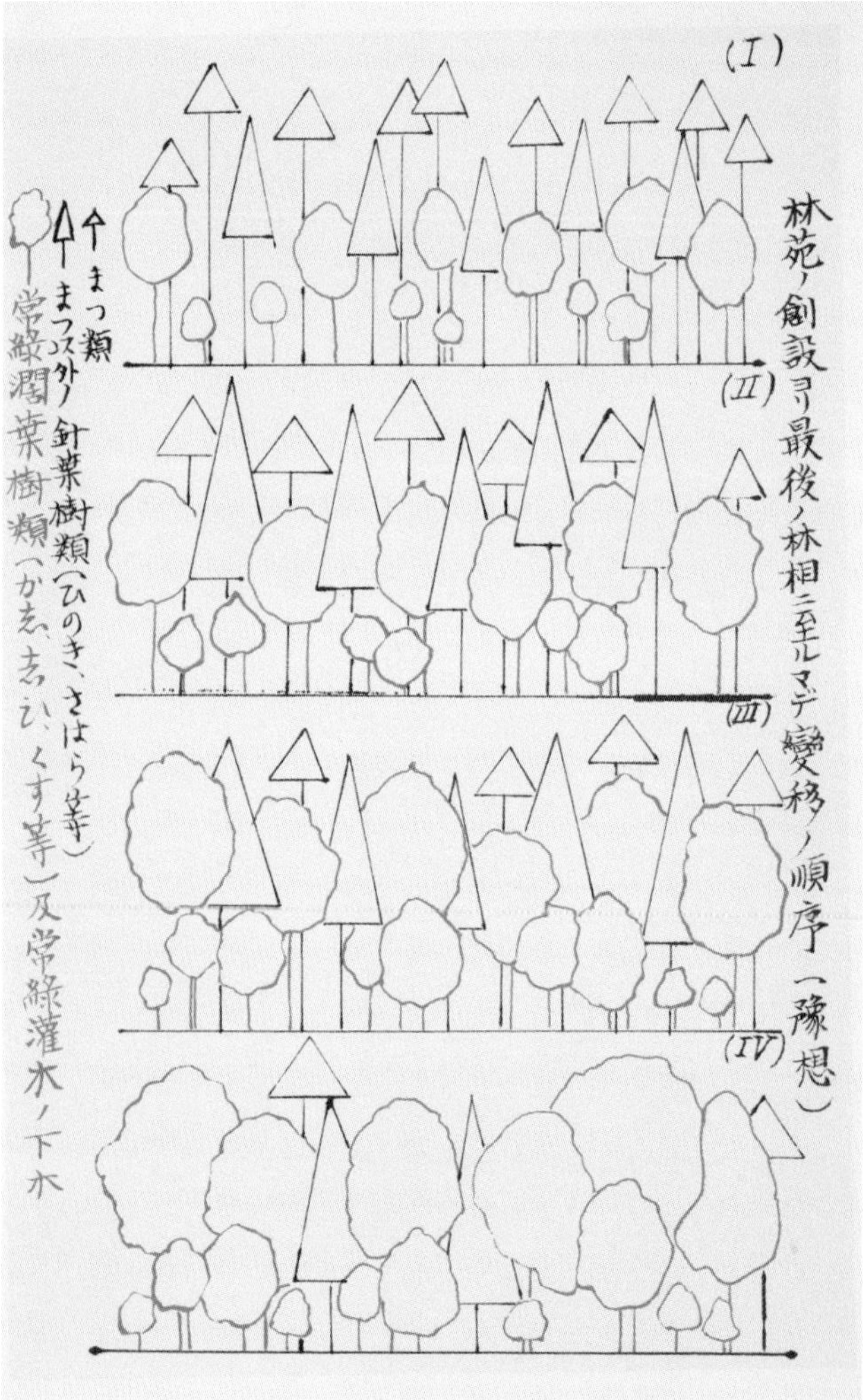

第3章

永遠の杜　未来への提言

境内総合調査の専門家とともに

令和二（二〇二〇）年の鎮座百年祭記念事業として、第二次明治神宮境内総合調査が行われた。学術的な総合調査は、鎮座五十年祭記念事業として実施されて以来のことである。その成果は、総合的な生物相調査の報告書と記録映像にまとめられた。

その調査に関わった各専門家が、「これまで」と「これから」の森について語る。

01

明治神宮一〇〇年の森　これまで、これから

進士五十八

はじめに

ご紹介いただきました、進士と申します。

巨大都市・東京が、何とか人の住めるまちでありつづけているのは、皇居や赤坂青山御所、新宿御苑、そしてこの神宮内外苑のほぼ連坦した広大かつ豊かな自然緑地（natural surface belt, open space network）の存在にあると私は確信しています。皇居の自然総合調査の報道を耳にして、こういう調査では神宮の森の方が先駆なのだがなあ！と、造園家である私は少しくやしく思っていました。皆さんはご存じないでしょうが、明治神宮内外苑の造営は「わが国近代造園学の発祥」（田村剛）とされているからです。

右：図1—上原敬二（1889–1981）
濱野周泰氏所蔵

中：図2—本多静六（1866–1952）
明治神宮所蔵

左：図3—本郷高徳（1877–1949）
本郷幸高氏所蔵

進士五十八
Shinji Isoya
福井県立大学長、東京農業大学名誉教授・元学長、ランドスケープ・アーキテクト（造園家）

恩師　上原敬二先生

私の恩師上原敬二先生は〔図1〕、その師本多静六の下〔図2〕、帝大農科大学林学科の大学院で当時ドイツ林学で注目されていた「森林美学（フォルスト エステティーク）の研究」をめざしていました。それが、突如「神社林の研究」をテーマにするよう申しわたされます。

明治天皇の崩御で、東京市民は、明治天皇をお祀りする神宮造営を熱望。おそらく、日比谷公園設計者として公園界のパイオニアを自認されていたであろう本多先生は、林学博士の名にかけて神苑・林苑計画に貢献できるのは、自分しかいないと使命感に燃え造林学教室を挙げての体勢を整えようとしたのでしょう。結果として、上原青年は、全国の官幣社や国幣社八〇余社の境内や鎮守の森を調査、実測図を作成し、数々の知見を得、神苑・林苑計画の策定に大きく貢献したわけです。

特に私が上原先生にこそオリジナリティがあったと考えていますのは、『明治神宮御境内林苑計画』（一九二一年）の核心的コンセプトである「多様性と多層性を踏まえた植栽であれば、人為的植林であっても、五〇年・一〇〇年・一五〇年という時を経ることで天然林の林相へと変移するという手法の確実性」を確信するまでの体験です。これはまさに上原敬二だけのものであって、それは宮内省諸陵頭山口鋭之助博士の助言を得て実際に仁徳天皇陵の御陵林を目のあたりにしたときであったということです。なお、『林苑計画書』の体系的執筆者は、本多の助手・講師で、後に神宮造営局技師として林苑造成の責任者となる本郷高徳《たかのり》です〔図3〕。

ところで、御陵林を見学したときのことが、上原先生の「明治神宮の森」という随想（『グリーン・エージ』一九八一年十一月号、日本緑化センター）に載っています。

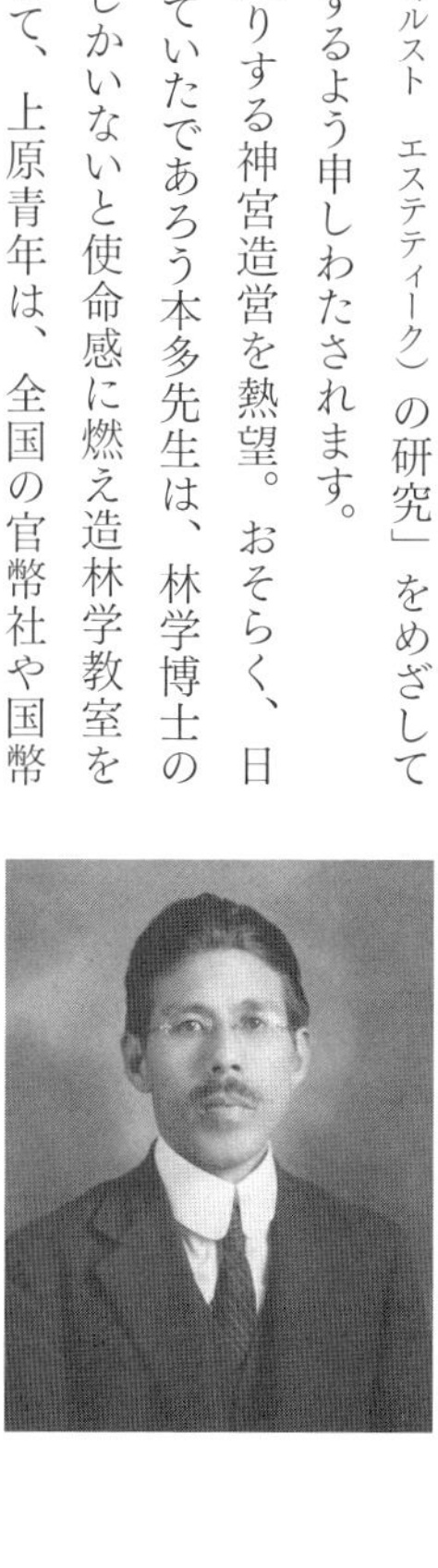

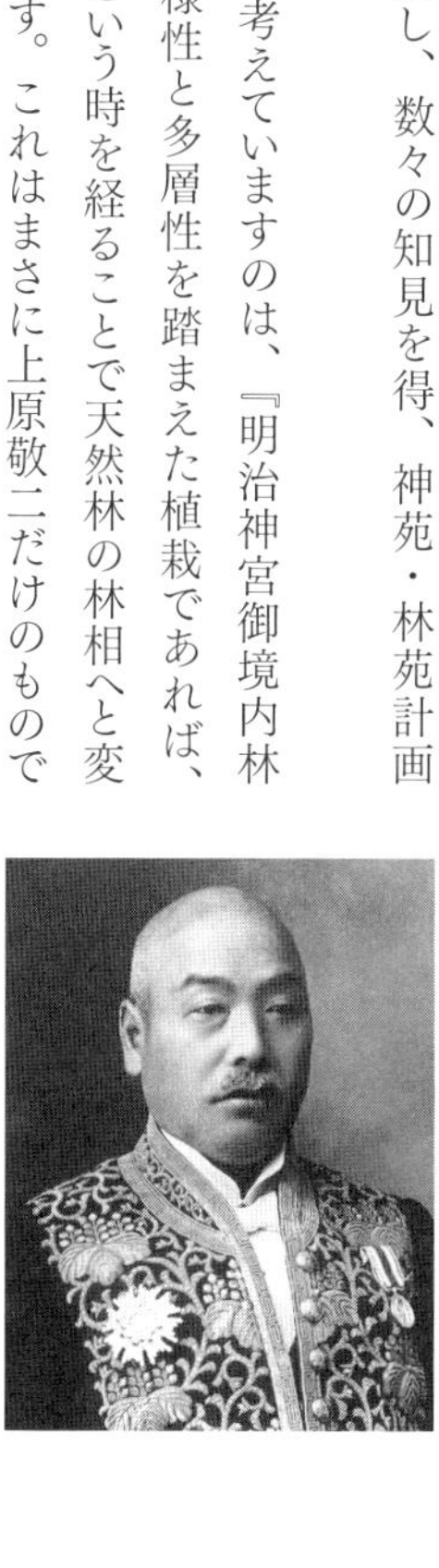

何百年もの間、いささかの人工も加えず、それで完全に密林状態を維持。原生林のような森厳性を保っている。かかる原始状態（筆者注・森林生態学でいう極相林、クライマックス）が、人工によってもできるものであることを確認。これこそ神社林の理想だと不動の信念をもった。

この記事は上原先生の絶筆となったもので、一九八一（昭和五六）年一〇月二四日、九二歳で逝去されます。鎮座五〇年調査で、森は順調に生長していると報じられた頃、先生は私に、五〇年後より七五年後という感じだねと話しておられたことを思い出します。自分たちのチャレンジの正しかった点や、日本の自然再生力の高さを示唆されたのだと思います。

鎮座一〇〇年の今、造園学会の若手研究者のみなさんが『林苑計画書』に注目し諸説を議論しておられます。生態学や植生学者の植生遷移《サクセッション》の原理が広く理解されている今日、上原の発見はその先駆ですし、しかもこれを実践し成功した神宮の森を眼にするとき、このエピソードの重さを感じざるをえません。

私は東京農大造園学科生として、上原先生の造園樹木の講義を拝聴した最後の学生でしたが、先生の講義では明治神宮の経験談は全くなく、樹木学各論・樹藝学を丁寧に論じてくださっただけでした。どうも先生自身すごい仕事をしたとの自覚はなく、林学者として当然のこと、と思っておられたようです。

私は、卒業と同時に、大学助手となり、同じ深川木場育ちの親近感から先生の居室を片づけながらご自身が近代造園史そのものである上原先生から、昔話を根掘り葉掘りお聞きしたものでした。今思えば、ちょうどその頃が、明治神宮は鎮座五〇年を迎えていたタイミングだったわけです。孫以上に齢の離れた助手の細かな質問に多少の意義を認めてくださったのかどうか。あるいはこのタイミングに自らの体験を覚書としておこうとお考えになられたのか。しばらくして私は「明治神宮の森・造成の記録」と題した小文を渡されました。結構な文字量で確か、便箋に誌されたような気がします。

上原先生といえば、日本の近代造園学の草創期をリードした功労者で、自著数百冊に及び、これを積み上げるとご自分の背よりも高くなる。そんな大先生が、若い助手の質問にここまでしてくださったのかと感激した私は学科長の江山正美先生にお願いし、タイプ印刷の小冊子にまとめさせてもらいました。

このとき私は、歴史は人がつくるもの。そのことを学生諸君に強調したくてこの本を上原敬二著『人のつくった森——明治神宮の森「永遠の杜」造成の記録』(東京農大造園学科、一九七一年)と名づけました(同書は、現在東京農大出版会から公刊、二〇〇九年)。

公的記録としての『明治神宮造営誌』(明治神宮造営局編、一九二三年)はありますが、林苑造成の科学的基礎を導いた若き上原の思考プロセスの記録は非常に貴重です。いまだ造園学がかたちさえない時代に、全国各地の社叢を科学的に調査、社叢の成熟度を比較。一〇〇年、二〇〇年単位で林相の変移予想図(シミュレーションモデル)を描いたのです。本郷先生の林苑計画ではスマートな模式図になっていますが、上原は自分の考えを模造紙か何かに描いて本多先生に説明したようです。当時のナショナルプロジェクトの成功へのシナリオを発明したことへの喜びと自負。上原先生の熱い思いをその小文から私は感じたのです。

先生は、まもなく神宮内苑造成の現場監督である技手として林苑造成の実務のなかで、全国からの献木の根鉢から土を採取し土壌標本をつくったり、移植方法と活着率の関係や植栽実験を重ねながら遂に林学博士の学位を授与されます。

世界各地の遊学を終え帰国。間もなく大正一二（一九二三）年九月の関東大震災からの帝都復興に際しては、アーキテクツ（建築家）だけでは足りない、ニューヨークのセントラルパークの設計者F・L・オルムステッド（一八二二〜一九〇三年）の提唱するランドスケープ・アーキテクツ（日本では造園家）が不可欠だと信念をもって、恩師本多先生の忠告に逆らってまで、家財を投げ打って自ら校長として「東京高等造園学校」を創立。震災翌年の一九二四年には、わが国初の緑とオープンスペースの専門家養成をスタートさせてしまいます。そのとき上原若冠三四歳です。いかに使命感に燃えていたかです。この学校は後に東京農業大学に吸収、現在地域環境科学部造園科学科となっています。

私自身、長年大学人として歩んできました。教授と院生・学生の序列や研究者としてのオリジナリティの所在に関しての不条理をも見てきました。だからあえて、若き日の上原敬二の神宮の森づくりへの貢献の正しい評価を願うわけです。

第二次境内総合調査

私は二〇〇五（平成一七）年日本学術会議会員に任命され、そのときはじめて設置された「環境学委員会」という専門別委員会の初代委員長として六年間、副委員長の石川幹子さんとともに活動しました。その折、明治神宮広報調査課長の福徳美樹さんを通じ中島精太郎宮司から、鎮座一〇〇年をめざして「境内総合調査を進めたい」と相談されました。

神宮の森の重要性は、激変する世界都市・大東京の中央部に七二ヘクタールに及ぶ一〇〇年の森が存在しつづけることは勿論、上原先生らの造成時の植栽樹木の記録、その後五〇年目の毎木調査はじめ数度にわたる生長記録がしっかり残ること。よって当然一〇〇年調査は不可欠で大賛成。それに加え私は、一九九二年地球サミットでの生物多様性条約に象徴される環境の世紀にふさわしく、すべての生きものを調査し分布図や目録を作成して、次の一〇〇年への持続性を担保すべきだと考えました。

この企画の原提案は生きもの映像作品のプロ・伊藤弥寿彦氏や昆虫研究家の新里達也氏らですが、本多先生の縁者正木隆氏や上原樹木学の後継濱野周泰氏らにも参画を依頼。調査体制としては日本学術会議の環境学委員会の委員長・副委員長の進士と石川を座長・副座長とし、中島宮司はじめ全一四名の委員会、顧問を奥富清、森嶌昭夫、養老孟

図4―一九七〇年、鎮座五〇年を迎えた頃の明治神宮

司の三先生とし、多種目にわたる動植物グループ総勢約一七〇名に及ぶ専門調査員のお力で『鎮座百年記念第二次明治神宮境内総合調査報告書』（二〇一三年）や続編（二〇二一年）がまとめられました。

座長としての私にとりましては、多分野にわたる生物系研究者集団は、異分野同士で共通言語もなくコミュニケーションに困難を感じるほどだということ。しかし、「神宮の森の豊かな生命力を未来永劫のものに！」という一点で皆さんが心ひとつにまとまることも学ばせていただきました。

なお、特に顧問の森嶌先生には調査活動経費の支援面でも多大のお力をお借りしました。生物系専門の方々はご存じないでしょうから、あえて申し添えておきます。

また「ＮＨＫスペシャル」で幾度か「神宮の森の生命の不思議」について感動的な番組が放送されました。これまた伊藤弥寿彦さんはじめ番組制作クルーの、生物のみならず調査員スピリットへの敬意と愛情の深さに私自身も心打たれるものがありましたし、映像力が神宮の森の生命力を広く伝える大きな力となったことを実感させてもらいました。神宮の皆さまはもとより、こうしてたくさんの方々に支えられて総合調査の成功はあったと本当に感謝しています。

ところで私は、東アジアの方々に反日感情がみられる点は十分理解できます。ただ神宮の鳥居をくぐり参道を往きかう参詣者の姿を観察する限り、また聞こえてくる言葉を耳にする限り実に多様で、そうした方々は神宮の森を素直に受け容れておられることを実感します。ビジネスや観光で東京を訪れる人は年々増え、そのなかで神宮の森を逍遥する人も年々増えています。高密度に開発が進む東京の世界都市化の割に、いわゆる神宮の森のような「都市林」の環境が不十分なためもあるでしょう。しかし、私には、巨大人工都市の対極にある樹齢百数十年の深い森がもつ神苑独特の雰囲気が、自らの信仰が何であれあらゆる人々をやさしく包み、ビジネスでの闘争心を柔らげ、すべての人の心を癒してくれるからだと思えるのです。

その辺のことを、世界に日本を発信しようとつくられた「ニッポン・ドット・コム」に「進士五十八、明治神宮の森：林学者や造園家によるナショナルプロジェクト」(https://www.nippon.com/ja/japan-topics/g00866/)として、さらに神宮から提供いただいた造営当時と鎮座一〇〇年の現在の姿を対比できる写真とともに紹介していますので、ご覧ください。また前にご紹介したわが国造園学の発祥としての神宮、また上原先生のエピソードについては、(財)日本緑化センターの機関誌『グリーン・エージ』の二〇一四年七月号を「明治神宮の森の現在と未来」の特集として編集しましたし、拙文「明治神宮の杜は〝人のつくった森〟——社叢造園学誕生と精華」を執筆しています。神宮の森の評価と意義、その核心について要点を説明したつもりです。

杜からのメッセージ

以上は「これまで」についてです。「これから」については、明治神宮として「鎮座百年・杜からのメッセージ」が発出されています。「はじめの百年。これからの千年。まごころを継ぐ永遠の杜をめざして」というメッセージです。私が解説するよりも、原文をご紹介する方がその趣意が正しく伝わるでしょうから、明治神宮から皆さま方へのメッセージをそのまま収録させていただきます［図5］。

杜からのメッセージ
～はじめの百年。これからの千年。まごころを継ぐ永遠の杜をめざして～

令和2年11月1日、明治神宮は「鎮座百年」を迎えました。

世界有数の大都市・東京の真ん中に広がる東京ドーム15個分の「神宮の杜」は、100年前、全国各地からの献木10万本と、全国の青年ボランティア11万人の奉仕でつくられました。

神宮の杜は最初から、自然の生長により「永遠の杜」となるよう計画されたのです。

『明治神宮御境内林苑計画書』には、植栽直後、50年、100年、150年後と杜の成長を4段階で予想した林相の「遷移予想図」があり、これまで2度の「境内総合調査」によって順調に生長していることが確認されています。

とくに鎮座五十年につづくこのたびの「鎮座百年記念 第二次明治神宮境内総合調査」では、生物多様性の維持が地球的課題であることを踏まえ、東京都心の貴重な大規模緑地でもある神宮の杜と境内の生きものたちの実態を詳細に解明し、都市環境への大きな貢献を再確認いたしました。

鎮座百年の杜の生きものたちは、現在、樹木約36,000本を含むシダ植物等1,043種、野鳥133種を含む動物1,797種その他で、合計して187目684科2,008属2,840種が確認されました。

なお毎木調査は、1924（大正13）年、1934（昭和9）年、1970（昭和45）年、2011（平成23）年の4回実施しており、70万㎡規模で同一場所の継続調査は世界初の学術的成果と高い評価を得ています。また、野鳥の定期観察会は、1947（昭和22）年からずっと続けられ、それだけでも評価されていますが、鳥類の種類の変化と林相の変化を対照すると、その相関から林苑のあり方が予見されます。これからも「永遠の杜」を目指すために『鎮座百年記念　第二次明治神宮境内総合調査報告書』の分析を深めるとともに、今後の杜の生きものの経年変化を継続的に調査してまいります。神宮の杜の保全に皆様のご理解をお願いしたいと思います。

神宮の杜の保全方針は創建時より一貫しています。

「自然との共生」と「生命の循環」を守り抜くことです。

樹木たちは生長し、落葉は土に戻り、腐葉土として生物をはぐくみ、発芽条件を満たし、また次の生命を再生します。動植物から微生物にいたるすべての生命は、太陽の恵みと人々の愛情に支えられ、豊かな生態系（エコシステム）を完成し、都市圧、環境圧に耐えて「永遠の杜」に向かって歩み続けています。

生命体としての地球や人類の歴史を見れば、100年はほんの一瞬のことでしょうが、この100年の間に、戦争や災害などを経ながらも技術の発展は目覚ましく、人々の生活は一変しました。

しかし、この杜のなかでは 毎年、毎月、毎日の祭事が折り目正しく繰り返され、人々の祈りの場を大切に守ってきました。

いまや、日本中はもちろん世界各国から大勢の人々が訪れています。国民みなさんの鎮守の杜であり、海外の来訪者も心の底からの安らぎを覚えるからでしょう。

神宮の杜は、人種や文化を超え、世界中の人々の「自然共生社会」への希望を実感する杜であり続けたいと願っています。

図5―「杜からのメッセージ」（明治神宮、二〇二〇年十一月発信）

「これから」への私の思いも重なりますが、小さな危惧を付言しますと、「NHKスペシャル」での大隈重信侯の頑固な印象の修正。神宮造営後、大隈侯は本多静六に早稲田大学に林学科を設置したいと相談。具体策を上原敬二に作成させている事実があったこと。もうひとつは神宮林内にカシノナガキクイムシが発生している点への考え方。マックイムシで知られるように樹木と昆虫のバランスある関係が崩れると虫害が大量発生し担当者はパニックに陥りやすいのですが、タイムスパンをどうとるかで、大自然の復原力を見守る不動の態度も忘れてはならないと思います。

上原先生の言に日本の造園学が誇るべきは、日本庭園・御陵・鎮守の森があります。憲法上の政教分離が叫ばれ神社や鎮守の森の荒廃が目立っており、故上田正昭先生の提案で私も上原先生の遺志を継いで「社叢学会」の設立を進め森の保全をめざしています。社叢は「歴史的緑地」と考えて国土政策に位置づけるべきだと国に提案してきましたし、「日本の文化的景観のコア」であり国民共有の公共財産として広く理解されるべきと申し上げたいと思います。当然ながらそれには神宮の森も含まれます。

02

映像で見る杜の生きものたち

伊藤弥寿彦

はじめに

私は、自然番組のディレクターとして三〇年以上、国内外で数多くの生きものや自然、環境についての番組を制作してきました。それぞれの作品にいろいろな思い出やエピソードがありますけれど、明治神宮鎮座百年祭記念事業のひとつとして制作した、NHKスペシャル「明治神宮 不思議の森」（二〇一五年五月二日放映）は、特に思い入れの深いものでした。本日は、番組が放送される以前に自分で編集してつくった、明治神宮の森の生きものたちの暮らしぶりと調査の様子を記録した動画を上映しながらお話しいたします。

映像で見る森の姿

まずご覧いただいているのは、近くの高層ビルから俯瞰して眺めた明治神宮の森です。正に一

伊藤弥寿彦
Ito Yasuhiko
自然史映像プロデューサー

図1―せめぎ合うシイ・カシ類の樹冠　図1～6筆者撮影

面緑の海のようで、「これはもう原生自然でしょう」といいたくなりますが、実はここは「元々荒れ地のような場所で、人の手によってつくられた森なのだ」というわけです。明治神宮の森は、極めて特殊な森です。「いつつくられたかがわかっていて、どういう木を植えたかもわかっていて、時間の経過もわかっている」。これほどの広さを持つ森で、このような場所は日本中、いや世界中探してもおそらくありません。

原宿の南門から境内に入っていきましょう。鳥居をくぐると空気が一変します。夏なら多分二～三度は温度が違いますよね。上を見上げるとシラカシ、アラカシ、スダジイなどの枝先がまるで毛細血管のようになってせめぎ合っています。典型的な極相林の様相です〔図1〕。

今回行われた調査について少しお話しましょう。明治神宮では、実は一九七〇（昭和四五）年の鎮座五〇年に合わせて大規模な学術調査が行われています。ただそのときは「植物」「土壌生物」「鳥類」に限った調査で、他の生きものは調べませんでした。

境内の森は、神奈備《かんなび》すなわち「神の森」として一般の立ち入りが禁じられていますから、その後も当然、調べた人はいませんでした。日本中から集められた木々を一度は計画的に植え、その後は自然にまかせて一〇〇年近く放置されたという他に類の

ない森。そこにどんな生きものが生息しているのかを知る人はこれまで誰もいなかったのです。

鎮座百年祭記念事業のひとつとして今回行われた調査は、はじめて動植物、菌類など生物全般にわたりました。関わった研究者はおよそ一五〇人。皆興味津々でした。それは「はじめて開かれる玉手箱」のようなものだったのです。

多様な昆虫の世界

二〇一一（平成二三）年の八月、二年以上の準備期間を経てついに調査がはじまりました。初日の様子です。みんなウキウキと嬉しそうですね。

これは、昆虫班。昆虫はとにかく種類が多いので調査方法も多種多様です。網で採るだけでなく、木を揺すって布の上に虫を落としたり、夜明かりを灯しておびき寄せたり、地面に穴を掘って罠を仕掛けたりと様々な工夫を凝らします。

カラスザンショウの花の蜜を吸っているのはカラスアゲハです。アオスジアゲハも来ていますね。アオスジアゲハは幼虫がクスノキを食べます。境内にはクスノキがたくさんありますからこのチョウもたくさんいます。

一方、緑色の美しいこの虫は、体長わずか五ミリほどのカントウヒゲボソゾウムシという甲虫ですが、広い境内のなかでたった一本のエゴノキからしか見つかりませんでした。エゴノキは他の場所にも何本もあるし、本来この虫はそれ以外の植物も食べるはずなのですが、なぜかここにしかいないのです。他に食樹があるのに限られた場所にしかいない。そんなこともあるのです。

昆虫は、一年間の調査で一二四四種が記録されました。そのなかには都区内では多くの場所で姿を消したオニヤンマやタマムシ、ウラナミアカシジミ［図2］、コカブトムシ、トゲアリなどが含まれています。

タヌキが暮らす森

哺乳類で記録されたのは、アズマモグラ、アブラコウモリ、ドブネズミ、タヌキ［図3］、ハクビシンという五種だけでした。タヌキは今や明治神宮のアイドル的存在です。実は調査がはじまるまでは明治神宮にタヌキが生息しているのかはよくわかっていませんでした。ところが調査がはじまるとタヌキは境内で頻繁に目撃されるようになり、複数の家族も確認されました。ところがその後、疥癬《かいせん》（皮膚病で悪化すると死にいたる）が蔓延して、かなりの数が死んでしまいました。しばらく姿を見せない時期がありましたが、幸いなことに最近、また復活しているようです。

鳥が森の変化を教えてくれる――継続調査の重要性

鳥類の記録は、一三三種と非常に多いのですが、これには理由があります。実は明治神宮はわが国のバードウォッチング発祥の地といって良い場所で、最初の記録はなんと一九四七（昭和二二）年。さらに一九五四年から現在に至るまで、しかも毎月、参道から観察した調査記録が残されているのです。その膨大なデータから明治神宮の森の変化を読み取ることができました。たとえば一九七〇年代まではほぼ一年中見られた、草原を好むキ

上：図2―東京二三区では絶滅したと考えられていたウラナミアカシジミ
下：図3―じゃれ合うタヌキ

ジやコジュケイ、ホオジロが、今は全く見られません。反対に一九八〇年代半ばまではいなかったのに急速に増えたのが、キツツキの仲間のコゲラや、「森の王者」ともたとえられるオオタカ

上：図4―明治神宮の生態系の頂点に立つオオタカ
下：図5―森のなかの地表はキノコの楽園（オオワライタケ）

［図4］です。これは創建後五〇年から六〇年で、まばらに木が生える草原が消え、森がより深くなったという証しでしょう。オオタカは二〇〇七年以降、毎年のように営巣してヒナが巣立っています。

シジュウカラとヤマガラの関係も興味深いものでした。ともに森林性の小鳥ですが、シジュウカラは落葉広葉樹の森を好み、ヤマガラは常緑広葉樹の森を好みます。一九七〇年の記録では、シジュウカラの方が多かったのですが、今回の調査ではヤマガラが逆転。森がより、常緑広葉樹主体となっていることが裏づけされました。継続調査によってはじめて生きもののダイナミズム（流動的な変化）がわかるのです。

一〇〇年分の落ち葉のベッド

境内では、参道に落ちた木々の葉をすべて森のなかに返します。ほとんど人が足を踏み入れていない一〇〇年分の落ち葉が積もった森の土壌。腐葉土を食べるカブトムシの幼虫にとってはこの上ない場所です。同時に森のなかはキノコ（菌類）の楽園です［図5］。倒木や枯れ木も多いので様々な菌類が記録されました。なかには日本でこれまで二度しか記録がなかったというコゲイロサカヅキホウライタケなどの珍種もあります。今回、正式に記録されたのは一六五種ですが、実際にはさらに多くの種があることは間違いありません。

少なかった外来種

都心部というのは、実は外来種だらけです。ところが、明治神宮の境内では外来種が予想していたよりもかなり少なかった。たとえば境内の北側にある草地は、春になると一面にタンポポの黄色い絨毯となりますが、これは日本固有のカントウタンポポです［図6］。明治神宮を一歩出れば、まず外来種のセイヨウタンポポしかありません。明治神宮では、どうやら、森が壁となってセイヨウタンポポの種子が外から侵入するのを防いでいるようなのです。

今回はじめて調べられた魚類も、記録されたのはミナミメダカやモツゴ、クロダハゼなどの在来種で、日本中で問題になっているブラックバスやブルーギルなどは全くいませんでした。相対的に少なかった外来種ですが、皆無ではありません。特にアメリカザリガニとアカミミガメなどは、本来あるべき生態系を崩す生物なので、駆除することが望まれます。

図6―林苑の草地に広がるカントウタンポポ

ゆがんだ生態系？

調査によって記録された生きものは、植物七七九種、動物一七九七種、菌類一六五種、変形菌九九種、計二八四〇種にのぼりました（その後のモニタリング調査で昆虫などの種数はさらに増えています）。調査の結果について少しざっくりとした言い方をすると、とんでもない生きものが発見された！ということは残念ながらほとんどなく（少しありました）、基本的には、元々この地域にいたけれど、今は姿を消してしまったものたちが、ちょうど「タイムカプセルに閉じ込められたように残っていた」ということでした。

私は昆虫の研究もしているので、どうしても虫目線になってしまうのですが、直感的にいうと明治神宮の生態系は「少しゆがんでいる」。いて当たり前というような虫がいなかったり、逆にひとつの種の個体数が異常に多かったりするのです。これはまさに大海原に浮かぶ島ではしばしば見られる現象で、つまりは大都会のなかで孤立してしまった森の特徴なのかもしれません。しかしいずれにせよ、この一〇〇年の間に急速に都市化した東京のなかで、明治神宮の森は、生きものたちを守るという、当初想定していなかった役割を担っていたのです。

記録映像のその後・そして森の未来

本日ご覧いただいた映像は、境内の森にすむ生きものたちの暮らしぶりと調査の様子でしたが、このようなフッテージを元にして番組づくりに取りかかりました。結局、撮影期間四年、撮りためた映像は五〇〇時間以上に膨れあがり、それを五〇分版と九〇分版に縮めるという、これはもう地獄のような作業でした。

二〇一五年に第一弾として放送されたＮＨＫスペシャル「明治神宮 不思議の森〜一〇〇年の大実験〜」は幸い好評を博し、その年の芸術祭参加作品にも選出され、衛星放送でオンエアされた九〇分版の「完全版 明治神宮 不思議の森」とともに、これまでに幾度も再放送されています。作品が共感を呼んだのは、いくつもの複合的な要素が絡み合っていたからでしょう。懸命に生きる生きものたちの暮らしぶりと、自分が興味あるものだけに猪突猛進する研究者の生態。そこに重なる明治神宮の森の歴史――荒野だった原宿の風景、全国から運ばれて来た一〇万本もの木々、のべ十一万人の奉仕青年団、未来の森の姿を思い描く天才林学者たちの葛藤、その想いを引き継ぎ世代を超えて森を守っていく人々、大都会へと成長する東京とそれに逆らうように原始へと還っていく森の姿などなど。

鎮座一〇〇年を迎えた今、明治神宮では森の未来について考え、次の一〇〇年をどうするべきかを論議しようとしています。

本多静六、本郷高徳、上原敬二というこの森をつくった天才たちが提唱したプリンシプルは、「木々を植えたあとは、自然にまかせる」ということでした。この先の一〇〇年を担う明治神宮の森を守っていく方々には、今後も出来うる限り、その原則を貫いていただきたいと私は願っています。

03

トーク

永遠の杜　未来へのキーワード

総合調査の成果をもとに

新里達也×濱野周泰×小野展嗣×細矢 剛×上田裕文

上田　ここからは、「森のこれから」をテーマとしたパネルトークに移りたいと思います。コーディネーターを務めます、北海道大学の上田です。第二次境内総合調査について話していきたいと思います。この調査には、さまざまな専門分野の研究者たちが参加されました。今回はこの調査チームを代表して四名の方に、調査の内容についてご紹介いただきます。

　では早速、新里さんからお願いしたいと思います。

新里　私自身は、この第二次明治神宮境内総合調査の事務局をやらせていただきました。

　第二次境内総合調査では、約四〇年前に行った第一次境内総合調査とは違い、植物だけではなく動物も菌類も含め、とにかくひと通りの動植物を調べ上げました［図1］。

　多くの研究者が現場に入って調査を行い、二〇一三（平成二五）年に日本学術会議で少し大きなシンポジウムを開催して、調査の結果のお披露目をいたしました。その後は、明治神宮や委員会の先生方といろいろな協議をしながら継続調査をやっていこうということになり、モニタリング調査を二〇一四年から二〇一八年にかけて実施しています。その成果が、二〇二一（令

上田裕文
Ueda Hirofumi
北海道大学メディア・コミュニケーション研究院准教授

新里達也
Niisato Tatsuya
株式会社環境指標生物取締役会長

図1―第二次境内総合調査の特徴

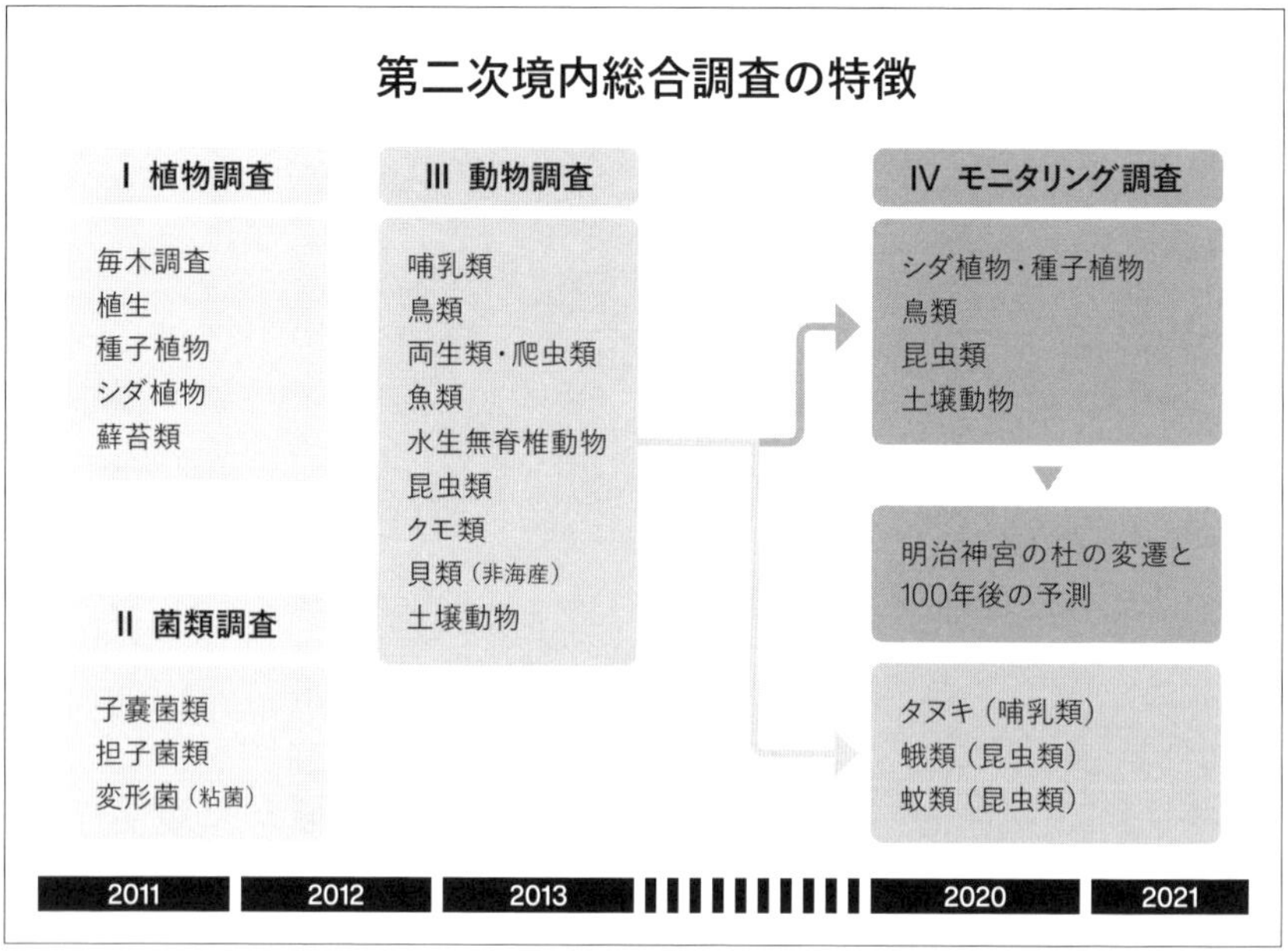

和三）年に報告書として出版されました。

モニタリング調査では、生物相の補完的な調査に加えて今後一〇〇年あるいはこのシンポジウムでうたっているように一〇〇〇年先の明治神宮の森と、そこに住んでいる生きものがどのような変化をしていくかを予測しました。明治神宮の森のなかに設置した五〇×五〇メートルの四地点の永久コドラートのなかで、いろいろな指標生物群の調査を実施しています。また、明治神宮にはどのぐらいの種数の生物がいるかという素朴な興味から、われわれの調査だけではなく昔の文献記録もあたりながら、明治神宮から記録された生物を枚挙してみました。その結果、三八四八種の生物多様性がここに共存していることが明らかになりました。上映中のスライドには「三八四八＋一種」と書いたのですが、この「＋一種」はわれわれ人です。

では、明治神宮の森がこの先どのように変化していくのか。第二次明治神宮境内総合調査では、現在に至る一〇〇年を追跡してきましたが、これからの一〇〇年で森はどのように変わっていくのでしょうか。第二次調査の植生調査で、過去一〇〇年の森の変化はかなり詳しいことがわかっているので、おおむね予想はされています。実はこの先一〇〇年たっても、森の見た目はほとんど変わらないのです。ただ、木はどんどん太くなり、そのぶん本数は減っていきます。このように森の内部はそれなりに変化するので、生物相も多少は変わっていくのではないかという予想はしています。

図2を見てください。明治神宮のすべての生物の変化を追跡するわけにもいかないので、ここではわかりやすく指標生物を数種類に選定しています。左側の明治神宮の森を代表する常緑広葉樹林の変化を見ていただければと思います。まず上から、〇年は造営時で、その下は造営後五〇年、三つ目は一〇〇年後の現在です。二〇〇年は、これから一〇〇年後の姿をあらわしています。現在と一〇〇年後の絵を見比べるとわかると思うのですが、状況はあまり変わらない。木は太くなって本数が減りますが、住む動物の種類は変わらず、その生息数には変化がみられることがわかります。これがわれわれの予想しているところです。モニタリングは、これからもずっとつづけたいと思っています。

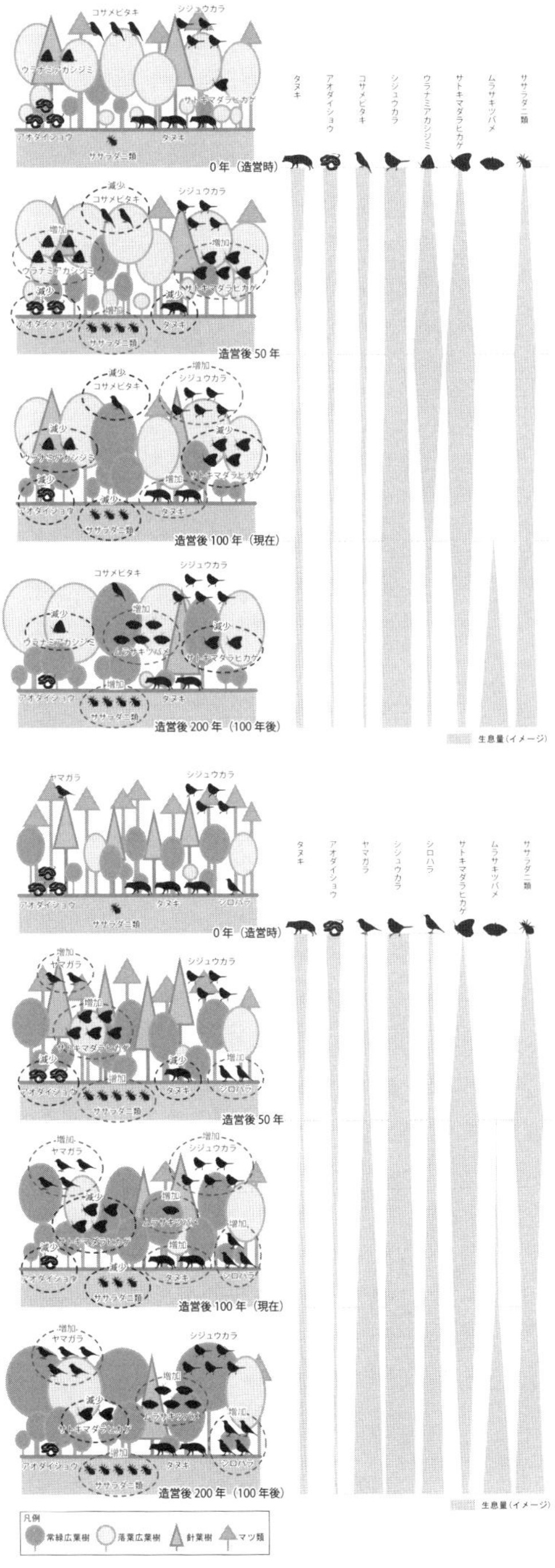

図2―林相と動物相の変化

上田　ありがとうございます。第二次境内総合調査、そしてその後の予想ということでお話をいただきました。つづいて樹木、森林の視点から濱野先生にお話をお願いします。

濱野　少しまとめて樹木の種類と本数がどう変わったかを説明したいと思います。

二〇一三年の調査結果では、二三四種の樹木がありました。本数は三万六三二二本で、計測できる幹の太さのところをそろえて、この本数になっています。実際に、この森のなかの樹木はどのように変わってきたのかを見たいと思います。実は樹木に関しては今回を含めて過去に四回の調査があります。一九二〇（大正九）年の創建当時は九万五五五九本が献木で入り、既存木が三万本ぐらいと合わせて一二万本余りであったと推測されます。このときに種類が三六五種ありました。

一九七〇年の第一次調査のときには、本数は一六万七六八八本で若干増えたわけですが、今回の調査では三万六三二二本という具合に大きく減っています。種類は、前回が二九四種、今回が二三四種で時間の経過とともに種類の減少、本数の減少が見られました。そこで、それらの樹木について第一次調査と第二次調査、その形態により少し整理をしてみました［表1］。針葉樹が第一次調査は五〇〇〇本台、第二次調査は一〇〇〇本台になりました。特に景観的側面からは、前回は常緑広葉樹が一二万五〇〇〇本弱でしたが、今回は二万六〇〇〇本台で本数はだいぶ減りました。景観的には、常緑広葉樹の減少が著しいということはあまり感じられませんが、実際には本数はだいぶ減っていることがわかると思います。

このことを幹の太さでみると、幹周が三〇センチ以上の樹木が一九二四年のときの調査で一万六四九七本、第一次調査では二万三九七九本で、今回の調査で二万一〇〇〇本余りになって

表1──樹木の形態と本数

樹木の形態と本数

	第一次調査	第二次調査
針葉樹	5,422本	1,764本
常緑広葉樹	124,596本	26,192本
落葉広葉樹	37,660本	8,366本
合計	167,688本	36,322本

■常緑広葉樹の減少が著しい。

表2──幹周三〇センチ以上の樹木の本数

幹周30cm以上の樹木の本数

大正13年の調査	16,497本
昭和4〜10年の調査	31,954本
第一次調査	23,979本
第二次調査	21,139本

■幹周が30cm以上の樹木の減少は僅か。

濱野周泰
Hamano Chikayasu
東京農業大学客員教授

います［表2］。樹木の幹周自体が三〇センチ以上のものの減少はわずかであったといえるかと思います。これらの幹周三〇センチ以上の樹木について常緑広葉樹では前回一万二五〇〇本で今回が一万三三〇〇本ということで幹周の太い常緑広葉樹が増加をしたという結果です。全体の本数は若干減ったわけですが、やはり太い常緑広葉樹が増えていると思います。

まとめると、樹木の本数自体は若干減っていますが、幹周三〇センチ以上のものが多くなり、三〇センチ以下は少なくなってきています。つまり、木が大きくなり、小さい後継樹が少なくなっていると思います。遷移の進行とともに、幹周の大きい樹木が増える方向に動いていると思います。そして森を構成する樹木の種類が減るということも、その極相に向かっているひとつの背景であろうと思います。

二〇二〇年あたりから大径木のブナ科の樹木がだいぶ枯損しました。「神社の杜」として荘厳な森を構成する樹木であったわけですが、ここにきて森の景観に大きな変化が起きるのではないかと思います。樹木に関しては以上です。

上田　濱野先生、ありがとうございます。

では、ここからは植物から動物に移っていきます。クモの視点から、小野先生ご報告をお願いします。

小野　先ほど、新里さんから動物全般のお話がありましたが、何かひとつ、動物のなかで詳しい話をということで、「クモ」ということになりました。多分皆さんが一番好きな動物ではないかと思いますので（笑）、クモについてお話しいたします。

調査ではおよそ二〇〇〇個体のクモを標本にしました。クモは体が軟らかいものですから、昆虫の乾燥標本のようにピンで刺して並べることができません。ですから、アルコール液浸標本といいまして、液体に浸けて保存します。採集した二〇〇〇個体は国立科学博物館筑波研究施設の研究室で同定し、一四一種が確認されました。その後の継続調査で五種が加わり、一四六種となりました。

世界には一〇万種ぐらいのクモがいるといわれているのですが、すでに名前がついているのが五万種類ぐらいです。そのうち日本産は一七〇〇種で、東京都では六八一種が記録されています。自然が豊かな高尾山がある八王子市では約四六〇種が知られています。ところが二三区全部を合わせても三〇〇種ぐらいしかいません。なかでも板橋区は少なく、一五〇種しか記録されていませ

小野展嗣
Ono Hirotsugu
国立科学博物館名誉研究員

ん。それに比べると、明治神宮の一四六種というのはかなり優秀な数字で、明治神宮が本当に一級の緑地であるということをあらわしていると思います。

明治神宮のクモ相の特性を見てみると、タフな種が多いということがいえると思います［図3］。タフな種というのは乾燥に強く、環境の変化にも強い種です。糸を流して飛ぶ飛行能力があるクモもいます。それから「親人類」という、家のなかや市街地にもいて人間の生活環境を利用して生きているクモもいます。卵をたくさん産む、あるいは、いろいろな昆虫を何でも餌として食べる種類が多いのも特徴です。当然ですけれども、森にいるクモが多く、草地にいるクモが少ない。これは皇居や自然教育園など、都市の緑地あるいは庭園に共通していることです。東京都の東側は海ですから、都心へは西側の多摩地区からやって来る以外にないのです［図4］。そういうわけで、市街地を飛び越えることができる種はよいのですが、這って移動する種はどんどん減っていきます。ですから都会の緑地では、個体数の補充がない種はだんだんいなくなってしまうという現状を反映している数字だと思います。また、横浜市で最近特定外来生物に指定されているセアカゴケグモが発生しているようですが、クモ相が貧弱な都市環境では、このような危険な外来種が住み着く可能性がより大きいということになります。

実はクモという動物は肉食性で昆虫が豊かなところにたくさんいるのです。ですからクモの多様性は昆虫の豊かさに支えられていて、また昆虫の多様性は植物の安定した豊かさのうえに成

明治神宮のクモ相の特性

① 森林棲の種が優占的
→ ジョロウグモ、土壌性の種

② 構成種の70%がタフな種類
→ 島嶼部（伊豆七島）や
海浜（過酷環境）と共通

③ 草地、藪を好むクモがきわめて少ない
→ 都市の緑地、庭園に共通する傾向

タフな種とは

- 乾燥に強い
- 環境の変化に順応
- 飛行能力がある
- 親人類
- 卵の数が多い
- 餌昆虫が広範囲

上：図3―明治神宮のクモ相の特性、下：図4―多摩地区から都心へ移動するクモ

り立っています。さらにクモや昆虫は、鳥・トカゲ・カエルなどの小動物のよい餌となっています。そのようなことで「クモの豊富さは良好な自然環境の指標となっている」ということができます。クモに優しい森づくりをしていけば、明治神宮の動物相のよりよい未来が保証されるのではないかというのが私の結論です。

そのためには、豊富な樹種のある森が必要ですし、クモが大好きな「やぶ」、そして池沼や流れ、虫がたくさん集まってくる花を咲かせる草木が必要です。堆肥などから発生する双翅類《そうし》は一般的にクモが一番好む餌です。それから、なるべく薬剤を撒かずに捕食者によるコントロールをしてほしいところです。つまり、暗い森というよりは、草がたくさん生えていて、あるいは積みっ放しの材や倒木など、小さい空間がたくさんあるというのがクモにとって一番棲みやすい環境ということになります。

上田　では、さらに小さな世界ということで細矢先生、菌類の視点からよろしくお願いします。

細矢　私からは菌類のお話をさせていただきます。

菌類というのは、キノコ・カビ・酵母を指します。日本では約一万種、世界で約一〇万種が知られていますが、推定種数は一五〇万種を優に超え、三〇〇万種から最大に見積もって九九〇万種というとんでもないグループで、昆虫に次ぐ種多様性をもっています。

今回の調査の結果は全部国立科学博物館に標本が寄贈されてありますので、その標本をひと通り調べました。全体で三六五点ありましたが、それをもう少し詳しく見てみると、このなかには三門一二目六五科一三〇属で、少なくとも一六五種が含まれます。しかし、三六五点あるということは種が未同定、名前が付いていないものが多いということです。この大部分は、いわゆるキノコです。しかし、同定できたものが三六五点一六五種というのは明らかに少ないです。まだわからないものがあるということです。そういうものの代表が、図5の菌です。この菌はアオキの葉っぱに小さいキノコをつくります。断面を切ると胞子を生じている袋がたくさん並んでいるのです。

私たちの仕事というのは、こういうものを見つけて、それが科学的に新しいものであるかどうかを確かめることです。これが新種であるとわかると、図解をしたり写真を撮ったりして記載をしていくということが仕事になります。なんと、この菌は新属新種という

細矢剛
Hosoya Tsuyoshi
国立科学博物館植物研究部研究部長

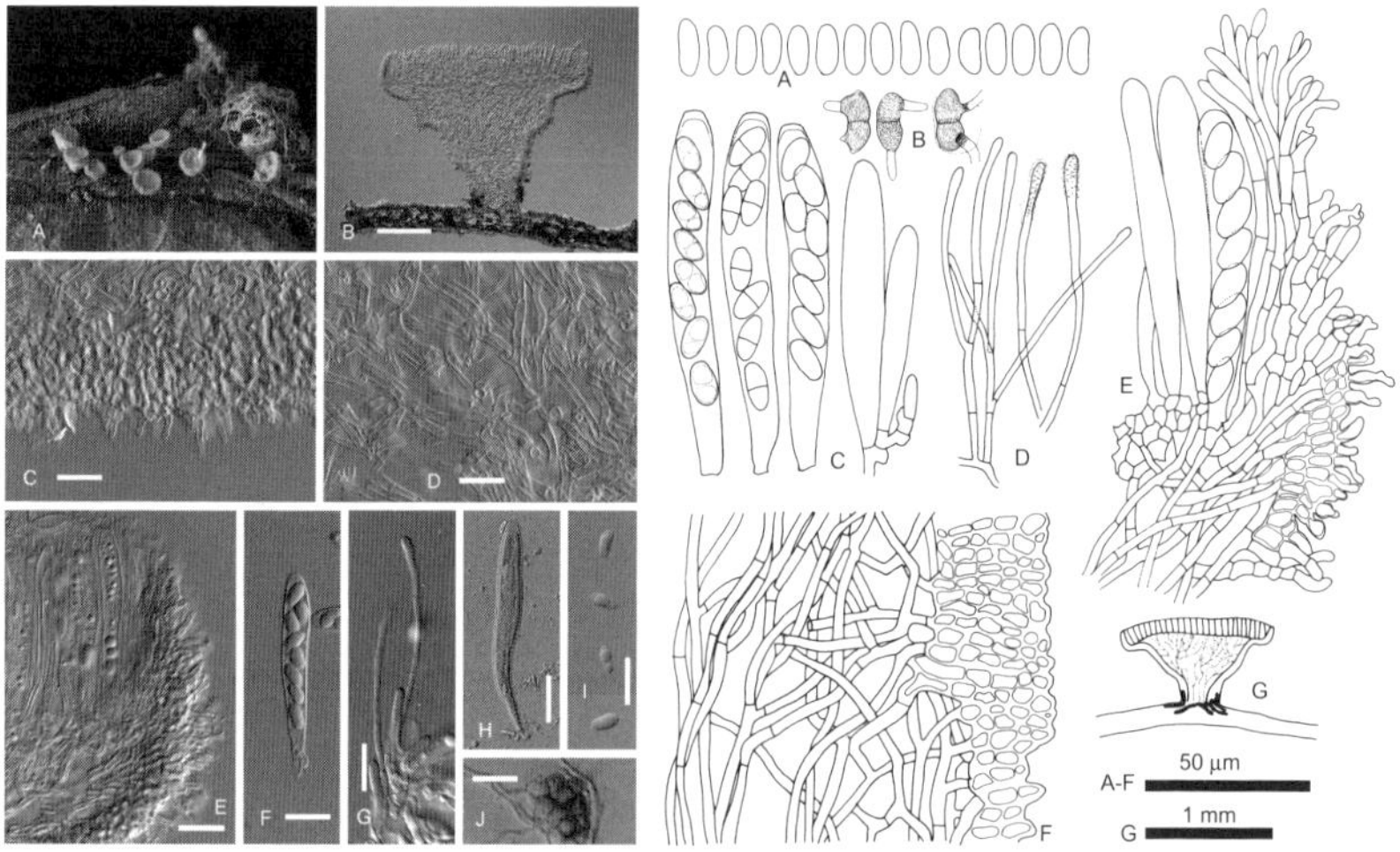

図5―アオキの葉に発生する微小なきのこ
新属新種 *Crassitunica tubakii* アオキバニセキンカクビョウタケ

Bull. Natl. Mus. Nat. Sci. B 47: 51-57.

ことがわかりアオキバニセキンカクビョウタケという名前で、つい先月に発表しました［図5］。この代々木の明治神宮の森というのはひと言でいうと「人に気づかれずにいる菌類の森」であるといえるのではないかと思います。

もう少し一般論的な話を進めていきたいと思います。菌類というのは、もちろん環境のなかでは地球の掃除屋さんで、ものが腐るのは菌類のおかげで、そのおかげでものがなくなるようになっているといわれています。学校ではそう習うのですけれども、それ以外にもたとえば植物と菌根という構造をつくり、植物と共生して植物を育てる、あるいは植物に寄生して枯らしたり殺したりすることが最近ではいろいろとわかっています。のみならずキノコというのは、昆虫の餌にもなっています。つまり太陽の光を植物が固定して、これが菌類に流れ、それが動物の餌になっているという意味では動物からすると生産者で、二次生産者という言い方ができるのです。同時に、カビやキノコはほかの生物と一緒に生きていかなければなら

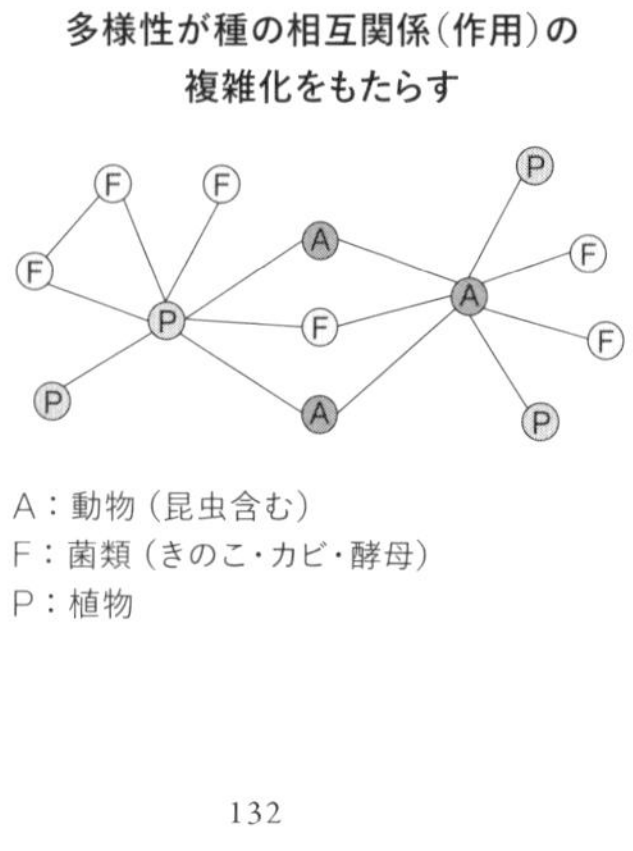

図6―自然界の複雑なネットワーク構造

ないということがわかるわけです。そのなかには動物、植物も入ってきます。自然界というのは、複雑なネットワーク構造をもっているわけです［図6］。

こういうネットワーク構造というのが、これからどう変化していくのかを考えることが必要になってくるわけですが、そのためにはどこにどんな生物がいたかというデータが、どこかにあることが必要なのです。そして、そのデータというのは誰もが使えるように保存されていることが必要なのです。そのようなものはどこにあるのでしょうか。地球規模生物多様性情報機構（Global Biodiversity Information Facility）がインターネットを介して世界の生物多様性情報を誰でも見られる仕組みをつくっています。

菌類に関しては、まだ知られていないことが多数ありますので、そういうものが蓄積されている、この「人に気づかれずにいる菌類の森」をさらに追究していきたいと考えています。

それぞれの生物相から見た明治神宮の森の魅力

上田　では、ここからはフリートークに移っていきたいと思います。ただ今、本当にさまざまな視点から明治神宮の森について語っていただきました。昨日から本日の午前中まで、私たちは人間の視点、人間のスケールから、この明治神宮の森について語ってきました。しかし、先生たちからお話をうかがい全く違う生物の視点から森を見ていくと、私たち人間が捉えているのとは違う時間的スケール、空間的スケールでの森の見方があることがよくわかりました。

まず先生方には、ご自分が今回の総合調査で担当された生きものの視点から見た、今回の調査を通して新たに発見された明治神宮の森の魅力について、簡単に振り返っていただければと思います。

新里　実は私は昆虫の研究者で、森に住むカミキリムシがその専門分野です。明治神宮にカミキリムシは何種いるかというと、三九種が記録されています。そのうち、明治神宮で見つかり、首都圏ではほぼ同じような森を有する皇居で見つかっていないのは一〇種です。その一〇種は深い森にいるカミキリムシという特徴をもっています。ですから明治神宮というのは森に住む昆虫の宝庫であり、ある意味では東京都のなかで最も優れた森林環境をもっている場所ではないかという印象を強くしています。

濱野　この森には、現在は普通に見ると本数的にも、種類的にもたくさんの樹木があります。一〇〇年前の森と比較するとその変化をあらわしてくれる物差しのような存在になるのではないかと思っています。

現在の私たちが目にするのは、今の時点のものであり、ここから次のことを予測しようとすると、不確定要素がたくさんあります。温暖化や、今はカシノナガキクイムシがブナ科の樹木にアタックをしています。これによって特定の樹種が一気に減ることで森の主な構成種が変化する可能性もあります。現在と過去の森を比較することで将来どのようになるのかという物差しとして明治神宮の森を見ることができるのではないかと思っています。

小野　「日本一幸せな森」ではないかと思います。というのは小さな単位ですけれども、これだけ皆さんに注目されて、管理されて、これほど研究されている森もほかにあまりないのではないかと感じています。

細矢　子嚢菌類は世界では三万三〇〇〇種類で菌類のなかでは最も多様なグループです。それを一人、二人で調査するのはとても無茶な話ですが、実はそれほど研究者もいません。

ですから、私たちができることは、わかった範囲でそういう菌類の存在をきちんと明らかにして記録することだと思います。「人に気づかれずにいる菌類の森」、その菌類の一つひとつを明らかにするというのが大切なことだと思います。

森の未来を考えるキーワード

上田　ここからは、森のこれからについてお話をうかがっていきたいと思います。

先生方は、明治神宮だけではなく皇居や自然教育園など、東京都内のいろいろな場所でも調査をされています。そのなかで明治神宮はやはり自然と密接に結びついた神道の「神社の杜」という特徴があるため、自然に対する見方、森の価値づけが、人の視点からだけではなく、生きものの視点からも捉えられている点が大変面白いと思いました。

「神社の杜」ならではの視点から、森のこれからについて考えていきたいと思います。今回先生方が調査から発見されたこと、また、これまでの研究蓄積から得られたことなどに基づいて、これからの森を未来に向かって引き継いでいくときにどういう視点から考えていくべきか、そのキーワードについて教えていただきたいと思います。

新里　私は、「東京標準の森」。すごく凡庸な表現で恐縮です。首都東京は過去一〇〇年間に震災や戦災があり、戦後復興と経済成長のなかで目まぐるしい変容を遂げてきました。ある年齢以上の方々は、その片鱗なりを身をもってお感じになっているかと思います。

それに何か方向性があったのかどうかはわかりませんが、たとえば一〇年や二〇年ぐらいの時間のトレンドで、人々の気持ちのぶれのようなものが、都市のかたちに反映されてきたのではないかと思います。

一方、この明治神宮は、一〇〇年前に計画されて、今その一〇〇年を経て、「人がつくった森」が武蔵野台地の自然林に成長したわけです。当初は一五〇年と予測されていましたが、都市の温暖な気象のせいもあり、一〇〇年で自然の森に到達してしまいました。私たちのモニタリング調査によれば、これから少なくとも一〇〇年はこのままの森が緩やかに成長をつづけるということになります。

では一〇〇年前の首都東京はどうであったか。現在のように都市化は進んでいないので、武蔵野台地のそこかしこに明治神宮のような森がありました。しかし、今はといえば皇居や一部の緑地以外にはそのような森はほとんど残っていません。少なくとも東京にはない。そのような首都東京にあって、明治神宮はさまざまな生きものを一〇〇年前のかたちのまま封じ込めている、そういう森なのです。私が「東京標準の森」という言葉にしたのは、首都東京で失われてしまった森をもしこれから再生しようという機運があれば、明治神宮を見習わないといけないということな

のです。

　もちろん皇居の森にも一〇〇年前の片鱗は残っていますが、誰もがいつでも訪れることのできるこの明治神宮とは事情が異なります。機会をもってぜひここに、東京標準の森を学びに来てほしいという気持ちを強くしています。

上田　では、つづいて濱野先生にお願いします。

濱野　「神宮の森の敬承」です。やはり「神社の杜」ですから普通の緑地の森とは少し違うという視点から人が関わることです。その関わり方というのが「幽邃森厳」という言葉であらわすことができるのではないかと思っています。

　この神社は非常に奥深い、あるいはここに踏み込むと少し周辺とは違った心持ちになると同時に、森自体は自然の摂理のなかで秩序正しく動いています。ただ、そこには私たちが予想もできないような突発的なことが起こっています。先学の方たちによってつくっていただいたこの森、その考え方を継承していくことが必要でしょう。

　それと二つ目は、この現状の森をどのように次の世代に引き継いでいくのか、やはりこれを考えることが必要であろうと思っています。

　三つ目は、現在は非常に思いもよらない動きをしています。先ほども例に出ましたが、カシノナガキクイムシの食害というのは、造営時には予想もしていなかった現象であろうと思います。こういうものに対して、今回の総合調査は各分野の専門家の方たちが関わっていますが、分野横断的な考え方をもった対応方法で、今後のあり方を検討する組織を構築してつないでいく必要があると思っています。

　最初に挙げた「敬承」の「敬」はあえて「敬う」という字を使っています。「神社の杜」に対して私たち人が関わるという視点から、ご神域の森に対する敬いをもちつつ、この森の存在を次へつないでいきたいということを考えて、このキーワードをつくらせていただきました。

小野　「小動物の多様性を約束するクモにも優しい杜づくり」と少し長いキーワードになってしまうのですが。植物に関しては、これまでに幾多の議論がありますし、研究の蓄積があります。しかし動物に関しては、今お話のあった、緊急を要するキクイムシの問題もそうですが、これからの課題がたくさんあると同時に、実はいろいろな意見があります。「放置保存」ということで、このままそうっと手を加えないで見守ったほうが安全という考え方もあります。しかし、やはり動物の多様性を維持できるような積極的な保全をしていくほうが得策なのではないでしょうか。この二つの考え方は両極端ですけれども。

クモの視点からですが、年月とともに動物の種数や個体数がだんだん減ってきていると感じます。ちょうど、都市のなかにある離れ小島のようです。皇居や自然教育園もそうですけれども、おそらく一〇〇年、二〇〇年放っておくとどんどん多様性は減少していくと思います。逆に増えていくのは、鳥や翅のある昆虫のような、神宮の森に簡単にやって来られる動物です。これまでに森林性の鳥が自然に増えるなど、いろいろな変化が起こっていますが、動物全体を見るとそういうわけにはいかないと思います。

先ほどは、なぜクモなのか、という話をしましたが、そういう意味では、クモのような動物を指標にして積極的に動物相のことも考えていくとよいのではないかと私は思っています。

細矢　私は「データの蓄積が未来を理解する鍵」であるとまとめたいと思います。

データがばらばらにならないようにまとめておくことが、どうしても必要です。最近はオープンサイエンスと、ＦＡＩＲ《フェア》の原則というのが世界でいわれています。これは何かというとFindable＝見つけられる、Accessible＝そのデータを取ることができる、Interoperable＝相互利用可能で、要するにそのデータをそのまま利用することができ、Reusable＝再利用可能性が保証されている、そういうものが大事だといわれています。これからは調査データがＦＡＩＲ原則に則る必要があるのではないかと思います。

明治神宮の森に求められるこれからの調査

上田　最後は細矢先生から、このデータ蓄積の重要性ということをお話しいただきました。今回皆さんにご報告いただいたのは五〇年に一度行われてきた境内総合調査の二回目ということで、今後もこうしたモニタリング調査がつづけられていくことが期待されます。

先ほど先生方もおっしゃっていたように、「調査をすればするほど新しい発見がある」、これは言葉を変えると、この森の価値がまだすべて明らかになっていない、未知の価値を秘めているということではないかと思います。

先生方には、この一回目の境内の総合調査、二回目の総合調査を踏まえて、今後はどういう調査が引きつづき必要になってくるかという視点からひと言いただければと思います。

新里　今ご紹介がありましたように、一九七〇年代に第一次調査が行われて一九八〇年に報告書が出版されています。次の調査は二〇〇二年にはじまり二〇〇一三年に報告書が出版されました。その延長でモニタリング調査が実施され、二〇二一年に新しい報告書が出ました。

明治神宮は五〇年に一回大きな境内総合調査を実施しています。この先五〇年となると二〇七〇年。私は絶対に生きていませんが、現在も継続しているモニタリング調査は、指標生物群を扱って定点で観測をしていく計画なので、これはぜひとも未来の方々に見届けてもらいたいと考えています。

それと同時に、これだけ多くのあらゆる生物分野の研究者、造園の研究者が集まっています。皆さんが一堂に会して自由な議論をする場があるということが、明治神宮境内総合調査の素晴らしいところではないかと思っていますし、これをつなげてほしいと思います。

上田　では、もうお一方は濱野先生にお願いしてもよろしいですか。

濱野　私は「これからの調査」という視点からの問題としては、たとえばクスノキなど大きい木はあるのですが、その後継樹がなかなか見つからないということがあります。実生として子葉の双葉から少し立ち上がった小さい個体は見ることができるのですが、その後が見えてきません。seed source がある今のうちに稚苗がどうなっているかという、その把握をやってみたいと思っています。

上田　このようなかたちで、今後も明治神宮の森の価値はモニタリング調査を通して明らかにされていくことになろうかと思います。

小野先生や新里さんもおっしゃっていましたけれども、いろいろな方が興味を持ち、たくさんの研究者が集い常に新しい価値を伝えてくれる「日本一幸せな森」ということで、今後のモニタリング調査が楽しみです。

五〇年後に、この会場のなかで生きている方がどのくらいいらっしゃるかはわからないのですけれども、次の調査結果を楽しみにしたいと思います。

04 日本人と杜

養老孟司

文化庁長官を務めた河合隼雄先生は、京都大学で真面目な話をするときに必ず最初にいわれたのが「私はうそしか申しません」です。これは考えたことのある方はおわかりだと思うのですが、「私はうそしか申しません」といわれたときに一体それはうそか本当かと考えると完全にわからなくなります。この理屈はどうも解けていないようで、私も適当なことを申し上げるつもりで今日はまいりました。

なぜ人は森をつくるのか

「日本人と杜」というお題をいただいていますが、なぜ人は森をつくるのかということをお話ししたいと思います。

人類の進化史を見ると、人が生まれた頃のアフリカは熱帯雨林で覆われていたわけですが、東アフリカの熱帯雨林がだんだんなくなっていき、サバンナに変わり乾燥したのです。そこへ下

養老孟司
Yoro Takeshi
解剖学者

りた高等霊長類のひとつが人類、ホモ・サピエンスであるという話になっていると思うのですが、一番近い親戚であるゴリラとチンパンジーはいまだに熱帯雨林に住んでいます。ですから、そこで草原に住むか、森に住むかの選択があり、草原に下りた者が人類です。そうすると人というのは、そばに森があり、草原があったほうがいいのでしょう。

先ほど進士先生がニューヨークのセントラルパークの話をされました。なぜこの大都市のそばにわざわざ森をつくるのでしょうか。いったん捨ててきたのですが、われわれの遺伝子か何かは知りませんが、やはり森が欲しいという気持ちがあるのだろうと思います。

進士先生の配布資料に、南方熊楠の「神社は、理屈なく人心の感化に大功あり」とあります。私は鶴岡八幡宮のある鎌倉で生まれ育ち、今日も鎌倉から来たのですが、日曜日で大変な車の数で大勢の人が鎌倉に来られます。そういう方に時々「鎌倉は何がいいですか」と聞くと、「緑が多い」というのです。私は過疎地に行くと緑などは掃いて捨てるほどあるといつもいっています。では、なぜ鎌倉に来るのか。その理由がよくわからなかったのですが、結局それを解く鍵というのか、言葉は「雰囲気」です。鎌倉には、ただ緑があるだけではなく雰囲気があるのです。まさに明治神宮がそうで、この日本の神社や社叢林のような、いわゆる鎮守の森、そういうものは何か人の心に訴えるものがあるので「理屈なく人心の感化に大功あり」ということです。理屈はないけれども、やはりそういうものが欲しい、そばに行きたい、それがあると思います。

人の意識がつくった森「デジタルネイチャー」

もうひとつ、進士先生の話に、「神宮は人がつくった森である」という言葉がありました。

私が昔から気にしていたことのひとつは、人の意識です。ものを考えるなど、いわゆる「心」と普通は呼んでいる、意識としての自然です。自然というのは人の意識がつくらなかったものと定義をしていたのですが、意識がつくった神宮の自然はどう定義をするのでしょうか。それは意識的なものか本当の自然か。人工林という人のつくったものは本当の意味での自然ではないという考え方が極端な人にはあるわけです。現在の世の中を生きていますと、随分私が若かった頃とは変わってきました。

落合陽一という若い研究者と対談したり、彼の本の書評を書いたりしましたが、彼の本や研究室は「デジタルネイチャー」というタイトルなのです。私が最初に、この表現を見たときに非常に違和感があったのは、デジタルというのはコンピュータですから意識がつくり出したものです。そしてネイチャーというのは自然ですから、この二つをくっつけると、まさに明治神宮の話にも近いのです。落合さんの表現を丁寧に見ているうちに、まさにそうだなとしみじみ思ったのですが、現代社会が「デジタルネイチャー」です。

本日、伊藤弥寿彦さんの映像が上映されましたが、あれもデジタル画像です。皆さんはあれを自然と思うか、思わないか。別にあの画像にうそがあるわけではありません。自然そのものを、何らかの人工的な方法で見ているわけです。見ているものは自然そのもので、つまり人がつくったものではないのですけれども、そうすると、やはり「デジタルネイチャー」といっていいのだなという感じがしてきます。

これから先の森という話になりましたが、そのときに人の社会のほうはどうなっているかと考えていると、こちらへ進んでいくであろうという予想は誰でもつくと思います。これを落合さんは、「質量のある自然と、質量のない自然」と呼んでいます。僕らは古い教育を受けていますから、自然科学というものは質量のある世界に限ると思っていたので驚きました。ところが、本日の映像のようなものは、実はあれ自体がひとつの世界だとすると質量のない世界といってもいいわけです。自然のものをそのまま映しているわけで、別にうそではないのです。ただ、時刻を選んで照明を考えて意識的に自然を映しているわけです。

私は、この歳になるまで随分素朴にものを考えてきたなと逆に反省しました。素朴という意味は人のつくったものと、つくったのではないものを分けて考えるのは、かたくな過ぎるのです。これから先はおそらく質量のない自然がかなり優越してくると思います。一番極端な世界はバーチャルリアリティといわれていますが、バーチャルな世界と自分の頭のなかの世界を融合させてしまおうという考え方も出ています。

質量のある自然と質量のない自然

これから非常に大きくなっていく質量のない自然に、若い人は当然どっぷり浸かっていくと思いますが、われわれのような古い世代は質量のある自然を考えています。そういう意味では変な言い方ですが、自然なのか、人工なのかわからない明治神宮の森というのは、こういう世界の動きを随分先取りしているものではないでしょうか。ただし、そのものは質量のある自然ですが、それについてシンポジウムをやり、皆さんがいろいろなことを考える、これは質量のない自然と言い換えてもいいわけです。

情報化社会でいう情報というのは、まさに質量のない自然に属します。情報の世界には情報の世界のルールがあり、そこでは質量のある自然と質量のない自然というものが、どういう対応関係になっているのか。質量のある自然で通用してきた今までの科学のルールが、質量のない自然の側では通用するのか。あるいは両者にどのぐらい共通点があり、どのくらい共通点がないのかということが問題になっているわけです。

デカルトは質量のある世界を脳、身体といい、質量のない世界を意識、心といったわけです。よく脳と心といいますけれども、脳は質量のある世界で、心は質量のない世界です。随分乱暴になりましたが、そういう意味で位置づけると神宮の森は両方の中間、「デジタルネイチャー」に近いです。

社会の空気

なぜ森がありがたそうな感じがして、気持ちがいいのでしょうか。今日も私は車で入ってきましたら、外国人を含めて相当大勢の方が散歩をしておられました。やはりそういうところに行きたいのです。時代はそういう方向に動いているという感じは、確かにするのです。コロナのせいもありますけれども、地方に移住するという動きもかなり出ています。そういった雰囲気を日本では社会の空気といい、「日本の社会は空気で動く」と批判的にもいわれます。われわれはどういう空気のなかで過ごしてきたのかというと、ひとつは高度経済成長で空気が経済優先になりました。それに対し、ローマ・クラブの報告書『成長の限界』(一九七三年)の頃から、環境保護のような逆側の風が吹きました。バブル崩壊後とよくいいますが、そういう時期から私は社会の空気はいわゆる自然の側、自然保護という側に移ってきたと思っています。

経済界の話やあるいは経済部の論説で、失われた二〇年、三〇年といいますけれども、「失われた」という意味は経済に関して、たとえば日本の場合はＧＤＰが下がりっ放しで上がらないという状況です。それは、やはり空気があったのではないかと思います。私は意識の典型的な作業として、ああすればこうなると、それを全面的にやってきた結果、どうもこの方向にいっても人が幸せになるとは限らないという空気に変わってきているように思います。特にコロナがあり、非常に多くの人がそういうことを肌で感じているのではないでしょうか。

いつまで生きているかわかりませんけれども、面倒くさい時代になったと思いました。基本的に、考え方をがらりと変えなければいけません。実際に存在している質量のある自然と、頭のなかで考えている質量のない自然というものをどのように折り合わせていくかというのが、私は残っている人生で考えなければならない仕事だと思っています。

人生のバランス

神宮の森は、質量のある世界のなかでも非常にいい、意識と自然のバランスを提供してくれています。先ほどは新里さんが「東京の標準」といいましたけれども、「世界の標準」といい換えてもいいのではないでしょうか。非常に極端な都市化した世界と、森という自然が同居している、そういうところは大事です。

それは、われわれ個人も全く同じで、身体というのは森と同じで自然ですから、そのなかに意識という非常に人工的なものが宿ってしまいます。その間のバランスというのが、人生のバランスです。そのバランスが都市生活をしているとだんだんおかしくなってきて、それでいろいろな問題、健康上の問題が起きているわけです。

神宮の森の話は、「この場所にある、この森」の話ということにとどまりません。それがおそらく皆さん方がシンポジウムや調査をする一番後ろにある大きな背景ではないでしょうか。つまりわれわれ自身の未来をどう考えるかということについての非常にいいテーマのひとつ、そのための具体的な活動のひとつでもあることを感じています。

第4章

『林苑計画書』から読み解く森の未来

「明治神宮とランドスケープ研究会」とともに

「明治神宮とランドスケープ研究会」は造園関係者有志からなる研究グループ。明治神宮鎮座百年祭の節目に合わせ、森のガイドブック『「林苑計画書」から読み解く 明治神宮一〇〇年の森』を刊行した。一〇〇年前につくられた森の「設計図」である『林苑計画書』を解き明かし、独自の視点から次代に継承するための提案を試みる。

01 今、『林苑計画書』をひもとくことの意味

上田裕文

「明治神宮とランドスケープ研究会」の代表として、われわれの研究会の活動内容と今、『林苑計画書』をひもとくことの意味について、簡単にご説明をしたいと思います。

明治神宮の造営をきっかけとして、日本において造園学が学問として体系化されました。また、未来を見すえた森づくりの実験は、現在進行形でつづいています。そのため明治神宮は、私たち造園関係者にとっては聖地であるとともに、今なおつづく実験フィールドとして重要な意味をもっています。私たち「明治神宮とランドスケープ研究会」は、日本造園学会に関わる若手中心の有志、大学教員や学生、公務員、造園関係団体などの職員、造園コンサルタント、造園会社の技術者、デザイナー、樹木医などからなる研究会です。

図1—『明治神宮御境内林苑計画』明治神宮所蔵

上田裕文
Ueda Hirofumi
北海道大学
メディア・コミュニケーション
研究院准教授

荘厳なる林苑

一〇〇年の大実験といわれるこの明治神宮の森づくりですが、その自然環境としての側面が注目を浴びる一方で、造営当時に先人たちがめざした「神社に相応しき荘厳なる林苑」がどのように実現されているのか、もしくは本当に実現しているのか、という側面についてはあまり注目されていません。実験がうまくいっているのか、いないのかを確かめるには、当初の実験の目的を確認して、その目的に沿って現在の森づくりの状況を確認していく必要があります。

『林苑計画書』

私たちが注目したのは『明治神宮御境内林苑計画』（一九二一年）、通称『林苑計画書』です。明治神宮造営に技師として参画していた本郷高徳が、「境内の林苑が如何なる構想によりて計画され、又如何に実施されしかを明かにして後世に遺し、且つ将来の取扱に誤なからしめんための報告書とも指針とも称すべきもの」として鎮座の翌年に執筆したものです［図1］。

『林苑計画書』は総説と三章からなっています。総説と第一章は

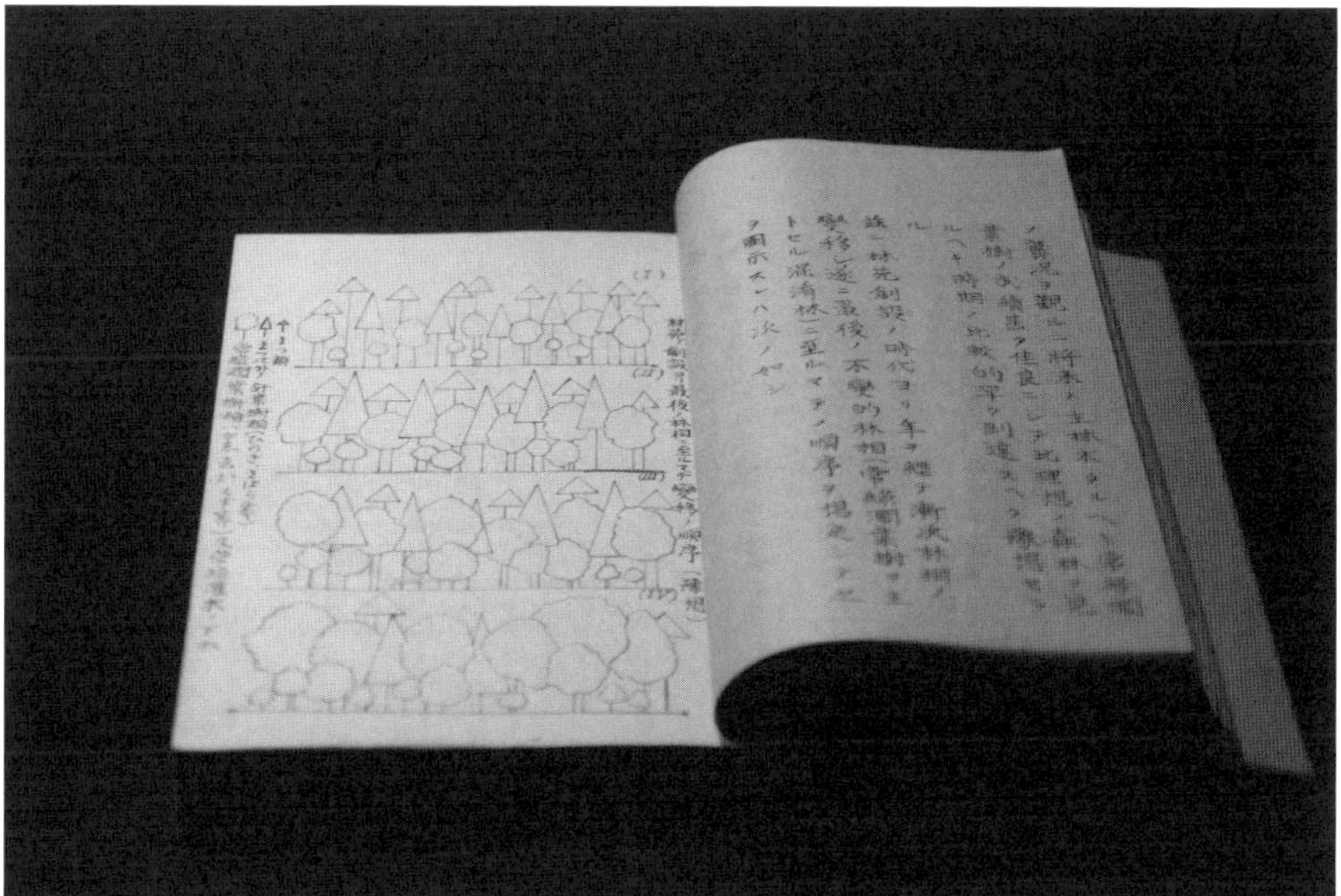

この林苑計画の主な計画理念について書かれています。つづく第二章では、林苑計画が実際にどのように施工されたのか、七つのゾーンに分けて事細かに詳しく記されています。そして最後の第三章では、林苑全体に通ずる将来の管理指針について記されています。まさに一〇〇年の森づくりの大実験における実験計画書ともいえるものだと思います。

研究会では、実際に『林苑計画書』を読み込み、そこに記されていることがどれほど現在の森にあらわれているのかを照らし合わせるため、現地見学会を数多く実施してまいりました。実際の空間には、造営当時の先人たちの思いやさまざまな工夫が今でも残っていて、彼らが未来に向けて残していったメッセージを読み解くことができます。たとえば、永久に荘厳神聖なる林相を維持するための天然更新は、目的だったのでしょうか、手段だったのでしょうか。天然更新として本当に彼らは全く人の手を加えないで、この森を自然に任せて放置してきたのでしょうか。そして、最終的に全域が一元的に原生林となることをめざしていたのでしょうか。その答えは『林苑計画書』のなかに書かれています。

本郷自身は後年、「若しこれ（筆者注・『林苑計画書』）が他年造園学上の参考資料として学者の注意を惹くこともあらば、望外の欣《よろこび》である」と振り返っています。『林苑計画書』は、先人たちが私たち現代の造園研究者に託したバトンにほかなりません。一〇〇年前から託されたバトンである『林苑計画書』を、私たちはこの一〇〇年の節目にひもといて、そして、その内容を更新して次の世代に引き継いでいく必要があるのではないかと考えています。

02

荘厳な森のつくり方
「風致」と「自然のメカニズム」

水内佑輔

本日は三点お話しいたします。まず「明治神宮の内苑の森づくりの概要」です。次に『林苑計画書』に見る計画思想」として、森づくりの計画思想の再検討結果を、三つ目に「一〇〇年後の林苑の風致評価の調査実験」として、現在の森の風致に関する研究結果をお話しします。

明治神宮の内苑の森づくりの概要

明治神宮の森づくりでは、一〇〇年以上先を見すえた「遷移」という自然のメカニズムがうまく活用されていますが、その要点は二つです。ひとつ目は郷土樹種による極相林を目標に定め、天然下種更新によって自律的に持続するような自然の森づくりを行った点。ふたつ目は、

水内佑輔
Mizuuchi Yusuke
東京大学大学院農学生命科学研究科附属演習林助教

遷移のプロセスを模倣した点です。口絵5は「林苑の創設の時代より最後の不変的林相に至るまで」の遷移の順序を描いたダイアグラムです。最終的な森づくりの目標は、常緑広葉樹の森ですが、最初からこの森をつくるのではなく、まず先駆樹種としてマツを中心とした森をつくり、その下に将来の主林木となるであろうシイ、カシ、クスノキの幼木を植え、遷移を経て一〇〇年、一五〇年先に目標とする森に到達するというシナリオプランニングがされています。そして、第四期の森に到達以降は、天然下種更新によって安定的に持続的に森が維持されます。この森づくりのプロセスを、今回は「常緑広葉樹遷移型の林苑計画」と呼んで話を進めます。

ではなぜ今、『林苑計画書』をひもとくのか、その理由のひとつは、第二次境内総合調査の結果にあります。報告ではクスノキの後継樹が十分でなく、将来的にはクスは衰退して、スダジイやシラカシが優占する森となるだろうといった見通しが出されていますが、この現象に対する解釈も分かれています。今後、森が持続するためにはクスノキの後継樹の不足に対処する必要があり、後継樹不足を問題視する立場。もう一方は、クスノキは東京の在来樹種ではないので、シラカシの森が本来の姿だとして、問題視しない立場です。森の将来像を巡った見解が分かれているということは、森の将来像に関する議論が必要であるということではないかと思います。では、なぜ東京の在来樹種・郷土樹種ではないクスノキが、主林木とされているのかという疑問が生じます。必然的に、一〇〇年前にどういった森をつくろうとしたのかを確かめる必要があるといえます。その疑問を解く鍵は森づくりの設計図である『林苑計画書』にあると考え、その再検討を行いました。

『林苑計画書』に見る計画思想

『林苑計画書』には「神社に相応しき荘厳なる林苑」を目標としたと記されています。具体的にどういった形態・林相なのか、設計者である本多たちはどのように考えていたのでしょうか。この点を考えるうえで注意したのは、神社林といえば禁足林で、遷移が進んで極相状態の森だろうという、われわれが抱える漠とした通念です。しかし、近年の神社林の景観を巡った研究では、近世の神社林では必ずしも禁足林的な管理はされておらず、植生についてもマツやスギといった針葉樹が中心であったことが明らかにされています。そして、神社林の常緑広葉樹化の転機のひとつとして明治神宮造営があるのではないかという仮説的な見通しが出されている点です。

さて、明治神宮の造営直前の一九一二（明治四五）年に本多によって書かれた『社寺風致林論』では、「荘厳な風致」は、鬱蒼として生命力のある、天まで届きそうな高木、そして四季常緑で見透かしがないことであるとし、これらに適する樹種をスギ、ヒノキとしています。つまりは、スギ、ヒノキを上層木とした階層構造が形成された森が荘厳な森だといっています。具体的には、伊勢の神宮や日光東照宮のような、スギを中心とした生命力のある巨木が林立している風景です［図1・2］。実際、明治神宮においても、当初はスギを中心と

上：図1―伊勢神宮の杉の巨木　筆者撮影
下：図2―日光東照宮の参道　筆者撮影

する案が本多から提案されています。しかし、都市立地という環境の結果、特に煤煙のためにスギの健全な生育に懸念が出てきました。代々木の地では荘厳な風致のスギは到底望めないとして、スギ中心の森の構想は断念されます。この経緯は『林苑計画書』に明記されています。「神社の森として崇敬の念、森厳の感あらしむるものは、亭々としてそびえ昼尚暗きすぎ、ひのき等の針葉樹林にして、明治神宮の林苑として亦此種のものを欲する」、ただし「結局針葉樹を主林木とすることは、之を遠き将来に鑑み決して万全の策とは云うべからず」。つまり、当初スギ中心の森を構想しましたが、代替として「常緑広葉樹遷移型の林苑計画」が創出されたことを強調したいと思います。

この計画は非常に科学的、合理的な森づくりの方法ですが、理論的にすんなりと導入されたものではなく、代々木の環境条件、あるいは六年という造成期間がこの林苑計画を生み出したと考えています。いくつかの克服すべき具体的な条件がありますが、ひとつは煙害への耐性を求めて、広葉樹を選ぶ必要性です。また、常緑である必要から、常緑広葉樹が選定されます。そして、健全に成育する樹木という条件から、この地で成育実績がある郷土樹種の常緑広葉樹のシイ、カシという樹種が浮上します。さらに六年という短い期間で森を新設するという条件によって、既存木や東京から集めてきたマツでまず森をつくり、その後遷移によって最終段階まで到達させるという計画が生み出されました。このように、試行錯誤の末にひねり出されたものが、「常緑広葉樹遷移型の林苑計画」であると考えます。いわば代替的な出自をもつ森づくり案であったとしても、この計画には種々のメリットがあります。煙害に強いこと、多様な樹種で構成されるため病虫害などの未知のイベン

図3——アカマツがそびえ立っている創建当時の社殿周辺　大日本国民教育会編『明治神宮御写真帖附明治神宮誌』一九二〇年

トにも耐性があるだろうと想定されます。加えて、竣功時にすでにマツを中心に構成された、ある程度ボリュームのある森がありま す〔図3〕。さらに、林相の維持コストの低さが挙げられます。木には寿命があるので、森を持続させる補植のための苗木の準備などにお金も人手も掛かります。天然下種更新で森が維持されればその必要はないわけです。また、最初のマツの森は、将来の主林木となるシイ、カシ、クスの幼木を保護する役目も果たし、当時の神社林としても馴染みがあり、神社風致観に合致するものでした。一石何鳥にもなる点で、私は非常に本多らしい計画だと考えています。

ただ、一点問題があります。それはこの郷土樹種のシイ、カシ類からなる林苑が果たして荘厳な風致なのかという点です。本多は、荘厳な風致の条件として高木を挙げていました。シイ、カシの樹高は大体二〇メートルぐらいですが、スダジイなどはずんぐりむっくりの樹形になります。それが荘厳なのかというのが最大の問題です。私はクスノキによって荘厳な風致を補おうとしたと考えています。

クスノキは長命で巨木になります〔図4〕。また陰樹で天然下種更新が期待でき、何より雄大な樹形になるため、明治神宮の主林木として最適とされたと考えています。しかし、クスノキの本来の生息域は東京よりは南方で、当時の東京の環境では越冬できるかに懸念がありましたので、植栽時には越冬するための手立てが相当加えられています。また、献木だけでは不足なため、手を尽くして四〇〇〇本のクスノキの苗木を入手したなど、苦労して植えられた経緯が『林苑計画書』に記され

図4——東鳥居付近のクスノキの大木　筆者撮影

ています。

　このように郷土樹種ではないクスノキの植栽理由は、風致のためであるといえます。さらにいえば、『林苑計画書』には「かし・しい・くす類の鬱蒼たる老大木となり、くすは時を経て特に頭角を顕わし」とあるように、本多静六、本郷高徳、上原敬二はクスノキを主役とした森づくりを行ったといえます。

一〇〇年後の林苑の風致評価の調査実験

　次に問題となってくるのは、それではこのクスノキ中心の森が荘厳なのか否かという点であり、その調査実験の成果をかいつまんでお話しします。

　調査実験では、①明治神宮の森は荘厳であるのか、②森のどういった空間的な状態が荘厳と感じさせるのか、③林苑のどういった空間要素が荘厳性を演出しているのか、この三点を検証しました。ジオタグ写真投影法という手法とアンケートを組み合わせて調査を行いました。ジオタグ写真投影法は、調査参加者に明治神宮を散策してもらい、荘厳と感じた風景を撮影してもらいます。また撮影場所の位置情報（ジオタグ）をGPSで把握します。この調査には九〇名の方に参加いただきました。

　その結果ですが、まず森が荘厳と感じるかという直接の質問に対しては、九〇名中八九名、九八・八％が荘厳だと回答しています。次に、荘厳と感じる森の空間的状態についての記述を内容分析しましたが、四五％弱ぐらいが、樹木の大きさが荘厳な森の空間的条件であると答えていました。林苑において、荘厳性を感じさせる空間的要素は、ジオタグ写真投影法で九つのタイプを把握できました［図5］。この結果を踏まえると、現在の明治神宮の林苑は、おそらく荘厳であるといっていいと思います。つまり、スギなど針葉樹林ではなくても荘厳な林苑がつくれるということです。その理由として、樹木の大きさが挙げられており、このことを考えると、クスノキの存在が大きいのではないかということです。現在、明治神宮の森で一番樹高が高い樹木は、二八メートルほどのクスノキですが、巨木なクスノキが荘厳性に効いていると思います。また、荘厳性を考えるうえで注目しているのは、「光」に関わるものです。世間に流通する林苑の写真には、しばしば参道に光が差すような写真があります。また、私の調査でも「光」に関する結果が出ています。このように光と関連する、針葉樹とはまた違ったかたちでの荘厳な風致があるのではないかと仮説しています。この明治神宮の荘厳な光環境を形成する要素として、クスノキの葉の形状や、枝ぶりによるものも大きいのではないかと考え、着目しています。また、風致の点からだけでなく、たとえば東京農業大学の濱野周泰先生は、クスノキはほかの常緑広葉樹よりも光の透過量が多く、さらに樹高が高いことによって階層構造が形成されやすく、こういった点でクスノキが重要ではないかと指摘しています。

変化を踏まえた将来像とは

以上、クスノキという樹種を中心にお話ししてきましたが、最後に明治神宮の林苑史研究や風致評価研究から何がいえるのか。ひとつは、「神社に相応しい荘厳なる林苑」とは、常緑の巨木を中心とした多層構造の森であることです。その維

撮影された景観タイプと撮影率

タイプ	撮影枚数（N=951）	撮影率
森	227	23.9％
社殿	152	16.0％
鳥居	148	15.6％
樹木	133	14.0％
建築物	128	13.5％
光	49	5.2％
橋	41	4.3％
その他建築物	38	4.0％
水景	35	3.7％

図5―荘厳性を感じさせる空間要素

持が目的であって、原生林のような森を維持することは目的ではなく手段であるということです。そして、風致の観点で郷土樹種ではない巨木のクスノキが植えられていて、それが現在の荘厳性に繋がっているのではないかということです。

今後に向けては、やはりクスノキの後継樹が不足していることは重く受け止めるべきであると考えます。また、気候変動やヒートアイランドなど一〇〇年前とは環境も異なっており、これらの変化を踏まえた森の将来像をどうするのかについての議論が必要と考えています。

03
樹木をとりまく環境変化から見る森の管理

小林邦隆、江尻（野田）晴美

日本緑化センターの小林と申します。本日は江尻さんが体調を崩されたため私が代役でお話しいたします。資料は江尻さんが作成されたものを使います。よろしくお願いします。

テーマは、「樹木をとりまく環境変化から見る森の管理」です。明治神宮の樹木の生育に影響を与える環境と『林苑計画書』の内苑の森の管理方針とを見比べながら、過去から現在の変化を俯瞰し、今後の明治神宮の森の管理について述べたいと思います。

樹木とは

皆さんは樹木を見たときにどこが樹木と考えますか。目に見えている地上部の幹や葉、枝を樹木だと認識されるかと思いますが、実際は図1のように、根の部分も含めて樹木です。樹

図1——樹木と生育環境

小林邦隆
Kobayashi Kunitaka
一般財団法人日本緑化センター主任研究員

木は、地上部では光合成をして栄養をつくり、地下部では根から水や必要な養分を吸収していますので、この地上部と地下部の両方があって生物として生きることができ、どちらかが強いインパクトを受けると生育がうまくいかなくなります。

『林苑計画書』における森の管理方針

『林苑計画書』に書かれている管理方針についていくつか紹介します。

まず、「ある時期以後は、あえて人力を以て林苑樹木の生育に干渉することなく、これを自然の発育と淘汰に委し」という文言があります。さらに、落ち葉採取の禁止などの記述があり、とにかく自然に任せよ、という趣旨が書いてあります。これが森の管理の基本的な方向性となっています。人の手を加えることなく成立する森をめざしたというもので、いわゆる植生遷移によってシイ、カシ、クスの森を最終的にめざしていました。

一方、『林苑計画書』のなかには、植えた直後約一〇年間に、移植や伐採すべき樹木について書かれています。自然に任せよと書いておきながら、どうして伐採するのでしょうか。これは、今でいえば森林保育をすることが必要であるということです。例として、「庭木造りの樹木」は、移植や伐採をしていく、「外国産の樹木」は、風致を害する一部の除去に留める、また、「病害、虫害、烟害等のため、将来生長の見込みなく、また被害蔓延の虞あるもの」は移植、あるいは伐採していくことが示されています［図2］。つまり明治神宮造営直後は人の手を入れて、そ

移植や伐採すべきもの
（林苑創設後ただちに着手すべき撫育）

一、境外に分植の見込により採納せる献木
一、庭木造りの樹木
一、外国産樹木（風致を害する一部の除去に留めること）
一、病害、虫害、烟害等のため、将来生長の見込なく、また被害蔓延の虞あるもの
一、陽樹（生長のために多くの陽光を要し、庇蔭に堪えざるもの）の庇蔭をなす上木及び下木となれる陽樹
一、必要なる上木を害する下木
一、下木保護の意味にて仮用せられたる樹木にして、既に必要なきに至りたるもの
一、風致上一時残存せしめたる樹木
一、甚だしく互いに圧倒する樹木

図2―『林苑計画書』に見る造営直後の内苑の森の管理方針

の後、自然の遷移に任せる、という計画がされていたのです。

森を取り巻く環境

今回のシンポジウムで、煙害が度々紹介されていますが、これについては当時の技術者たちはかなり心配していたようです。煙害とは工場などから排出される煙が植物に影響を与えることです。煙により葉の組織が破壊されて白色、あるいは赤褐色に変化し、細胞組織に異常があらわれて光合成などの生理作用が阻害され、その結果植物が衰退していきます。

当時、煙害の要因のひとつとして、蒸気機関車からの煙を危惧していました。『林苑計画書』にも、「鉄道省はこれが神宮の林苑に及ぼす危害を顧慮して、成るべく無害なる燃料を使用するの約あるも、現在未だこの方法の実現せられざる」と記述されています。このほか淀橋方面、今の新宿駅の西口辺りには多くの工場があり、そこからの煙害も気にしていました。

造営後の煙害に留意し、煙に強い樹木として広葉樹の、シイ、カシ、ケヤキ、エノキといった樹種を選んだと『林苑計画書』に記述されています。このうち常緑樹であるシイ、カシが主木として選ばれています。一〇〇年経った現在は、亜硫酸ガスなどの科学物質の回収技術や、さまざまな環境に対する規制などができ、煙害は大きな問題ではなくなっています。

つづいて、樹木の生育に重要な気温についてです。一九二〇(大正九)年頃の東京の平均気温は一四・二度でしたが、二〇二〇(令和二)年では一六・五度となり、二~三度の上昇がみられます。この一六・五度というのは、実は一九二〇年前後の鹿児島県、宮崎県の平均気温なのです。つまり、今の東京の平均気温は昔の九州とほぼ同じということです。

それでは気温の変化は、どのように森林に影響していくのでしょうか。森の主木として選ばれたシイ、カシなどは南の暖かい地方で生育する樹木ですから、気温が少し高くなってもすぐに枯れるわけではありません。問題なのは、林床の植物の変化です。ひとつ紹介したいのは、シュロです［図3］。シュロの個体数が温暖化によって増えたという研究報告があります。近隣の目黒の自然教育園では、一九六五（昭和四〇）年にはシュロは二本しかありませんでしたが、二〇〇五（平成一七）年では二二四九本にまで増えています。増えた理由はいくつかありますが、冬の気温の上昇で土壌凍結がなくなったことが一番の要因であろうと考えられています。シュロは献木にもあり、九州に自生する在来種でもありますが、増えすぎてしまうと林床を暗くしてしまうことがあります。その結果常緑広葉樹などの発芽した芽が育ちにくい状況が生じます。

森の病虫害

つづいて森の病虫害について話します。一〇〇年前の『林苑計画書』には、「菌類に起因する樹木の病気及び有害昆虫類は、森林及び庭園の維持上常時注意を怠るべからざるものあり」という記述があります。一方、常緑広葉樹や針葉樹などのさまざまな樹

種を植えることで、病虫害に耐えられるだろうという記述もあります。しかし、当時想定されていなかった病気が明治神宮の森に影響を与えています。

ひとつがマツ材線虫病です。この病虫害は、明治神宮がつくられる前、一九〇五年頃に国内ではじめて長崎で確認されていましたが、東京で流行しはじめたのは戦後の一九六〇年頃からです。このため、造営当時の技術者がマツ材線虫病によってマツ類が全国的に枯れることは、おそらく想定していなかったと考えられます。この病気は一九六〇〜一九八〇年頃に明治神宮の森のマツ類に対しても襲ってきて、かなりの被害があったという報告があります。ただ、実際にマツ材線虫病で何本枯れたかという記録はありません。そのため、これまでの境内調査の結果を見て推測してみます。たとえばアカマツを見ますと、一九二四年に二八三四本ありましたが、一九三四年には一七六二本と、三七パーセント減少しました。これは病気が流行する前なので、常緑広葉樹などが大きくなり、自然にアカマツが淘汰された数字と考えられます。その後、マツ材線虫病が流行した一九六〇〜一九八〇年を経て、二〇一二年までの間に約九六・五パーセント減少しました。このうちマツ材線虫病にかかって枯死したものが多くあると推測されます。ただし、マツ類が減少すること自体は、もともとの目標がシイ、カシ、クスの常緑広葉樹林をめざしていたので、森林の目標植生に対する影響は小さく、むしろ遷移が進んだという見方もできるかと思います。

もうひとつは近年の事例を紹介します。明治神宮によくお越しいただいている方は数年前から樹木の幹周りにビニールが巻かれている様子を見ているかもしれません［図4］。会場で今うなずいている方が何人かいらっしゃいますね。それはナラ枯れといわれているもので、正式名称は、ブナ科樹木萎凋《いちょう》病（日本在来の病虫害）といいます。この病虫害は、ここ数年東京に入ってきたも

図3―林苑内に繁茂するシュロ
筆者撮影

ので、大径木の樹木がよく被害に遭っています。

一般に「ナラ」枯れといわれるので、主に落葉樹における病気と思われがちですが、「ブナ科」とあるように常緑のシイ、カシにも発生する病虫害です。この病虫害が今後明治神宮にどれぐらいの被害を及ぼすかはまだ不透明です。

このように、明治神宮の森には、当時は想定していない病虫害が入ってきていることを知っていただければと思います。

土壌環境の変化

つづきまして、地下部のお話をしたいと思います。主に土壌のことです。植物にとって土壌というと、肥料三大要素である窒素、リン酸、カリウムのことをよく聞くと思います。このうち窒素は、化石燃焼の大量消費や肥料生産の増大などの要因で、大気から森林へ降りそそぎ、窒素の土壌沈着が次第に増加している状況です。森林生態系は、窒素が制限された状態から過剰な状態に移行しているという研究報告があり、明治神宮の森もこうした世界的な大気変化の影響から免れることはできないと考えられます。

土壌の窒素が多いことは栄養が多いことですので、樹木はよく伸びます。しかし一方で、葉

図4―ナラ枯れ対策でビニールが巻かれた樹木

が軟弱になることや冷害などへの抵抗性の低下、病虫害にかかりやすくなること、さらに、根の成長低下とそれに伴う耐乾性の低下、水分の吸収能力の低下といった養分吸収能力への影響など、さまざまな研究者から窒素沈着の影響が指摘されています。今後は、このような状況を少し考慮していく必要があると考えられます。

樹木と人間の関わり方

樹木と環境は、相互に影響を受けるものです。人間の活動が変化すると、温暖化の速度を速めたり、大気中の物質を変化させたり、海外の虫が日本に入ってくることを助長したりすることが考えられます。そして日本の場合、温暖化が進むと、樹木が生育する最適な地域の北上や、樹木病虫害を含めた昆虫などの生活サイクルが変わる可能性もあります。これらのうち、今後、何が森に対して影響し問題を起こすのかは想定できません。このため、できる限り森の微細な変化を見ていきながら、管理をしていく必要があると考えられます。明治神宮の森の変化を捉えやすくするためにゾーンを区切って、環境の変化の影響が出ている場所をよく見ていく必要があると思います。

04

明治神宮の空間計画・経営戦略のレガシーを一〇〇年後に残すために

田中伸彦

『林苑計画書』は実はあまり、森の採算性に深く言及していません。しかし、これから一〇〇年先の明治神宮を考えたときに考えなくてはいけないことであり、課題を挙げたいと思います。

計画や戦略の必要性

一〇〇年前、明治神宮は国のものでした。社格は官幣大社、運営は税金で賄われていました。また、神宮の森は、そもそも管理に手をかけない方針です。たとえば、里山管理では下草刈りや伐採、人工林では植栽や間伐、主伐などの手間がかかりますが、そのような作業を極力避けるので、経営的な作業効率や採算性などの議論は少ないのです。

田中伸彦
Tanaka Nobuhiko
東海大学観光学部教授

しかし採算を考えなくとも、この一〇〇年間、神宮の森には実に多くの人が訪れました。現在は年間一〇〇〇万人も足を運ぶ、都内でも滅多にない魅力的な来訪地です。上野動物園で約五〇〇万人、新宿御苑が二百数十万人程度、東京ディズニーランドは千葉県です。

『林苑計画書』には集客戦略の記述もありません。われわれは計画書を踏まえながらも、神宮の森を未来に残すため、急激に変化する自然や経済を見すえ、現代のまなざしから適切な管理計画や経営戦略を改めて考える必要がありそうです。

経営者としての先人たち

ところで、明治神宮の森をつくった本多静六や上原敬二、本郷高徳ら先人は、経営や観光に疎かったのでしょうか。そうではありません。特に本多は造林学や造園学の父であると同時に、蓄財や企業経営、人生設計の分野で知名度が高く、経済学の博士号もお持ちです。

ちなみに、内苑とは違って七割が針葉樹人工林である東京都の水源林（東京都奥多摩町、山梨県小菅村、丹波山および甲州市にまたがる）は本多の計画で造林されました。人工林に水源かん養機能をもたせながら管理して、きちんと木材を売って採算をとる経営計画が策定されました。また観光面でも、大分県由布院の観光発展策などが有名で、今なお由布院の温泉観光まちづくりのバイブルとされています。さらに本多静六は、大学生には奨学金を残し、自ら築いた富の大半は寄付して後の行政に託しました。つまり『林苑計画書』に明記はなくとも、大所高所に立った計画・経営が念頭にあったと考えるのが自然です。

「レジャー」と「レガシー」

さて、本題に入る前に、「レジャー」と「レガシー」の言葉の定義を確認しておきます。

「レジャー」というと、日本では単純な娯楽や気晴らしという意味だけで理解されがちですが、古代ギリシャの哲学者アリストテレスは、レジャーという自由裁量時間に行う活動を、アナパウシスとパイディア、スコレーという三要素で定義し、それぞれ大切だといっています。アナパウシスは疲れたときに「休息する行為」、パイディアは「気晴らしや娯楽」、スコレーは、「閑暇、観想や自己実現」などと訳され、現代語のスクール（学校）につながります。たとえば、大学には行くも行かないも自由です。自己実現という高級なレジャーを叶える場所が大学です。スコレーには神への祈りも含まれますので、神社参拝も自由裁量時間に心を高めるスコレーとして行うレジャー活動なのです。

「レガシー」の概念は近年、オリンピックをきっかけに広まりました。レガシーには二つの意味があります。IT業界では「時代遅れのシステム」を指すようですが、ここでは「先人の遺物」という意味で使います。またレガシーは、過去の事象だけではなく「後世に評価されることを期待して新たに行う計画的事業」の意味で用いられはじめました。要するに、将来何をレガシーに残すのかを意識することが、二一世紀に入ってから重要になりました。IOCのオリンピック憲章を読むと、開催地選定の要件に「レガシーについての評価を含めなければならない」と明記されています。成功例として二〇一二（平成二四）年のロンドン大会が有名です。

ここに「レガシーキューブ」という概念があります［図1］。有形か無形か、計画的か偶発的か、ポジティブかネガティブかという三つの切り口でレガシーを捉える概念図です。オリンピックで

図1―レガシーキューブ

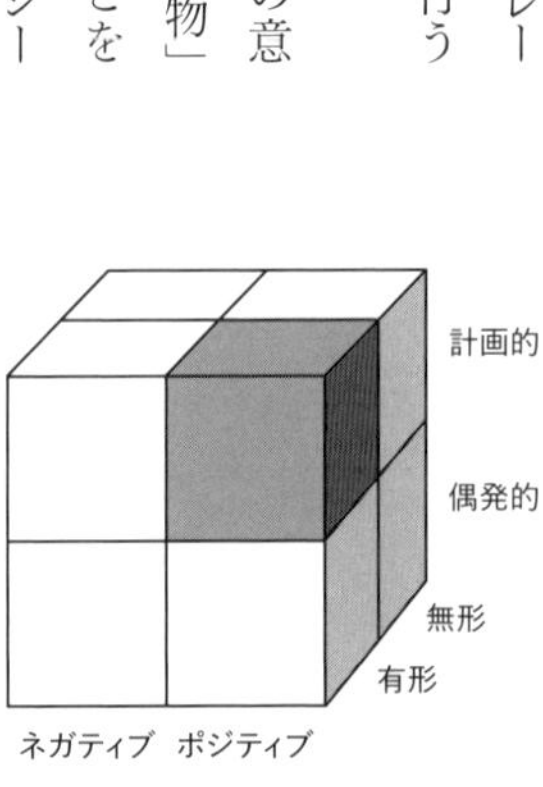

3つの軸

有形 —— 無形
計画的 —— 偶発的
ポジティブ —— ネガティブ

レガシーづくりは、有形かつ計画的、ポジティブなものを、念頭に進めることが一般的であるが、偶発的にネガティブなものが残ることも少なくない。

は、有形で計画的かつポジティブなレガシーづくりが大切です。東京オリンピックでは、偶発的なコロナ禍を、どのようにポジティブなレガシーに転ずるのかが課題です。

明治神宮が鎮座した際、日本にレガシーという言葉は浸透していなかったはずですが、実情をみれば「明治時代のレガシー」を大正時代の人たちが残そうと考え、本多たちが明治神宮をつくったのは間違いありません。

空間計画のレガシー1――ハブ&スポーク方式

大正の人々が明治神宮に残そうとしたレガシーの手引書が『林苑計画書』ですから、その内容を読み解くことが、今後の一〇〇年につながります。計画書には、ゾーニングなどの空間的側面と、樹木の生長予測などの時間的側面が書かれていますが、空間的側面についてお話しします。

図2は明治神宮内苑のゾーニングです。中心にご社殿（第一区）と御苑（第七区）があり、その周りを第二～六区が囲んでいます。つまり、真ん中に核があって、周りを囲うゾーニングで、これを「ハブ&スポーク方式」と呼びます。ハブとは、自転車の車輪の真ん中にある円形の部分で、そこから放射状に出ている針金をスポークと呼び、

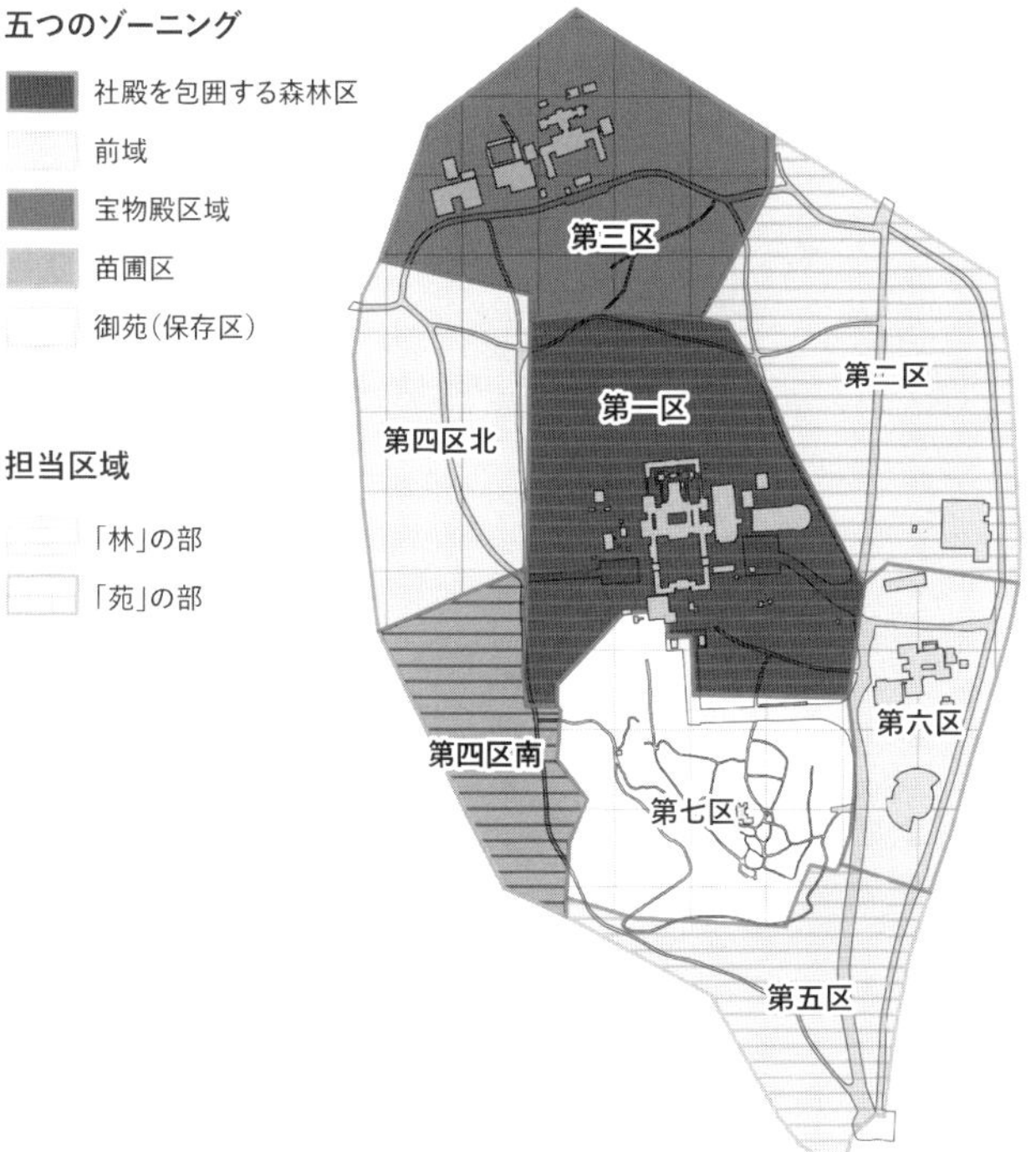

図2―明治神宮内苑のゾーニング

ハブとタイヤをつなげています。近代の造園技術のなかで庭や公園に広く用いられるようになりました。その先駆けのひとつが、実は明治神宮なのです。この空間構造は単純なので、地上に仕立てるコンテンツの魅力度がとても重要になります。

ディズニーランドとの類似性

実はディズニーランドもハブ&スポーク方式です。一九五五（昭和三〇）年、カリフォルニアにマジックキングダム方式ともいわれるハブ&スポーク方式のディズニーランドが開園しました。シンデレラ城と園地をハブとして、周りにトゥモローランド、ファンタジーランドなどの夢の世界が放射状に区画されています。開園計画を説明する映像では、ウォルト・ディズニー自らがハブ&スポーク方式を採用したと語っており、東京ディズニーランドにもその方式は踏襲されました。明治神宮は、それより三五年前にこの様式を取り入れました。

両者の類似性は一見偶然にも見えますが、近代造園の帰結点ともいえます。明治神宮は荒れ地にご社殿をつくりました。「何もない」といういい方はあまり好きではありませんが、ゼロから荘厳な空間を仕立てました。同様に、カリフォルニアのディズニーランドは元々広大なオレンジ畑の跡地、東京ディズニーランドは東京湾の埋立地です。何もないところにゼロから夢の国をつくりました。つまり、更地に現代の土木・建築・造園技術を用い、魅力的なレジャー空間をつくる様式として発達したレガシーがハブ&スポーク方式です。

さらにいうと、ハブ&スポーク方式の空間は、日本では古くから回遊型観光行動として根づいていました。私の研究室の学生が卒論でまとめたのですが、たとえば日本最初の都市公園のひとつである浅草は、浅草寺をハブとして一区から六区まで区画されています。江戸期に遡れば日本庭園も回遊式でした。たとえば小石川後楽園の園内図をみると、池を核にグルっと歩いて回る庭園鑑賞方式が確立し、池の周りは放射状に区画され、京都などの名所を見立てた空間が仕立てられていることがわかります。ハブ&スポーク方式の空間は今でも魅力的で、国内有数の観光地なのです。

ただし、この方式は、放射状の区割りの上に何を仕立てるのかで空間の趣が全く変わります。ディズニーランドのように収益の上がる夢の国、浅草のように繁華街を乗せることもできます。ただ明治神宮では、ご社殿の周りにむやみに娯楽施設を増やすわけにはいきません。パイディアではなくスコレー的な空間を仕立てる必要があります。

しかし、空間的な魅力を高める点で、レジャーの方向性にかかわらず共通した仕掛けも組み込めます。たとえば、東京ディズニーランドには、おしゃれな服を着て、トイブルームといわれる小さいほうきを使いながら、園内を格好よく清掃するカストーディアルというお掃除係の方がいます。一方で、神宮内苑にも「掃き屋さん」がいます［図3］。掃き屋さんの立ち居振る舞いもやはり格好よいです。『林苑計画書』には「落葉は一見無用の廃物たる観ありといえども、落葉を採集除去することなければ、樹木は常に営養足り」と記されています。レジャー空間の演出にはそのような共通性が見いだせます。もちろん『林苑計画書』には空間演出の手ほどきは書いてありません。だからこそ、後進であるわれわれは計画書をひもとく際に、国内外の成功事例を見出し、空間計画に取り入れていくことが必要なのではないかと思います。

図3—掃き屋さん

空間計画のレガシー２　——ツインパーク

また、明治神宮は内苑と外苑というツインパークで構成されている事実も見逃せません［図4］。もともと内苑と外苑は、北側が美しい緑道で繋がれたツインパークでした。しかし一九六四年の東京オリンピックで首都高を通す際に寸断されました。ネガティブなレガシーです。造園学者の蓑《みの》茂《も》壽《とし》太《た》郎《ろう》先生によると、明治神宮は、和・伝統の「内苑」と洋・現代の「外苑」で構成されるツインパークです。このコンセプトを大切にしながら、明治神宮の空間計画や経営戦略を立てるべきです。

経営戦略のレガシー——スポーツとブライダル

明治神宮は、実際の経営戦略において、ツインパークを活用してスポーツ産業やブライダル産業をうまく取り入れています。ちなみに、先述の東京ディズニーリゾートも、ランドとシーからなるツインパークですが、ランドもシーもともに稼ぐための空間です。一方、明治神宮は神宮球場などのスポーツ施設を外苑に集めています。さらに内苑は挙式で有名ですが、外苑の明治記念館で披露宴が行われることが経営的には重要です。

図4——明治神宮内外苑連絡図　明治神宮奉賛会編『明治神宮外苑志』一九三七年

公園緑地経営の手本として

戦前、明治神宮は国の管轄下にあったので、今後は、明治神宮を公共資金で管理すべきという意見もあるとは思いますが、国の公園緑地の整備費は、一九九五年の一兆三〇〇〇億円から、二〇一五年には三〇〇〇億円と、一兆円も減りました。つまり、公共の公園緑地ですら自律的経営が求められ、民間企業に経営を任せるPark-PFI制度などが推奨されています。ここでレガシーとしてお手本になるのが、自立経営をつづけてきた明治神宮です。税金に頼らない方法で森を管理し、採算をとるノウハウを明治神宮から全国に発信すべきなのかもしれません。その際に有効なのは、空間を生態的かつ経済的にも管理する「定常開放系」という考え方です。「定常」とは同じ状態に留まることではなく、ベクトル概念です。木は育ち、人は代わるし文明は進化します。この変化ベクトルの定常性に配慮しながら、明治神宮の目標を定め、サイエンスの視点から、あるいは企業経営的なモニタリングをつづけることが重要です。

さらにいえば、今般の新型コロナによって人間社会は相当変容するはずです。本多先生らが全然予想できなかった自然や社会の変化を加味した計画や戦略を『林苑計画書』に付記していくことがわれわれの課題だと考えています。

05

森をとりまく全体のシステム

竹内智子

千葉大学の竹内と申します。都市の森としての明治神宮について、少し広い視点からお話ししたいと思います。

五年ごとに調査している東京都の「みどり率」を見ると、東京二三区では緑が多少増えてきているものの、まだまだ少ない状況です。航空写真で見ると明治神宮と隣合う代々木公園の緑のかたまりは、都心の貴重な緑の空間であることがわかります［図1］。

七つのゾーンの目標像と一〇〇年間の変化

この緑をつくった一〇〇年前、森づくり全体の方針はどう考えられていたのでしょうか。図2は明治神宮内苑の造営前の状況、図3は造営直後の状況です。造営前は御苑の池とその周辺には樹木がありましたが、ほかは少なく、新たに植栽をして森をつくったのです。

『林苑計画書』では、全体を七つのゾーンにわけています（二六九頁の図2参照）。林苑の造成を

竹内智子
Takeuchi Tomoko
千葉大学大学院園芸学研究科准教授

上：図1――明治神宮内苑と隣接する代々木公園　国土地理院撮影の空中写真（二〇一九年撮影）に水内佑輔が編集を行った

右：図2――明治神宮境内原形図（南豊島御料地）　内務省神社局編『明治神宮造営誌』一九三〇年

左：図3――明治神宮境内平面図　内務省神社局編『明治神宮造営誌』一九三〇年

担当した明治神宮造営局林苑課では、庭園的な区域を担当する部門と、樹木を主とする部門を分け、前者を「苑の部」、後者を「林の部」と称しました。『林苑計画書』を執筆した本郷高徳は「林の部」の担当技師でしたので、本書の冒頭には、「主として内苑中森状態をなす部分の林苑計画および将来の施業」に関して私見を述べたとただし書きがあります。

内苑の森全体は、「社殿を中心とせる神社に相応しき荘厳なる林苑の造成」を目的としており、『林苑計画書』にはそれぞれのゾーンの目標像が書いてあります。理想は、針葉樹林類ですが、周辺の煙害により、スギ・ヒノキの生育が安定

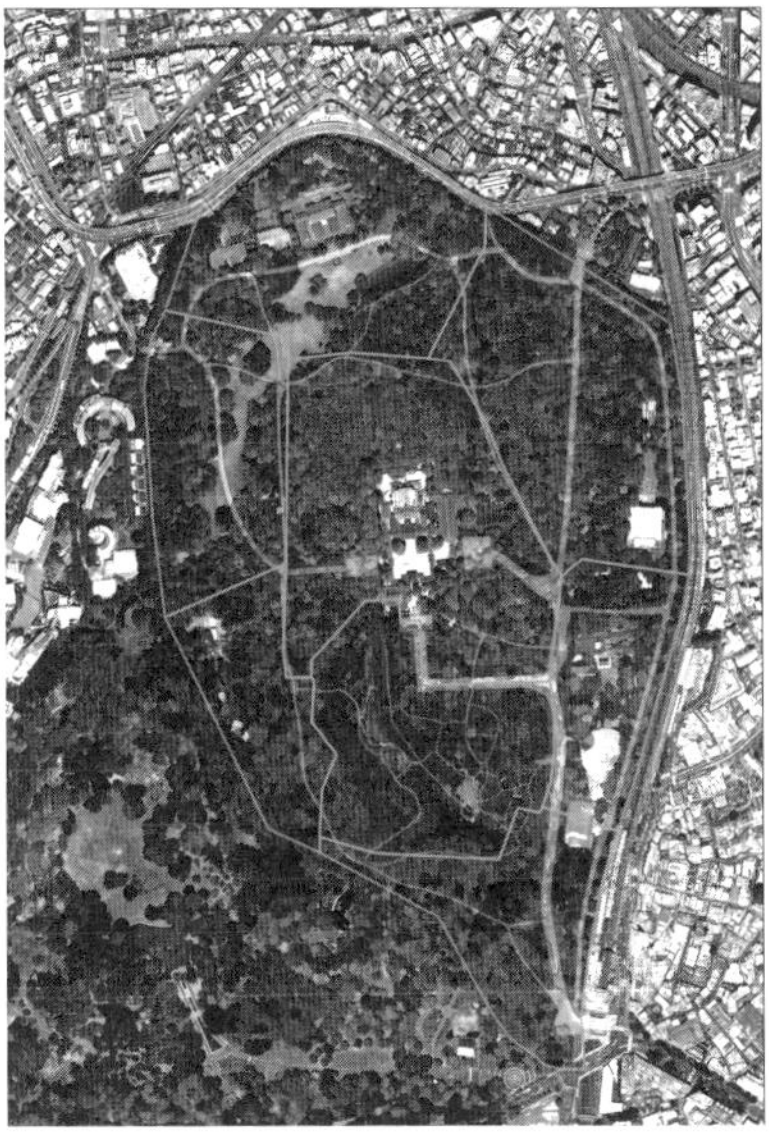

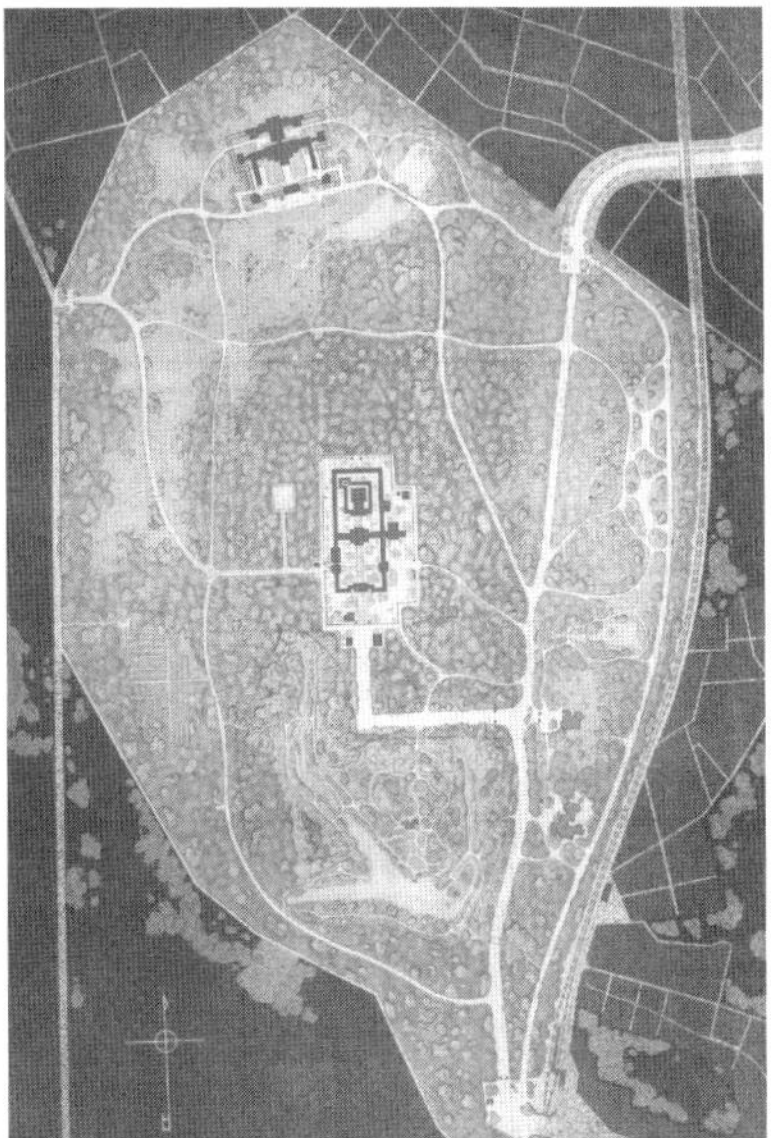

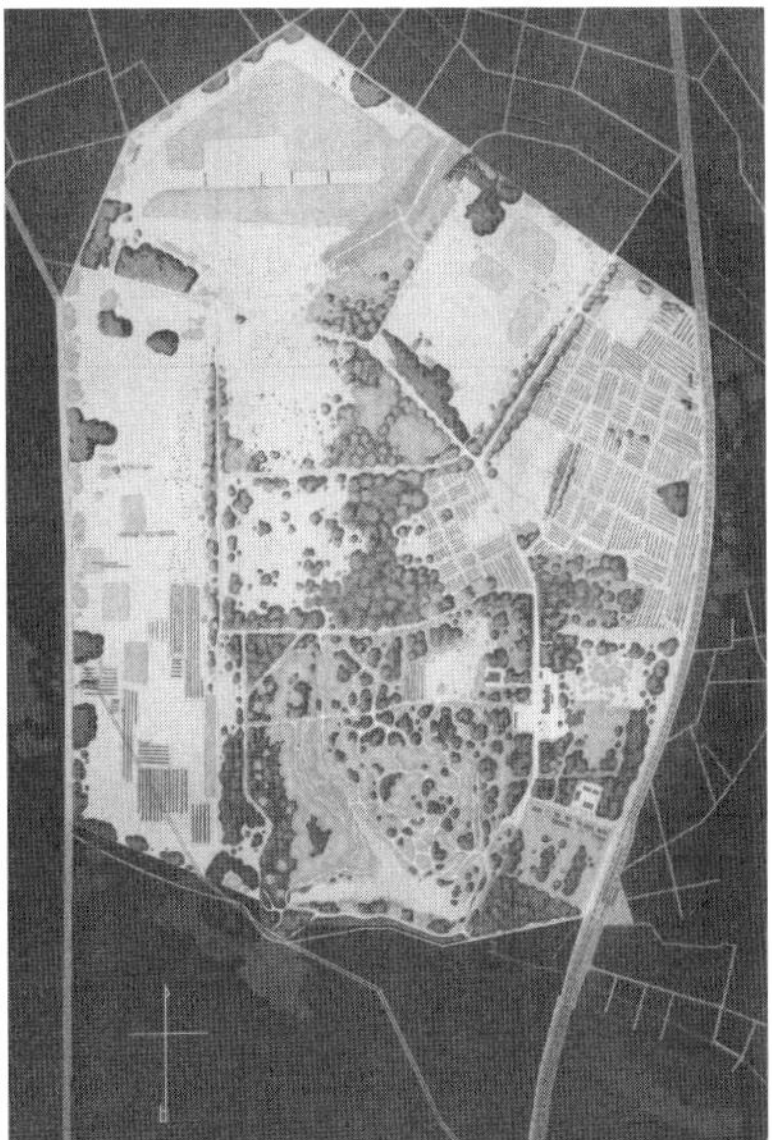

しないと思われるため、将来の主木をシイ・クス・カシなどの常緑広葉樹とします。北側の宝物殿前の第三区は、別天地として芝生と疎林、水で快活な風景をつくること。西側の第四区は、宝物殿につながるビスタ景をつくること、とあります。また南側は苗圃をつくって神事につかうサカキを育てつつ、隣の代々木練兵場からの砂埃を防ぐ植栽をする、という方針が立てられています。一方、原宿門から入った第五区の部分は、落葉樹も混植して水流や景石を配し、荘厳な風致を緩和する場所にする。そして、今の御苑の庭園部分に相当する第七区は、由緒ある記念物としてそのままとすると書かれています。『林苑計画書』といえば、第一区の森の部分が有名ですが、ほかのゾーンも具体的な機能を踏まえた目標像が書かれていました。では現在はどうなっているのか、見てみましょう。

図4は庭園部分、第七区の現在です。南池という池があり、周辺の湿地部分は菖蒲田となっており、毎年六月頃に花菖蒲が楽しめます。「清正井」という湧水もあります。図5は、代々木公園側から見た様子で、現在はバードサンクチュアリになっています。私は以前東京都の造園技術職員で、代々木公園の整備・管理に関わっていました。数年前、あまり管理の手を入れていなかったバードサンクチュアリの調査をした際に、直径三〇センチメートルのコンクリート管によって、明治神宮の池に代々木公園の池の水が流れるようになっていることに気づきました。これはまずいのではと思い造営記録を調べると、美しい水の景観をつくるため一〇〇年前に大規模な排水工事を行っていたことがわかりました。図面を調べると、明治神宮の区域外の代々木練兵場につくった調節池が現在のバードサンクチュアリの池であり、明治神宮の南池に練兵場の泥が入らないようにするためにつくられています。森は決して手をかけない自然のままではなく、目的の風景をつくるための様々な工夫がされていたのです。

右：図4―御苑内の南池　筆者撮影
左：図5―代々木公園のバードサンクチュアリの池　筆者撮影

造営当初の植栽を考えると、「植物」に関しては、理想は針葉樹と常緑広葉樹としつつも将来の主木はシイ、カシ、クス、献木された木も使うこと、「環境」としては、汽車の煙や代々木練兵場の埃への配慮、湧水や湿地を活かすことを考えて植栽や工事をすること、「機能」としては、明治天皇を崇める荘厳な森を創出すること、社殿に至るまでの雰囲気をつくること、宝物殿前は別天地とすること、神事で使う植物を育てること、全国の青年を育成することなどが当時求められていました。『林苑計画書』は、試行錯誤の過程の記録であったと思われます。

それでは現在、森はどのように変化したのでしょうか。二〇一一（平成二三）年から行われた第二次総合調査の毎木調査の結果から、現存植生を区分している図と当初のゾーニングを重ね合わせると、一番南側、原宿駅の入り口側は常緑広葉樹が優先です［図6］。第一区の「荘厳な森をつくる」とされていた社殿周辺は、常緑広葉樹が森を形成しています。四番の宝物殿から社殿に向かう北東部分は、小規模な常緑広葉樹林や落葉広葉樹林もモザイク状に混在しています。五番はおおむね第三区にあたり、芝生中心の草地になっており、ほぼ当初のゾーニングに沿った森が形成されています。

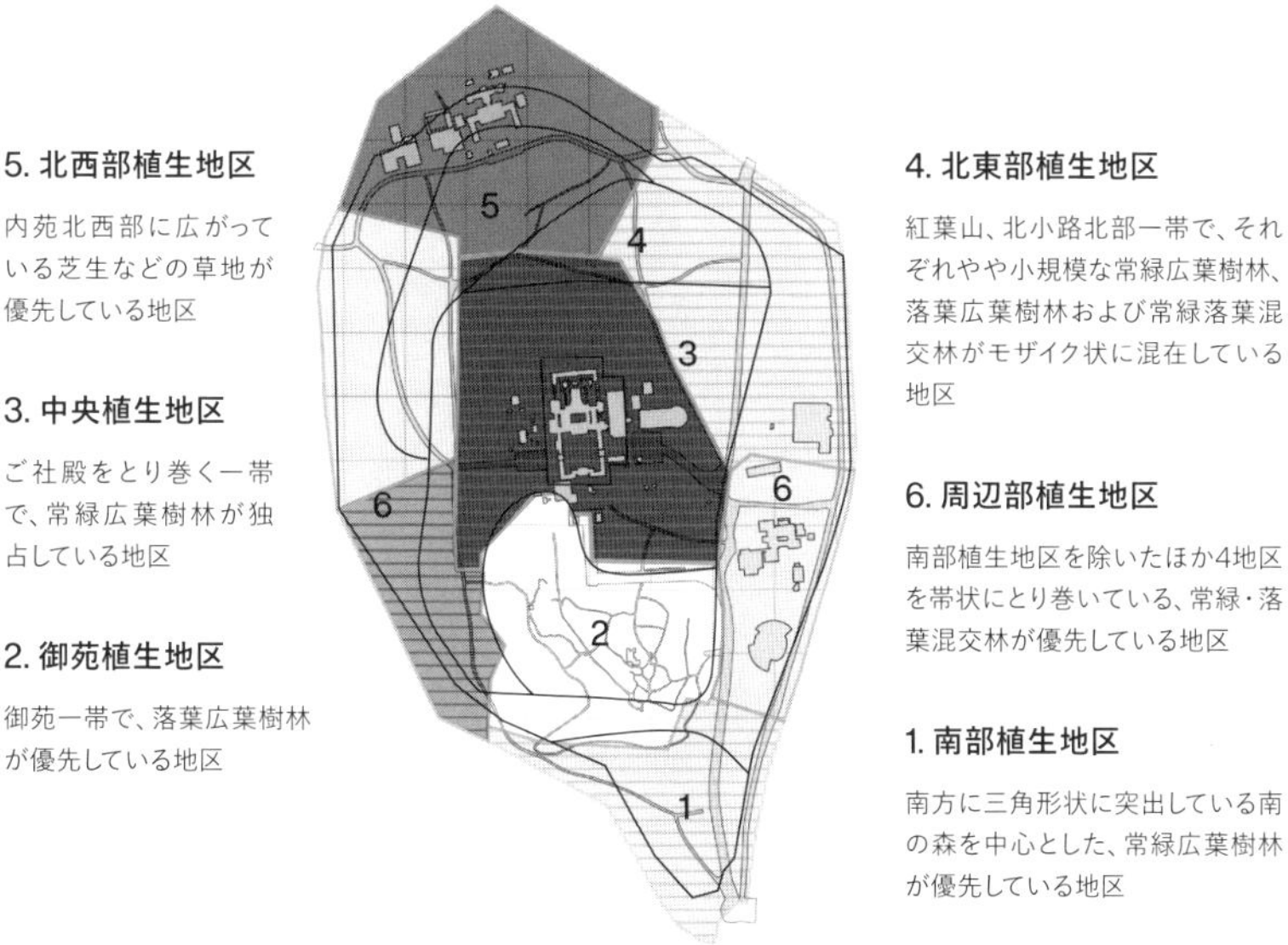
5. 北西部植生地区
内苑北西部に広がっている芝生などの草地が優先している地区
3. 中央植生地区
ご社殿をとり巻く一帯で、常緑広葉樹林が独占している地区
2. 御苑植生地区
御苑一帯で、落葉広葉樹林が優先している地区
4. 北東部植生地区
紅葉山、北小路北部一帯で、それぞれやや小規模な常緑広葉樹林、落葉広葉樹林および常緑落葉混交林がモザイク状に混在している地区
6. 周辺部植生地区
南部植生地区を除いたほか4地区を帯状にとり巻いている、常緑・落葉混交林が優先している地区
1. 南部植生地区
南方に三角形状に突出している南の森を中心とした、常緑広葉樹林が優先している地区
5
4
3
6
6
2
1
図6―明治神宮第二次総合調査の結果と当初ゾーニングの重ね図

代々木公園の五〇年

ここで少し視点を変えて、隣の代々木公園を見たいと思います。代々木公園は代々木練兵場の跡地につくられ、今も練兵場時代の痕跡が見られます。たとえば閲兵式で天皇陛下が傍らに立たれたという松。また明治天皇のお后の昭憲皇太后の葬儀は、一九一四（大正三）年にこの場所で行われましたので、その葬場殿趾碑があります。調節池であった代々木公園のバードサンクチュアリは、常落混交林と落葉広葉樹林がモザイク状に配置され、もともと湿地だったこともあり、雨が降ると付近は水が溜まります。動物ではタヌキ、アオダイショウ、シマヘビなどが明治神宮と共通して見られ、私もカワセミとタヌキを目撃しました。一〇〇年前は土埃が舞っていた代々木公園側ですが、この数年生物多様性に配慮した再整備が行われ、一〇〇年前より確実に生物多様性が向上しています。

造成当初から人が積極的に利用することを前提としてつくられた代々木公園は、五〇年間、時代の要請から様々な利用がされてきました。一九六四（昭和三九）年の東京オリンピックでつくられた体育館、その後もサイクリングコース、ドッグランなどが整備され、デング熱が発生し閉鎖されたこともありました。最近では法改正により保育園が設置され、二〇二〇（令和二）年からは、コロナ禍でのスポーツや子供の遊び場として注目されるようになりました。二〇二〇年のお花見の時期には広場が閉鎖。翌年は、広場の一部は立ち入りが制限されたものの、多くの人が静かに過ごしていました。東京二〇二〇大会ではライブサイトとしての利用が予定されていました。

明治神宮ではランニングやピクニック、スポーツ、楽器演奏などは受け入れておらず、代々木公園を案内しているそうです。代々木公園は、明治神宮が落ち着いた神社の森でありつづけるために、明治神宮から流出した多様な利用ニーズを柔軟に受け入れてきました。代々木公園は、明治神宮にとって欠かせない存在なのではないでしょうか。

このように隣接する緑地も含めて俯瞰したスケールで見ると、現在、明治神宮内外苑と代々木公園、新宿御苑、赤坂御所、青山霊園、皇居などが都市のなかにぽっかりと浮かんだ島のような、貴重な緑であることがわかります。このスケールで見るとたとえば、内苑の森の周辺の植栽帯は、開発が進んだ原宿駅側と練兵場から変化した代々木公園側では、一〇〇年前とは異なる役割を果たすことができるのではないでしょうか。

一〇〇年の森を三つの側面から考える

東京の都市の森は、都市計画公園、風致地区、特別緑地保全地区など、様々な制度で保全されてきました。敷地単位で見ると「土地が有効活用されていない」という声も聞かれますが本当にそうでしょうか。これらは、緑地として残ってきたからこそ、それぞれ機能を補完しあいながら都市の人々のニーズをやさしく受け入れてきました。皆さんも広い空や緑があるからこそ、ほっとするのではないでしょうか。そしてこのように残ってきた緑が、今は東京二〇二〇オリンピック・パラリンピックのスポーツの機能を受け入れています。

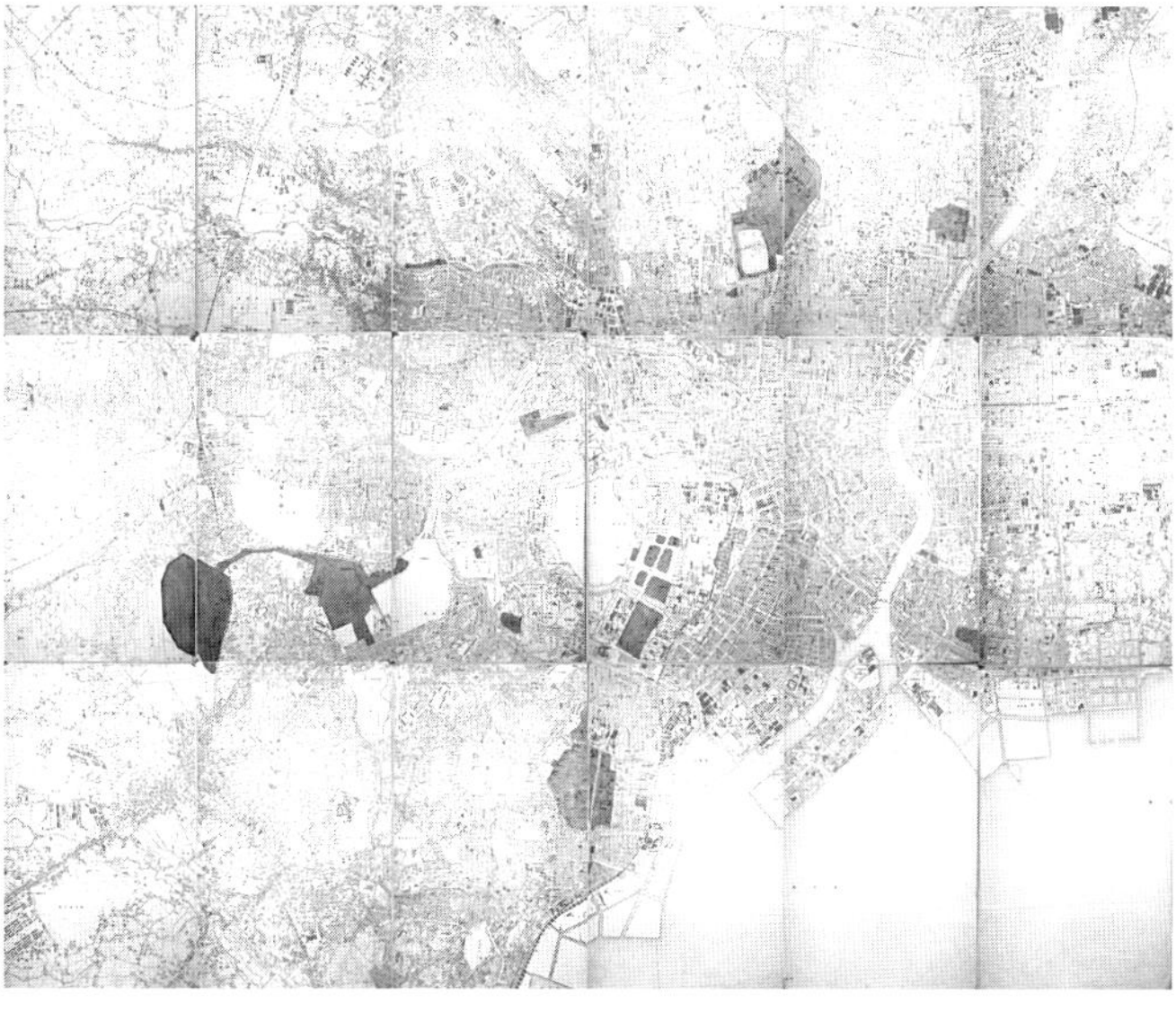

図7―折下吉延が着彩したと思われる図　武蔵野文化協会加藤功氏所蔵に加筆

実は一〇〇年前にもこのような都市のスケールで、神宮の森を考えていた記録があります。図7は造営前一九一六年の地図に、造営に参加した技術者折下吉延が、自ら緑色を塗ったと思われる図面です。明治神宮の内苑と外苑をつなぎ、日比谷公園、皇居外苑、増上寺などが緑色に塗られ、当初から都市レベルで公園や神社の繋がりの可能性を模索していたことがうかがえます。都市のなかで求められる機能、役割分担という意味でも、今一度このスケールで次の一〇〇年の森を捉え直す必要があると思います。

それでは次の一〇〇年はどういう風に考えていったらよいのでしょう。前述の三つのカテゴリーで把握してみます［図8］。まず「動植物」の変化についてですが、一〇〇年でアカマツがなくなり、クスノキが優先し、鳥散布によるシュロやアオキが多く見られます。珍しい動植物が増え、生物多様性が向上したという変化がありました。次に「環境」に関しては、ナラ枯れの被害、原宿駅の開発や苑内の美術館建設、バリアフリーのニーズにより参道も一部舗装されました。温暖化が進み、デング熱や新型コロナウィルスのような感染症の発生があり、森をとりまく環境も大きく変化しています。そして森に求められる「機能」の変化です。当初は明治天皇を崇める森としてつくられた明治神宮ですが、コロナ禍前は外国人観光客も多く観光に訪れていました。癒しやパワースポットのニーズや、結婚式や七五三、初詣など、人々の人生に寄り添う神社の大事な役割もあります。また、都心にあることから土地活用のニーズもあります。

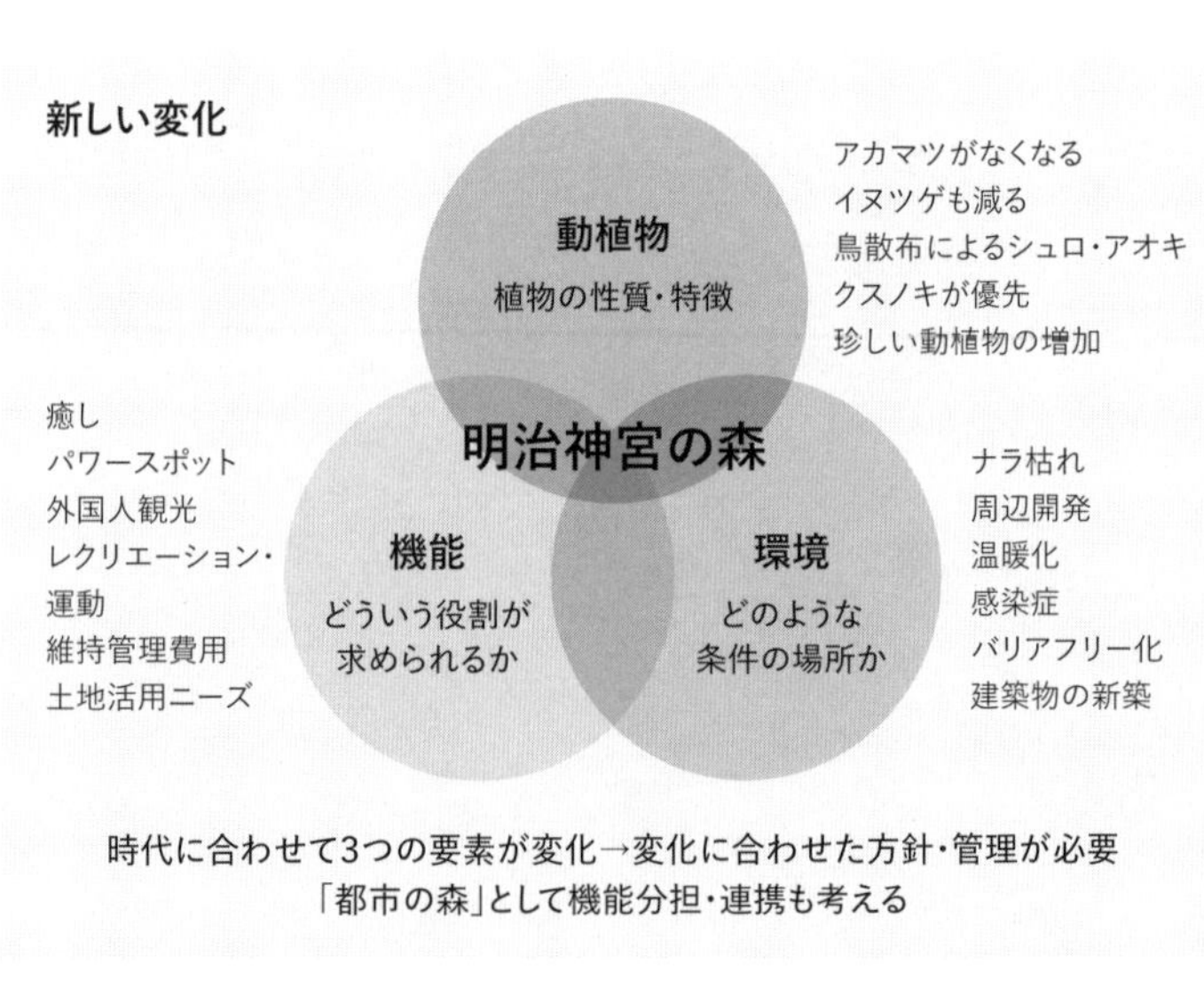

図8―明治神宮の森の一〇〇年の動植物・環境・機能の変化

このように一〇〇年前と比べ、時代に応じて三つの要素が変化してきました。このなかには一〇〇年前の技術者たちがある程度予想していたものもあれば、おそらく全く予想されなかった変化もあります。これまで多くの研究者がこの変化を計測・把握し、蓄積してきた記録もあります。われわれは今一度そのような記録を見て変化を捉え、変化に合わせた方針をゾーンごとに見直すべきではないかと考えます。その際には内苑のみで考えるのではなく、すでに一部の機能が分担されている代々木公園や外苑など都市のほかの森も含めて、機能分担や連携を考える必要があると思います。

06 トーク 『林苑計画書』から読み解く森の未来

水内佑輔×小林邦隆×田中伸彦×竹内智子×上田裕文

上田　ここまでの発表では、『林苑計画書』から読み解いた先人たちのメッセージを、四人の登壇者の視点からご紹介いただきました。ここからはそれらの視点を踏まえて、森の未来について議論していきたいと思います。

『林苑計画書』の想定と森の現状

まず、『林苑計画書』に書かれていた内容と森の現状を以下三つの視点から整理していきたいと思います。ひとつ目は、森の未来を考えたときに課題と対応策が管理方針として示されていること。ふたつ目は、将来の課題は記されているが、その対応策までは示されてないこと。三つ目は、そもそも課題として想定すらされておらず、記載のないこと。それらを各自のご発表を振り返り、整理していただければと思います。

それでは、水内先生からお願いしてよろしいですか。

水内　まず、『林苑計画書』にある「神社に相応しい荘厳なる林苑」とは、常緑の巨木を中心とした多層構造の森であるということが明確に記されているかと思います。一方で維持、更新の方法については、少し解釈をする必要があると考えています。自然の発育と淘汰に任せるという大方針が書かれていますが、一定程度林相維持のための補植や播種についても言及されていて、人の「手助け」の必要性も読み取れます。つまり完全に放置して天然下種更新を待つのではなくて、一定程度何らか「手助け」を前提とした計画であると考えるのが妥当ではないかということです。

また『林苑計画書』は、林苑のうち森にフォーカスしたもので、そのなかに述べられていないものの、大事な空間が二つあります。まず宝物殿前の空間ですが、明治・大正時代を記念する場所としての明治神宮の現代的価値を考えたとき、近代を象徴する空間として大事です。もうひとつは御苑です。近代になって入ってきたロマン主義的な価値である「武蔵野」の雑木林をモチーフにした近代庭園で、明治神宮のなかで最も明治時代を記念する場所になります。『林苑計画書』には、そのままにおいて保存すると書かれています。それは、手を入れないのかというと実はそうではありません。人が目配りして人為の管理によってその風景を維持していく必要があるのではないかと考えています。

上田　では、小林さんから、森や樹木の管理についてお願いします。

小林　『林苑計画書』に将来の管理について明確に指示されていることは、植えてから一〇年目までの撫育の話です。移植や伐採したりすることです。また、何をやっては駄目、何をやったらいいなどの必要な管理についてはいくつかの項目が書いてあります。

　それから、将来起こり得る課題として懸念はあるが、大きな被害はないのではないかという想定の下、病虫害については具体的に書いてありません。ただ、参道や人が入るところは、安全を確保するために管理が必要とのことです。

将来の課題として想定されていなかったものは、ひとつは地球規模の気候変動です。気温が二度以上高くなってきていることや窒素の問題は、当時は想定もされていなかったということです。今後はこういったものに気を付けていかなければならないと思います。

上田　では、つづいて田中先生にお願いします。

田中　森をどう管理するかも大切ですけれども、そこに関わる人をどうするかも『林苑計画書』として本当は大切なのだと思います。ただし、それは詳しく書いていないのも事実だと思いますので、私たちがこれから考えなければいけないことがあるということです。

明治神宮はもともとは国の神社であったものが、今は宗教法人となっています。そこは『林苑計画書』で想定していなかったところですので、その辺りの人にフォーカスした経営というものを、もともとのコンセプトに則したかたちで、どのようにつくっていくのかを考える必要があると思っています。

上田　最後に竹内先生お願いします。

竹内　『林苑計画書』はゾーンに分けてあって、それぞれの目標像は示されていましたが、庭園の部分については詳しく書かれていないということです。

それから、煙害や土埃の害に対応した植栽をどうするかは書かれていましたが、その周辺環境が圧倒的な変化を遂げたときどう対応するかは書いていないので、これからわれわれが考えなければいけません。今は周辺環境が向上しましたので、そういったものを捉えていく必要があるということです。また、利用者の変化については、あまり想定されていなかったのか、書かれていない部分ですので、考えなければいけないと思っています。

上田　ありがとうございます。今、皆さんから『林苑計画書』に書かれていたことと、書かれていなかったこと、想定されていなかったことを整理してご発言いただきました。要するに未来を見すえてつくられた森づくりの実験を継続していくうえで、どこら辺を守っていく必要があるのか、どこら辺が当時想定されていなかったので、今の私たちが考えなければいけないのか、そういったものを整理するうえでも必要な最初のポイントになってくるかと思います。

森の未来を想像する

上田　一〇〇年後の未来を想像できる人は少ないと思います。私たちが一〇〇年後の東京がどうなっているかわからないように、当時造営に関わった先人たちも一〇〇年後の東京がどうなっているか、全く想像できなかったと思います。それにもかかわらず、当時想定し得る範囲で将来どのように森を取り扱うべきかを、可能な限り指針として残していったのです。今、この森を引き継いでいる私たちが、今後一〇〇年に向けてどうすればこの森づくりの実験を継続していくことができるかについて、「機能」「環境」「動植物」の三つの要素で整理しながら考えていきたいと思います。

今、明治神宮の森はいろいろな機能を求められているかと思います。まずは「機能」の面について、竹内先生からお願いしてもよろしいですか。

竹内　明治神宮のこれからも変わらない機能を考えたときに、まず人々の心のよりどころとして厳かな、静かな落ち着いた気持ちに人をさせる森であることが挙げられます。人生の節目に寄り添う、お正月の参拝や結婚式、そういった機能はこれからもずっと変わらないのではないかと思っています。

そうしたときに、それ以外の時代のニーズや変化を受け止めるのは柔軟なオープンスペースや周辺の森で、そういったものを明治神宮の周囲にもきちんと残していくことが重要なのではないかと考えています。

上田　では、つづいて田中先生からお願いします。

田中　明治神宮の内苑の森はこのように立派な森になっていまして、さまざまなことができるのは事実だと思います。そこで機能とサービスを分けて考えていくことがこれから重要になってくると考えています。

機能というのは、たとえば明治神宮の内苑でウォーキングをすることはできます。でも、それを求めていいのかというと、私は少し違うと思います。代々木公園なり、神宮外苑では大丈夫だと思います。つまり、森が私たちに与えてくれるものが機能だとすると、それを実際に私たちがどう受け止めるかです。人間との関わりができたときにそれがサービスとして発現するかたちになります。

厳かな森というもともとのキーコンセプトを考えながら、どのように明治神宮の内苑から恩恵を得るのか、そして、外苑や代々木公園、今はほとんどなくなってしまった裏参道、そして表参道の繁華街に求めるのは何なのかという、もっと広いかたちで機能を考えていくことが大切になってくるのではないかと考えています。

変わらない人のニーズ

上田　それではここで本日会場にお越しいただいている、元文化庁の調査官である品田穣先生に、明治神宮の森に求められる機能、役割について少しコメントをいただけますとありがたいです。よろしくお願いいします。

品田　人のニーズというものは、これから一〇〇年たつと随分変わってくるだろうなといわれる方がたくさんいらっしゃると思います。日本で今から一五〇年前の産業革命が終わった頃に、人々が一〇〇年後、要するに西暦二〇〇〇年に向けて未来がどうなっているのかを考えた本があります。アンドリュー・ワットの『彼らが夢見た二千年』（新潮社、一九九九年）という本ですが、それを読みますと全然夢は実現されていません。唯一実現しているのは、男女平等でした。それ以外の夢のパラダイスは全く実現しませんでした。技術的にはできましたが、しませんでした。一五〇年前から人は変化をさせることよりも、なるべく変わらないものを求めました。それが現在でもいえるのではないかという気が私はしています。ですから、今後一五〇年後にも、やはり変わらないものを求めていくのではないかと思います。その変わらないものの象徴として明治神宮の森があるのではないかということです。

変わりたいものについては、外苑や代々木公園などで対応して、神宮の森はともかく荘厳な森としてそれ以外の機能は認めないスタンスがいいのではないかと思います。

上田　大変勇気を与えていただけるお話だったと思います。私たちにとって一〇〇年後は全く想像できないような気がしますが、もしかしたら人のニーズの根本は変わらないのかもしれません。そう考えると、私たちはゾーニングや都市のほかの緑地との機能分担といったところから、今後の明治神宮の森の機能やあり方を計画していけるのかもしれません。

さて、確かに根本の人のニーズは変わらないかもしれませんが、周辺の環境の変化、そして、それに伴う森の変化は今後も大きくなっていくかもしれません。こういった視点で「環境」、そしてその対応としての森の「動植物」をどう管理すべきかについて、水内先生からお話を聞いてもよろしいでしょうか。

人の手を加える必要性

水内　植栽環境を考えたときに、クスノキが大事だと思っています。第二次総合調査であらためてクスノキの不足が報告されていましたが、ここで問題となっているのは、なぜ今クスが出てきていないのかということです。種子がないのか、あるいは種子はあるけれども林内の環境が暗くて発芽しないのか、それとも発芽するけれども、その後成長できないのか、その問題は科学的に調査する必要があるかと思います。

上田　では、続いて小林さんはいかがでしょうか。

小林　やはり樹病の関係だと思います。今、明治神宮ではカシノナガキクイムシにより被害が出ています。カシナガは、若い木よりも大きい木にアタックが多く、大径木がある程度やられてしまうと落ち着いてきます。明治神宮は大きい木が多いですから、どこまで被害が出て、その後落ち着いていくのかは未知数なところがあります。このナラ枯れ被害だけでなく、今後も病虫害が出てきたら、データを集めて科学的な対応が必要と考えます。また一方で、こうした病虫害も自然のひとつとして受け入れるという選択肢についても議論が必要だと思います。

上田　会場には明治神宮の第二次境内総合調査に関わった、東京農業大学客員教授の濱野周泰先生がいらっしゃっていますので、コメントをいただけますとありがたいです。

一〇〇年前に想定できなかったこと

濱野　明治神宮では現在、大きな木の下にある小径木が減少しています。生物多様性は危険分散で、病害虫に対する被害を分散するという点で効果を発揮しますが、極相に向かうと少しずつ能力が落ちるといわれています。そのことが被害の原因のひとつだろうという気がしています。生物と環境は切っても切れない関係で、気温の上昇は植物も動物も生物季節を変えています。このことは一〇〇年前には想定ができなかったのだろうと思います。

今、森が大変傷んで、ほころびが起きています。ほころびの小さいうちに繕ったほうがいいとは思っています。現在、林相の植物を見ると、クスノキは種子が落ちて、その種苗は確認できるのですが、そこから立ち上がりません。一方で、モミの種苗がたくさん出てきています。早期に成長する木としてモミノキの利用と、その次の時代を追いかけてくるブナ科の広葉樹としての落葉樹、常緑樹を含めて植え付けて、ほころびを繕う必要もあるのかもしれません。

私たちに託されたバトン

上田　濱野先生、どうもありがとうございます。

『林苑計画書』から読み解く森の未来」というテーマのもと、これからの明治神宮の森について考えていくためのヒントが一〇〇年前に記された『林苑計画書』に隠されているのではないか、といった趣旨で議論をしてまいりました。

そこには一〇〇年前からすでに課題とその対応策までが示され、私たちが今後も引き継いでいくべき内容も書かれていました。また、環境の変化など、私たちに解決を託された課題もあります。さらには、一〇〇年前には全く想定されていなかった新たな課題もたくさん生じています。私たちは明治神宮の壮大な森づくりの実験について、当初の計画に基づき、実験記録を更新しながら後世に引き継いでいく必要があるとあらためて感じました。私たち明治神宮とランドスケープ研究会でも引きつづき研究していきたいと思っています。

最後に忘れてはいけないのが、明治神宮の森が全国から集まった一〇万本もの献木、そしてのべ約十一万人もの全国青年団の勤労奉仕による植樹からでき上がったということです。つまり、この森づくりが一部の研究者や当時の施工に関わった技術者だけではなく、全国の国民とのつながりのなかででき上がったということです。このような明治神宮の森と国民とのつながりの関係性についても、現代的な仕組みでみんながこの森づくりに関われる、現在だからこそできる関わり方を皆さんとともに考えていきたいと思っています。

第5章

いのちの森で目と芽を育む

NPO法人響とともに

明治神宮の森をフィールドに米やどんぐりの種を育て、人を育む活動を続けるNPO法人響。ひとつの地球でつながりあう世界の人々や文化・環境に思いをめぐらし、「永遠の杜」で未来のために、今できることを語り合う。

01

代々木の森と響の物語

どんぐり・たんぼ・人のまごころ

佐藤 峻

NPO法人響《ひびき》、五代目の代表を務めております。私たち響は、明治神宮、代々木の森を拠点に活動しています。東京の都心、奥に見えるのは新宿の高層ビル群ですけれども、その前にまるで緑の島のように明治神宮の森が広がっています〔扉九七頁〕。今日はこの地で活動している市民の団体として、すべての人がこの明治神宮と関わりをもてるのだということを知ってもらえればと思っています。

森のビジョン

今日、明治神宮の境内にはじめて入ったという方はいらっしゃいますか。多くの方は明治神宮の森に来たことがあるようですね。では、その明治神宮の森のなかにたんぼがあることを知っ

佐藤峻
Sato Shun
NPO法人響理事長

ていた方はいらっしゃいますか。知らなかった方のほうが多いように思います。

明治神宮の森は、皆さんご存じのように令和二（二〇二〇）年で誕生から一〇〇年を迎えました。響も二〇周年を迎えました。この節目を記念して会員の協力で描いたのが図1です。私たちのビジョンを目に見えるかたちにしようということで、この絵には響がこれまで活動してきたことも、これから実現したいことも描かれています。

手前にはどんぐりの苗木が、その奥にはたんぼでの稲作の様子が見えます。そしてこの絵には、明治神宮の森だけではなく、渋谷、東京、日本、そして地球、果ては宇宙までが描かれています。足元の活動からはじまりつつも、今という時代に一人ひとりの人間が他の存在とどう響き合っていくかを考えかたちにしたい、この絵にはそういう思いも込められています。

明治神宮の造営と青年団

さて、一〇〇年前の明治神宮造営とは、明治天皇と昭憲皇太后をお祀りする「永遠の杜」をつくるというテーマのもと、産官学民が連携した一大プロジェクトとなりました。当時の三大美談が残されています。ひとつ目は全国から献木を募ったところ、一〇万本もの献木があったこと。ふたつ目はのべ十二万人もの全国の青年が造営奉仕に関わったこと。三つ目に内苑は国費ですが、外苑は国民の寄付でつくられたことです。木も人も資金も、人々が思いを寄せることで明治神宮がつくられました。

図1―響のビジョン絵図

ここではふたつ目にあげた青年たちがどのように関わったかについてお話しします。

田澤義鋪《よしはる》という方がいます。日本の青年団の父とも呼ばれている方です。佐賀県生まれで東大を出た後、内務省に入り、二五歳で静岡県安倍郡の郡長を務められました。田澤先生はヨーロッパで社会活動に取り組む青年団の活躍を知っており、これからの時代は日本でも青年たちが頑張っていかないといけない、青年団としてできることがあるはずだと考えていました。そして安倍郡では青年たちを集め天幕講習を行っていました。

明治神宮の造営が具体的にはじまるのは大正四（一九一五）年のことですが、三〇歳を迎えた田澤先生は造営局総務課長に任命されました。当時第一次世界大戦などで造営の費用を集めるのがなかなか難しい状態になっていたなか、田澤先生は若い人たちが力になれるのではと考えました。しかもただ単に労働力とするのではなくて、それを若者たちの学習の機会にするということも重視されました。しかし職人たちからは、大事な造営を素人にやらせるのはどうなのかと、反対意見が多かったようです。そこで、田澤先生が試しにやってみましょうと、静岡でともに活動してきた青年たちを連れて来たところ、予想以上に優秀な働きがありました。それで日本全国から募ることになり、全国各地から次々と青年団がやって来ることになりました［図2］。

大切な明治神宮の造営ですので、さまざまな記録や実際に参加した青年たちの日記も残っています。そこには、リーダー養成合宿さながら、毎晩のように田澤先生自身も含めてさまざまな方が宿舎を訪れ、講師として青年たちに話をしたことが記されています。本日はソニーコンピュータサイエンス研究所の方もお見えですが、ソニーの前身にあたる東京通信工業の初代社長であった前田多門先生の名前もその講師のなかにありました。

図2―明治神宮造営現場で青年たちと相撲に興じる「青年団の父」田澤義鋪（左の力士）

大正九年十一月一日、明治神宮は鎮座となりました。それから一〇〇年が経ったわけですが、この一〇〇年の間には関東大震災で東京が甚大な被害を受けたり、あるいは東京大空襲の際には明治神宮のご社殿が燃えたりと、さまざまな困難がありました。けれども、森は燃えることなく無事でした。炎上したご社殿を建て直そうと、明治神宮の崇敬会が組織されるなど、困難を乗り越えるさまざまな動きも出てきました。森の力と人の力で現在までこの明治神宮が守り継がれてきたという歴史がございます。

平成の青年活動はＮＰＯに

明治神宮を拠点に活動するＮＰＯ法人響ができたきっかけは、鎮座から数えて八〇年の平成十二（二〇〇〇）年に明治神宮で開催された記念事業「代々木の杜80フォーラム」でした。「神々と森と人のいとなみを考える」というテーマのもと、三年間に全一六回の連続フォーラムが行われました。今回のようなフォーラムが二〇年前にも行われていたのです。

そのフォーラムにスタッフとして参加した若者たちがいました。三年の間に彼らのなかで、「一〇〇年前の青年たちがこの森をつくったのならば、今の自分たちには何ができるのだろうか」と、模索する動きが生まれてきました。また連続フォーラムの登壇者の方々からも、今の時代にあったＮＰＯ組織をつくってはどうかという提案がありました。若者たちの思いとこれからへ向けた考えが相まって、響という団体が発足したわけです。

当初はユースクラブという任意団体でしたが、まもなくＮＰＯ法人格を取得し、より社会貢献性の強い団体となり活動をつづけています。「どんぐり」と「たんぼ」が当初より軸にある二つの活動で、以降さまざまなかたちで多方面との連携を実現しております。

境内のどんぐりを苗木に

明治神宮の境内からは、本来は一木一草もち出してはならないのですが、響は特別許可をいただき、どんぐりの実生を拾い、それらを境内でポット苗として育てて植樹用の苗木にしています。自然とどう向き合うかということも大事なテーマですので、どんぐり畑に近い明治神宮会館の屋上に降った雨を、タンクに集めて水遣りに使い、雨水の活用も行っています。現在は、七種のどんぐり（アカガシ、アラカシ、シラカシ、スダジイ、マテバシイ、クヌギ、コナラ）の苗木、約一万本がここで育てられています［図3］。

育てた苗木は明治神宮のなかに植えるのではなく、全国の植樹に活用しております。響の卒業生が全国にいますので、そういったOB・OGの方が自分たちの土地でも活動できないかと、植樹地を提供してくれることもあります。

また、日本青年団協議会の方々とも連携事業を行っています。一〇〇年前に田澤先生が立ち上げた活動が今につながっているわけですが、その全国大会で会員の方々が集まる際に、会場となっ

た滋賀の会館に響が育てたどんぐりの苗木を植えることが実現しました。青年団のＯＢの方々は各地で地元のために活躍なさっていますので、いくつものご縁をつないでいただいています。

一方、宮城にある日本で一番広い幼稚園では、敷地の山がナラ枯れのため、木が減ってきていると聞き、幼稚園のスタッフや地元の方々と一緒に、どんぐりの苗木を植えました。茨城県の高萩にあるボーイスカウトのフィールドでも、地元の小学生とともに苗木を植えています。

さらに、どんぐり苗木の里親制度という取り組みも行っています。ポットに入ったどんぐりの苗木を、家やオフィスに持ち帰っていただき、その苗木を数年間お世話してもらい、また響に返していただくのです。こうして明治神宮から育った緑を、全国からの献木に対する一〇〇年越しの恩返しという意味を込めて、植樹活動に使わせていただいています。森づくりは人づくりでもあり、都市部に住む方々を含め、多くの人が気軽に参加できる仕組みになっています。

今日も会場の後ろの出口を出たところに、どんぐりの苗木をもってきています。里親苗木の配布もしていますので、ご関心のある方はぜひ立ち寄ってください。

たんぼで学ぶ一年のめぐり

響のたんぼも、境内で一般立入禁止の区域にあります。この活動では、冬の田起こしにはじまり、種籾から苗を育て、あるいは苗を連携農家に提供していただき、田植えをします。そして秋の実りをめざして育てます。米づくりは体験したことがあるという方もいますが、苗づくりはしたことがあるかと尋ねますと、田植えからという人が多いように感じます。そこでホームステイと称して、種籾を家に持ち帰り育てることからはじめた年もありました。

図3—響のどんぐり畑

響のたんぼは神域にある神饌田でもありますので［図4］、大事なお田植えのときには御田植祭、それから稲刈りでは抜穂祭というお祭りを行います。地元の小学生に来てもらいまして、日本の伝統文化とともにある田植えや稲刈りを体験してもらっています［図5］。明治神宮の神職の方々に毎回ご協力いただき、こういったお祭りごとを行うことができています。

育てたお米は、十一月二三日の新嘗祭、今は勤労感謝の日と呼ばれますが、この日に明治神宮のご神前に神饌としてお供えいただきます。また、稲刈りが終わった後に出る稲藁は、歳神様を迎えるためのしめ縄にしています。響では、外部のイベントでもワークショップのかたちで出展し、しめ縄のない方をレクチャーすることもあります。

このように一年を通して、たんぼの活動から日本の稲作文化を学んでいます。

上：図4―森のなかにある「代々木の杜神饌田」
下：図5―子どもたちのお田植え体験

「いのちの森」で伝え、つながる

響では、ほかにも「アースデイいのちの森」というイベントを開催しています。今年はコロナ禍により開催できませんでしたが、例年は世界各地で四月に行われる「アースデイ」の催事に合わせ、カントウタンポポが咲く境内西芝地をメイン会場として実施しています。「いのちの森」は、響がコアになり、多くの市民の団体や個人とともに運営を行います。いわば有志による実行委員会形式のイベントです。普段から明治神宮で活動している響が主催することで、この森により多くの市民が集い、開かれた連携ができてきたと思います。会場では、「いのちの森」をテーマとしたトークショーのほかに、明治神宮の巫女さんに神楽舞を披露していただいたり、どんぐりの里親活動に親しみをもってもらえるよう、苗木をこけ玉にするワークショップを開催しています［図6］。あるいは自然に溶け込む文化が世界各地にありますので、ヨガやフラダンスのワークショップを行ったりと、さまざまなアクティビティを提供しています。

本物の自然を五感で感じて楽しみ、畏敬をもって感謝するという機会が、なかなか都会にいるともちにくくなります。けれども、それがこの明治神宮の森のなかで実現しています。

「中今」を生きる

本日のシンポジウムでは、これから私たちがともにできることは何かを考えていきたいと思います。明治神宮とご縁ができ、神職の方々には日本の神道文化について教えていただいています。特に印象に残っているのが、「中今」という言葉です。過去から未来につながる時間軸で、真ん中に位置する今をどう捉え、わたしたちは何をしていくか。何に向き合い、何を受け継ぎ、世界にどうやって響かせていくか。この明治神宮の森が好きだという皆様と、その気持ちをベースに、チャレンジ精神をもってぜひ一緒にいろいろなことを実現していきたいと思っております。

図6―「アースデイいのちの森」での屋外トーク

02

拡張生態系から見た明治神宮の森と協生農法

船橋真俊

私は学生時代に明治神宮にある武道場の至誠館に通っていました。合気道と鹿島神流という武術を習いながら、大学では生物学や数理科学の勉強をしていて、西洋科学と東洋の身体文化の両方を学ぶ機会に恵まれました。

至誠館では多くを学びましたが、なかでも印象に残っているのが入り口にある「神武」の衝立です。この言葉にはつづきがあって、神武不殺、神の領域に達した武というのは無益な殺生をすることなく、全体を活かす心が厳しい戦闘においてもあらわれたものであるということを学びました。現代社会においても、さまざまな敵対関係を社会全体の調和を考えた然るべき間合いにつくり直していく行為として、価値のある教えだと思います。

船橋真俊
Funabashi Masatoshi
ソニーコンピュータサイエンス研究所シニアリサーチャー
一般財団法人シネコカルチャー代表理事

明治神宮の森で感じた「生命の剣」

鹿島神流の稽古のなかで最も印象に残っているのが、三つの剣の教えです。一番下の庶民の剣は、一個人の生命を守り信念を貫いて戦うための剣です。二番目の諸侯の剣は、政治経済を動かすような社会の中核を担う人材が振るう剣です。そして三番目の王者の剣とは、社会の指導者として自然や社会の状況に鑑みて、最も重要な意思決定を執り行う剣です。

稽古が終わるともう境内は真っ暗で、一人で歩いていると、明治神宮の森の奥深くに潜むさまざまな気配が感じられます。木や草や小動物や、その他無数の命がこの森に生き生きと息づいているさまを、自分の呼吸や全身の細胞を通じて感じることができました。それは私にとって、「生命の剣」とでも呼べるものを感じた瞬間です。人間社会を動かす三つの剣よりさらに根本にある剣です。自分も他者も、生態系もそれぞれ命をもって生きている。そのすべての命が調和して、神武不殺の境地を達成するために必要な剣が、生命の剣です。

その後私はフランスの博士課程に留学し、西洋文化や本場の科学的なマインドに浸かり研究を進めました。そこでの生活は、われわれの文明を支える技術や経済の負の側面にも目を向ける機会となりました。フランスは農業国で有名ですが、国際的な競争力を上げるため農地を大規模化し輸出作物を大量に栽培した結果、環境が農薬や肥料で汚染され、作物価格が低迷して農民が困窮し、トラクターで道を占拠してデモをすることも日常的にありました。

細胞から社会に至るミクロからマクロまで、複雑系としての生命科学を追求していた私にとって現代社会の持続可能性は重要な問題で、そのためには食料・環境・健康を支える地球規模の生態系に取り組むことが必然に感じられました。全地球的な生態系の状態がどうなっているのか調べはじめると、農業の問題に突き当たります。現在、陸上の生物多様性や水・物質の循環を破壊している最大の要因は、農業による環境負荷だとわかっています。

このように、現代社会で最も多くの命の生殺与奪に関わっているのが、農業をはじめとする食料生産であり、そこから生じる環境問題や健康問題です。人間だけが、人知を尽くした文明の力によって他の命を取捨選択し、どれを生かし、殺し、与え、奪うかを決める権力を握っています。しかし、それは使い方を誤れば地球全体の生命圏を損ない、自分たちの首をも締める諸刃の剣となっています。

われわれが生きていくうえで、他の命を食料としていただくことは避けることができませんが、それは特定の富裕層や人類の繁栄だけを考えていては持続可能ではなく、然るべき生態系の秩序のなかで、すべての生命を活かす方向に向けられなければなりません。農業の発祥以来、人知が手にしてきた生殺与奪の権力を、神武不殺の領域にまで高めることが、文明にとって本質的な道であり、私がこの神宮の森のなかで志した生命の剣であると考えています。

協生農法――人と自然の適切な間合いを求めて

これを達成するには、私は洋の東西の力を結集する必要があると考えています。たとえば、図1の写真右側はパリにあるエッフェル塔前の庭園です。ご覧のように、すべての植栽が設計者の美的感覚に沿った幾何学模様に表現され、自然が人間の意思に従うように厳密に管理されています。一方で、左側にあるのは三重県伊勢市にある神宮です。ここでは境内の樹木はすべてご神木ですから、無闇に伐るわけにはいかず、道や建物がむしろ場所を譲っています。人間の

図1――パリにあるエッフェル塔前の広場（右）と伊勢神宮の森（左）

意思が、自然のあり方を尊重しているのです。私は、この二つの価値観は必ずしも対立するものではなく、科学技術とそれを用いる心の関係として、相互に高め合うことが可能だと考えています。自然のあり方を尊重し、理解しつつも、自然任せにするのではなく、人間による適切で賢い管理も同時に実現することで、破壊から再生に向かうための人と自然の適切な間合いをつくり直すことができると思うからです。

このような背景から生まれたのが、協生農法です。具体的に図2のように、一〇〇〇平米ぐらいの土地に二〇〇種類以上の野菜やハーブや果樹などの有用植物を混生密生させます。ここでは植物同士が助け合い、競争し、昆虫や小動物を呼び寄せて活動を豊かにすることで、植物が複雑な生態系で自発的に成長する仕組みを生かしています。慣行農業で環境負荷の要因となる、耕すこと・肥料をやること・農薬の使用をしません。複雑な植生を、それぞれの作物や草の特性に従って配置して、効率的に収穫管理できるようにします。普段流通しない山菜や木の実なども、協生農法では主力として活用し、生態系を豊かにしています。

協生農法がめざすのは、これまでの農業が生物多様性を破壊するトレードオフから抜け出して、生態系の多様性が増すほど農業の生産性も高まるという方向性です。さらに再生不可能な資源に極力依存せず、水や生物資源など再生可能な資源のかん養を目指しています。

これまで農業を支える資源は、物質資源と生物資源という言い方しかなかったのですが、協生農法では生態系に関する膨大な知識とそれを使い

図2——混生密生による生態系を構築する協生農法

こなす精神活動を高めることが必要です。人間が精神と物質という両面をもって活動している以上、今後増えつづける人口によって発展するのは、このような精神資源とでもいうべき、情報通信技術に支えられた膨大な知的活動の領域であると思っています。それには大規模集約化されたモノカルチャーではなく、小規模から生態系レベルで多様化を推進する食料生産が適しています。

社会と生態系の持続可能性を高める

明治神宮の森と協生農法は、人と自然が協力してより豊かな生態系をつくっていくという意味で、深い共通性があります。生態遷移のような自然プロセスを最大限活用しながら、初期条件や導入する種の選定、そしてより多様性を増すような関わり方によって、自然と人間が生かし合いながらつくられる生態系を、私は「拡張生態系」と呼んでおり、人が生きるために必要なさまざまな生態系サービスを積極的につくり出すことができます。これは今後の社会と生態系の持続可能性を考えるうえで、中心的な文明装置になると考えています。

生物多様性が桶だとすると、生態系サービスはそこに溜められている水のようなものです。生態系の拡張においては、さまざまな生態系サービスを目的に応じて高めるように人間が関わるわけですが、その実例を明治神宮の森と協生農法の例から見ていきたいと思います。

図3左下の写真は、伊勢の神宮の森です。日本各地にある神宮林は、このように針葉樹が主体に植えられ、管理されてきた歴史があります。針葉樹の天に向かってすっと伸びる神々しさと、地表面を風通し良く綺麗に保てることが、神域の景観としてふさわしいと考えられてき

図3—生態系の拡張

た伝統的な経緯があるようです。この森も、初期値として針葉樹の配置を人間が設計し、生態遷移を主体にかたちづくられた植生です。

一方で明治神宮の森は、もともとの地質や気候条件を考慮して、幅広い種類の広葉樹を主体に導入されています。図3左上の写真のように、境内を歩けば鬱蒼とした森に囲まれ、低い木から高い木までさまざまな高さで葉がひしめきあい、足元も藪のようになって多くの生きものたちの隠れ家となっています。

明治神宮の鎮座一〇〇年を記念して行われた毎木調査によると、現在の明治神宮には針葉樹のおよそ一〇倍の種類の広葉樹があり、針葉樹主体の伊勢などと比べても非常に生物多様性が高いことが推察されます。生物として関係し合うことが知られている動物・植物・微生物の数を解析すると、明治神宮では広葉樹と相互作用する生物種が、針葉樹のものより一〇倍から二〇倍多くあります。

協生農法の場合を見てみましょう。図3右下の写真は、空き地にライ麦というイネ科の作物だけを撒いた場合です。イネ科の真っ直ぐな草で占められ、他の草が生

えにくくなっていますが、よく見ると間はスカスカで、表土も露出しています。大雨が降れば土壌浸食は免れないでしょう。一方で図3の右上は典型的な協生農法の混生密生状態で、いろいろなかたちの葉をもつ野菜がさまざまな高さでひしめき、表土を覆い尽くしています。どちらも初期条件を人間が変えて生態遷移に任せただけで、これだけの違いが生じます。

実際に、農作物の生産性を支えるミツバチなどの送粉者との関係性を調べると、協生農法による多種の混生密生の方が、幅広い生物種を巻き込んで頑丈なネットワークを構成しています。単一種の畑では、種の関わりに偏りが生じていて、それが害虫となったり、農薬を使用することで全体のネットワークをさらに弱めてしまう悪循環が生じます。このように、人間が初期値を設定して生態遷移に任せるだけでも、いろいろなレベルの機能を発揮する生態系を構築することができ、それぞれに目的に応じた長所と短所があります。

しかし全体として、より生物多様性が高く共存している方が、生態系として安定し、機能性が高く、目的に応じてさまざまな有用性を取り出す余地が生まれます。これが、生態遷移を尊重しつつも人間による設計や管理によって、生態系が拡張できる根拠になっています。

ブルキナファソにおける森の蘇生

拡張生態系は、荒地や原野から、豊かな森や食料生産を加速して生み出すことができますが、気候変動や砂漠化に直面する地域でこそ、その真価を発揮します。平成二七（二〇一五）年から、私はサハラ砂漠南側のサヘル地域にあるブルキナファソという国で、半乾燥地における協生農法の実証実験をはじめました。現地のNGOと協力して、一五〇種ほどの有用植物を集めて植え合わせ、伝統的な農業で破壊され砂漠化した土地に豊かな森を蘇らせる実験をはじめたのです。

図4の上図が砂漠化して硬くなり草一本生えなくなった地面ですが、一年間の協生農法の実践によって、下図のように短期間で豊かな生態系を構築することに成功しました。この森には、生態遷移のすべての段階を代表する植物が作物として共存していて、気温が高いこの地域では一年中収穫することが可能です。

五〇〇平方メートルの小さな農園ですが、現地の市場で販売された作物は、農家に大きな収入をもたらしました。ブルキナファソでの慣行農法の基準データと比較しても、桁違いの生産性を示していて、適切な普及と市場形成に成功すれば、砂漠緑化を飛躍的に進めうると同時に、国全体が貧困から脱却できる可能性さえ秘めています。豊かな生態系から得られた産

図4——ブルキナファソでは一年間の協生農法により、砂漠化した土地（上）が有用植物の森になった

物は品質が高いため、現地に蔓延する栄養不足の改善にも貢献できます。砂漠化と貧困は、残された生活資源を奪い合う暴力やテロの温床となっているため、サヘル地域の治安改善にも草の根から根本的な役割を果たすことが期待されます。

貧困と暴力の起源にさかのぼる

サヘルでの活動は、生態系だけでなく社会的にもリスクと隣り合わせで、武道的な発想を総動員することにもなりました。そこら中に盗賊やテロリストが潜んでいて、クーデターも頻繁に起こるので、治安レベルとしてはまさに日本の戦国時代の状況です。図5は危険度レベルの高い地域の農園に行くため現地で兵隊を雇った様子です。三本の剣の教えでいえば、個人の生命やプロジェクトの推進を守るための「庶民の剣」に相当します。

個人レベルで戦いつづけた結果、プロジェクトが進み、さまざまな政府機関や国際機関の支援を受けて、これまで五回の国際シンポジウムを現地で開催することができました。これは、社会組織の中核を担う人々を動かしていく「諸侯の剣」に相当します。では、この地域の問題に取り組む為政者は、どんな「王者の剣」を揮《ふる》っているのでしょうか。

西アフリカ諸国の平和維持に大きな軍事力を発揮しているのが、旧植民地宗主国のフランス政府です。これまでサヘル地域の安定化のために、五〇〇〇人以上のフランス軍の兵士が送り込まれ、その一パーセントが殺されています。しかも、テロリストになるのは砂漠化や貧困で自力で生きられない若者たちですから、本来戦うべきでない人々が争っているわけです。度重なる

図5——ブルキナファソ現地の農園に向かうときの様子

フランス軍の介入と増員にもかかわらず状況は悪化しており、令和三（二〇二一）年現在、多くの外国人にとってサヘル地域はアクセスが難しい状態になっています。

そのようななかでも、ブルキナファソに撒かれた協生農法の種は、現地のアフリカ人たちから近隣諸国に広まっています。西隣のマリ共和国では、国際プロジェクトとして二年間の普及活動を行い、危険度レベルが最も高いレッドゾーンであるにもかかわらず現地の人々によって受け入れられ、生きていく糧となっています。

現在サヘル地域でフランス政府が行っているのは、末端の症状を抑え込む対症療法であって、軍事力の行使としてしか機能していません。社会や生態系の根本的な部分にアプローチできていないので、暴力に暴力で対抗する状態にとどまってしまっています。それに対して、協生農法が取り組む生態系の拡張というアプローチは、暴力の発生の起源までさかのぼり、貧困や貧栄養を改善するために土地利用のあり方から発想を変え、表土を回復し、生態系を構築し、同じ環境をすべての人々やそこにいる動植物・微生物などの生命と協力してつくり上げ、分かち合うことをめざしています［図6］。これが、拡張生態系を通じて導き出した「生命の剣」のあり方です。

すべての命と生きる社会へ

近年では、都市部における自然環境の重要性も認識されつつあります。

図6——拡張生態系がもたらす、根本要因からの問題解決

平成三一年より六本木ヒルズでは、都市空間において拡張生態系の価値化をする実証実験を行っています。拡張生態系を自分たちの手でつくることで、この地球で生命が海から陸に上陸して進化し、岩と砂だけの土地に豊かな森のような生態系をいかに築くに至ったかという壮大な仕組みを、丸ごと加速して学ぶことができます。未来世代に託す教育活動として、「拡張生態系入門キット（https://www.sonycsl.co.jp/news/11433/）」の普及を各地で展開しています。また世界経済フォーラムは令和一二年までに都市計画が積極的に生態系の構築に参与するように、BiodiverCities と呼ばれる取り組みをはじめています。私自身もこの委員会の一人として、拡張生態系の可能性を具現化するために、明治神宮の森や協生農法の例をインプットしています。

このように拡張生態系が人間社会で果たす役割は、生態系の回復や持続可能な食料生産にとどまらず、次世代の生態系リテラシーを向上させる教育やエンタメ、都市空間のグリーンインフラ、そして高齢化社会における健康・福祉サービスなど多様な産業領域に密接な関係があり、さまざまな企業や自治体と連携して活動を展開していく必要があります。

一連の活動を加速するために、令和三年ソニー初の環境ファンドの支援を受けて、拡張生態系の社会実装を進める株式会社SynecO（シネコ）を設立しました。自然と社会がともに存続していける経済活動への転換をめざして、われわれは「すべての命と生きる社会へ」をビジョンとして掲げ、活動してまいります。

03

森を世界に

デジタルで心をつなぐ

合田 真

皆様こんにちは。合田真と申します。先ほどの舩橋さんの話が面白すぎて、聞きながらあちこち思考が飛びまして、自分はどうまとめていこうかと大分散らかっていますが、弊社の名前は日本植物燃料と申します。植物を植えて燃料をつくっており、平成一二（二〇〇〇）年に設立しました。

舩橋さんは自然生態系の方面から、森づくりについてお話しなさいました。私の役割は、新しく生まれてくる森に対して、たとえば市場や、お金などを通じて、人間社会はどう関わりをつくっていけばよいのかをテーマとしてお話しいたします。その前に、私が何者でどういうことをしているのかを少し紹介させてください。

合田 真
Goda Makoto
日本植物燃料株式会社
代表取締役社長

植物を植えて燃料をつくる

私の原点は、長崎出身ということにあります。小学生の頃から原爆資料館で被爆した方々のお話を聞いてきたことで、戦争は非常に恐ろしいという思いが根底にあります。戦争に至る理由はさまざまですが、そのひとつとしてエネルギーをめぐる争いがあったと思います。現在では採掘技術も進んで、人類全体が使用するエネルギー総量はものすごく増えていますが、有限であることは間違いありません。その限られたパイをどう使うかといったときに、戦争してでも奪い合うということが過去の歴史にありました。

先ほど舩橋さんから、人間社会は指数関数的に成長しているとお話がありましたが、その成長の原動力のひとつとして、お金の仕組みがあります。たとえば、農作物というのは、当然時間が経てば傷んでいく。実体があるものは傷んでいきます。しかし、お金は傷まずに保存される。複利で金利がどんどん増えていくことが前提で社会が設計されています。そこに矛盾があるのではないかと思っています。

昔からそうだったのかというと、決してそうではありません。お金というのは、人間集団が生きていくための交換・分配のツールとして、エジプトがピラミッドをつくった少し後の時代からありました。そのエジプトもそうですが、ユダヤ教、キリスト教の世界においても、お金の仕組みで複利は禁じられていました。奈良時代の日本でも、稲や財物を利子付きで貸与する出《すい》挙《こ》という制度がありましたが、ここでも複利は禁止でした。要は複利とは、もともとお金をもっている人はより豊かになりますが、そうでない人たちとの格差を拡大させ、最終的に社会の絆を壊してしまう。そこに仕組み上の問題があるということを見抜いていた人たちが多かったの

図1―モザンビークにおける日本植物燃料の活動

だと思います。

それが大航海時代あたりから大きく変化しました。お金が増えるのに合わせて、戦争で植民地を獲得し、外側から収奪するというのが、今に至るやり方です。そのお金の膨張が国を超えて広がりつづけてきましたが、もう国を超えても地球の自然アセット自体に限界があるというのが、われわれが直面している課題だと思っています。社会設計、あるいはお金という仕組み自体も考え直す必要があるのではないか。

他方、化石燃料と異なり植物燃料というのは、少なくとも一本の木を植えたら、その一本分のエネルギーはすでにあったものではなく、新しく人間社会に供給することができます。奪い合うのではなく、一緒に協力して多くの木を植えようという発想が社会に生まれ得るのではなかろうかという気持ちで、日本植物燃料という会社をはじめました。当時の私は、明治神宮の森や舩橋さんがおっしゃっていた、多様性に富んだ森というところまで発想がまだ持てなかったのですが、少なくともエネルギーにしろ食べものにしろ、人が生きていくうえでともにある自然のアセットを育てるからこそ、われわれもまた恩恵を享受できるのだということが原点だと思ってやっております。

人間社会では水や食べ物があり、それをお金という道具を使って交換して、自分に必要なものを手に入れて日々生きているわけですけれども、その交換の仕組みがアンフェアであれば、長期的には社会は成り立ちません。そこで、私たちの会社名は植物燃料ですが、再生可能エネルギー以外にも農業や金融といった分野に関わる仕事もしています。多様な分野に関わりながら、ピース・エンジニアリング、平和を構築していくことをテーマとしています。

モザンビークで電子マネー経済圏をつくる

私たちは設立当初から、植物燃料用の育種で生産性が高い植物の品種をつくることに取り組んできました。その苗木をアフリカのモザンビークにもっていき、現地の皆さんに植えていただき、その収穫物をわれわれが買い取って搾油します［図1］。それを精製して燃料にし、お客さまに宅配するのです。日本でも地方ですと、冬場に灯油の宅配がありますが、同じように小さい車に積んで各家を回ります［図2］。

モザンビークで、実際に一番植物燃料を使ってくれているのは、トウモロコシの製粉所です。そのほかには携帯電話会社の電波塔用の発電機の燃料があります。日本のようにどこにでも電線が来ていないので、電線が届かないところは発電機を使って携帯電話に電波を飛ばしているからです。

図2―育てた植物から燃料を精製し宅配する

活動していたのはそれまで電気がなかった村なので、冷蔵庫をもっている人も基本的にはいないわけです。ですから、われわれはキオスクのような店をつくりまして、たとえばランタンを一晩単位でお貸しするとか、冷えていないビールは一〇〇円ですが、冷蔵庫で冷やしたビールは一二〇円で売るというように、燃料を直接売るのではなく、サービスのかたちで提供することもはじめました。

しかし、このようなお店を展開するうちに課題が出てきました。棚卸で売上げが一〇〇あるといわれても、現金を数えたら七〇しかない。どこの店で確認しても、だいたい三〇パーセントが消えていました。それで店員さんたちにどういうことかと聞くと、うちの店しか電気を使ったサービスをしていないので、ほかの店が妬んで黒魔術師に頼んで呪いをかけた。それで、夜中に小人や妖精が現金をもっていってしまうので、こちらは白魔術師に相談してみたらいい、というのが彼らのアドバイスでした。

白魔術師に相談するという方法もあったのですが、われわれはそれ以外のソリューションを考えました。それが電子マネーの導入です。紙のお金というのは、ポケットから簡単に盗まれますし、名前が書いてあるわけでもないので戻ってもきません。そもそもそんなことができない仕組みにしようと電子マネーを導入しました。電子マネーはものを販売するときだけでなく、農作物を買い取るときにも使っています。農家の方がトウモロコシを売りにきたら、一〇キロなら一〇キロ分を電子マネーで支払います［図3］。すると、一方では各農家さんの収入の記録、他方ではわれわれのキオスクで買い物をするときの支出の記録の両方のデータが揃います。ですから、農家の方がちょっと畑を

図3―モザンビークのキオスクに電子マネーを導入

広げたいのでお金を貸してほしいといってきたら、いくらならお貸ししましょうというやりとりが可能になってきています。

デジタルによる信頼の見える化

本日は「デジタルで心をつなぐ」がサブタイトルですが、デジタルというと無機質で、むしろ心が通じないのではないかという印象が強いかもしれません。しかし、その人が信用できるか、できないかがわからない状況では、デジタルによる日常の記録があるからこそ、信用を生むことがあります。

モザンビークは内戦が長くつづいたこともあり、村々の共同体の結びつきがそんなに強くないのです。一緒に何かをすることも少ないため、たとえばグループをつくろうとしても、リーダーがお金をごまかすから絶対嫌だという人たちが結構います。そんなところに、この電子マネーを使うことで会計がみんなに見えるようになりました。あの人は本当に約束を実行して支払いをしてくれたとか、逆に仲買人の立場からすると、あの農家さんは約束したトマトをよそに売らずに用意してくれていたとか。デジタルの助けがないときは、そういう一つひとつの積み重ねは、その瞬間に消えてしまっていました。それがレコードされることは、信頼の場をつないでいくうえで、非常に重要な要素なのではないかと実感しています。

デジタルの活用には、国連も積極的に取り組んでいます。たとえば、国連食糧農業機関（FAO）では、これまで農業資材の引換券に紙を使っていたのですが、われわれが導入したデジタルの仕組みを使いたいということで、システムや現場の運営のノウハウを提供しています。

これからの展望についてもお話しします。日本が中心になって、アフリカ開発会議（ＴＩＣＡＤ）が、三年に一度開催されています。平成三〇年の第七回からは、民間企業もその正式な参会者となり、アフリカビジネス協議会が立ち上がりました。われわれはその協議会で農業に関するワーキンググループに参加し、アフリカに対して日本企業としてどういうことができるのか提案を取りまとめ、「横浜行動計画」の一環として採択していただいた経緯があります。ここでも、デジタルを活用した努力の見える化、一人ひとりの信用の見える化を実現し、信頼できる農家グループ、仲買人グループをつくっていこうと提言しています。具体的には「E-アグリカルチャープラットフォーム」というもので、単純にマッチングプラットフォームと思っていただければと思います。農作物を売りたいグループ、それを買いたい人、あるいは仲買人さんと店舗さん、店舗さんと消費者をつなぎます。農業分野の日本企業は中小企業が多いです。その方々がアフリカでビジネスといっても、どこから手をつけたらいいかわからないというのが正直なところです。そんなときにデジタルによる橋渡しが大きな役割を果たせると思っています。

共同体は何をめざすか――馬耕への期待

今は、アフリカだけでなく国内でも活動しています。新潟でたんぼを耕しています。アフリカには、日本の進んだ技術や経験をもっていく立場ですが、一方でたんぼがある新潟の集落は、少し前まで六〇軒あった戸数が今は二〇軒で、平均年齢が七〇歳を超えていることも事実です。

日本の農村に何が欠けていたのか。その答えはないのですが、一生懸命考えたいと思っています。

生産性を上げる。それからバリューチェーンがつながって、ものが売れお金が入る。でも、その村に病院も学校もないし、楽しみもなければ、お金をもった人は都市部に出ていくわけです。私たちはこのような未来を求めて、アフリカと関わっているわけではないので、一緒に考えたいのです。そのためには舩橋さんたちの森も必要ですし、農業分野だけでなく、お金の仕組み、教育の仕組み、あるいはエンタメも結構重要で、村の暮らし全体を見ていく必要があるのではないかと思っています。

新潟のたんぼでは、馬で耕して酒米を育て、「田人馬」という日本酒をつくっています。日本植物燃料は、植物を育て燃料をつくるというところからスタートしたのですが、最近見直しているのは馬です。バイオ燃料だと収穫して、搾油して、精製して、エンジンを入れなければいけないのですが、馬は、畑の周りの雑草を食べて、そのまま動力として出力してくれる。しかも、馬糞の糞という字は、米と田と共にという字で成り立っています。土地も肥やしてくれる。バイオ燃料より馬のほうがよいのではと考え、アフリカでも機械に限らず、手の農業から畜力利用の促進に取り組もうと思っているところです［図4］。

図4——新潟での馬耕（上）とモザンビークに導入した馬耕の様子（下）

04

トーク

「永遠の杜」から響とともにつくる未来

佐藤 峻×船橋真俊×合田 真×尾立愛子

尾立愛子
Odachi Aiko
一般財団法人環境・文化創造機構代表理事

尾立　皆さんとお話を進める前に、少し自己紹介をさせていただきます。

私はこれまで、ＩＰＣＣ、砂漠化対処条約など気候変動に関わる仕事を経て、途上国の農村開発の事業に従事してまいりました。そもそも私が若い頃は、環境という言葉は学問の主流ではありませんでした。長く公害問題が主流でしたが、広く地球環境そのものが取りあげられるようになり、今ではいろいろな分野で議論されるようになりました。

神々と森と人のいとなみを考える

環境とは、土地それぞれに織りなす固有の文化を考慮したうえで、はじめて議論されるべきものです。環境を考えるうえでは、人のいとなみが重要です。今日、なぜ私がワクワクするのかといいますと、環境に関わる集まりでは、プラスチックの話、エネルギー、廃棄物の話題などテーマが限られていることが多いのですが、第一部で「先人からのバトン」というお話もあったように、このシンポジウムでは人のいとなみをもテーマとすることができるからです。人のいとなみがあって、森があって文化がある。このすべてがないと、環境とは何かということは、実は誰も実感できないのです。

　私は響のメンバーとして一〇年ほど関わっています。自分がなぜ響の活動をずっとつづけているのかと考えたことがあります。普段いろいろなことを頭で考えなければならない仕事をしていて、ここに来ると、ああ、あれはこういうことだったのかという気づきがある。それは、この森の時間と空間のなかではじめて、自分も生態系の一部であることを体感・実感し、安心を覚えるからです。

　本日は、まず佐藤さんから、この森のダイナミックな歴史と伝統についてうかがいました。一〇〇年前の出発点から、この森はとてもチャレンジに満ちていたと。そして、舩橋さんからは、その伝統を、拡張生態系を通し世界へ広げていく、未来の設計図を見せていただきました。合田さんには、その世界で奪い合うのではなく、分かち合うことについてお話をいただきました。

　佐藤さん、響の活動も、どんぐりを分かち合い、森を広げる。この場所から未来へ向かおうとするいとなみではないかと思いますが、いかがですか。

佐藤　先ほど「中今」という言葉を紹介しましたが、未来を考えていくためにも、過去からのつながりが非常に大事だと思います。そのうえで今に集中する。これは神道だけでなく、一般にも通ずる話です。そのことが、抽象的ではなく目に見えるものとして存在するのが明治神宮の森だと思います。
　本日、私は「どんぐり・たんぼ・人のまごころ」と題してお話をしました。そこで、舩橋さんに教えてほしいのですが、どんぐりやたんぼにもまごころはあるんでしょうか。というのは、過去を考えるのは人間だけなのかどうか。心があるから、過去に思いを馳せたり、未来を考えたりするわけですが、植物も何か記憶しているんでしょうか。明治神宮のどんぐりたちも、もとは日本全国から寄せられた樹木に由来するわけで、彼らはそのときのことを記憶しているのかなと考えると面白くもあるのですが［図1］。

どんぐりに心はあるか

舩橋　科学者にどんぐりに心はあるのか聞くというのは、なかなか面白いフォーラムだと思いました。
　心には、いろいろな定義があると思います。私は自分のことを、良い心か悪い心か知りませんが、心のある人間だと思っていますけれども、その科学的基盤は完全にはわかっていません。今、

図1—響が育てるどんぐりの苗木

科学の世界では、脳の活動や体内の反応を、化学物質が代謝されていく一連の反応として分子生物学的に表現します。ウイルスの感染もそうですし、両親から受け継いだ遺伝子によって自分の性質が決まるという、遺伝学的な分野も含めます。

そんななかで、遺伝子だけで決まらないような過去の記憶を継承する領域というのが、実はあります。いわゆる生活習慣、遺伝子は変わらないけど遺伝子の修飾構造が変わって遺伝するということがありまして、それが植物にもあります。ですから、科学的にいえることだけでも、どんぐりは過去の環境を記憶しています。それをどんぐりが意識しているかどうかは科学的にはわかりませんが、そのような記憶構造がきちんと物質レベルであります。

未来予測についても同じことがいえます。英語でプランツとは、動けないという意味ももつ単語ですが、動けない生物である植物にとって、未来予測はものすごく意味があります。たとえば、今年の冬は寒くなるか、雪は降るかとか、劇的なところで山火事は起こるかということを予測するプログラムを、植物はもっているという学説がちゃんとあり、ある程度実証もできます。ただ、今の科学ではそれを、過去の経験からＡＩのように学習したという論理で説明しようとしています。

科学にはそういう作法がありますが、私は科学者である以前に人間でもありますので、このように先ほどからこの子と触れ合ったりして（編者注・机に置かれたどんぐりの苗木に触れながら）、「どうしたの？」と話しかけますと、「寒い」という声が聞こえてきます。植物の一個体だけをポットにいれて栽培する。これをモノカルチャーといいます。人間同士が個人を尊重するように、植物も個体を単位として尊重するということは、生態系から見ますと本当でしょうかという問いを、科学的に発することができます。

もともと生物は単細胞から発生しています。海のなかにあったアミノ酸という分子の集合体が細胞膜に閉じ込められて、膜を介した外の世界との相互作用で細胞としての代謝活動がはじまったのです。そして、多細胞へと進化した。つまり全体がなければ個体も発生し得なかったのです。

これを話しはじめると二時間ぐらいかかるので、ここで止めますが、私がよく説明するのは、皆さんが植物の一個体を見て自然だと思うのは、生態系から見たらとても不自然だということです。たとえば、私の皮膚細胞を一個取り出して、そこらに置いておくとすぐに死んでしまいます。生態系から植物を一個取り出すということは、そういうことに近い。植物が健全に育つということは、ほかの種類の植物や動物、微生物がひとつの個体のように、あたかも臓器同士のように、密接に関わり合って成り立っているわけです。ですから、そういう生態系としてのまとまりのなかで、過去や未来に反応する機能性を心というのであれば、どんぐりやたんぽぽにも心があるとお答えしておきます。

個人と社会の健全な関係とは

船橋　こういう蘊蓄は話しても、なかなか社会実装に進めないのが科学者の悪いところです。実際に社会の組織をつくっていくのは難しいことですが、そこに取り組んでいるのが合田さんですので、私からボールを渡してもいいですか。

合田　どういうふうにまとめればよいかよくわかりませんが、舩橋さんのお話をうかがっていて、個人の権利とか人権とか、私たちは憲法上の当然の権利として認識していますが、それが健全なのかどうかと考えてしまいました。

一本一本の木がないと森が成り立たないように、個人がいないと社会は成り立たないわけですが、社会から一人の人間だけを取り出して権利を認めて、それでよしとする社会設計というのは、案外退化した結果なのかもしれないと今、感じました。

もちろん、歴史のなかで権利というものがつくられてきたわけですから、必然性は当然あるのですが、それがすべてではないという問い直しは非常に必要だと思います。先ほど新潟の集落の話をしましたが、ここは若い人がいなくなって平均年齢が七〇歳以上です。これが私たちがつくりたかった未来なのかと。確かに子ども一人ひとりに教育を与え、生きたいように自由に生きさせることは、私もその恩恵を受けた一人としてありがたいのだけれども、その結果、自分たちが根差してきたはずの社会が、今消えそうなちょっと手前というところまできてしまいました。

アフリカでも、モザンビークの村では個人の信頼関係が弱いという話をしました。社会主義国として独立した当時、機械的に村をつくったので、ひとつの村社会にいろいろな部族が割り振られた。その混ざった状態で内戦が起きたため、村民の誰が政府側で誰が反政府側なのかわからない。朝起きたら、隣の家の人が木につるされていたというような時代が長く続きました。だから社会のなかで本音で話すということがなくなりました。

それと、共産主義的な価値観から、理性だけで社会構造を設計できると考えてきたことで、伝統的に村の長老が伝えてきたような物語や社会観が断ち切られてしまった。それをどうやって再構築できるかというのが現状です。

私たちが目標はここですよと示すことはできませんが、私たちの経験を伝えることはできると思っています。日本はほかの国との比較でいうと、社会全体としてはかなり地域を大事にしてきたところがあります。たとえば、われわれが今コンセプトとして掲げているのが、アフリカに「農協」をつくるということです。日本の農協はとてもユニークな組織で、他国にある農協組織に対して、総合型農協と呼ばれています。この総合には二つの意味があります。まず、海外ではコーヒー組合やお茶組合など、作物ごとの農協が多いのですが、日本では作物単位ではありません。また、農協の事業は農業だけではないこと。共済や銀行、病院など、幅広く展開していることは、皆さんもご存じだと思います。

村の暮らしでお金だけ儲かっても、病院も学校も銀行もなければ、人は離れていってしまいます。そこを金融からヘルスケアまで含めて、村づくりの視点をもっていたのが、日本の農協の姿だったと思います。アフリカでどのような農協ができるかわかりませんが、少なくとも農作物が売れてお金が入ればそれでよいということではないので、教育やヘルスケアといった村全体のかたちづくりに、日本型農協の先例は重要であると思って、精一杯取り組んでいます。

尾立　ありがとうございます。話題が広がって興味深いところですが、今日の課題に戻りたいと思います。

皆さんのお話から、それぞれの物事は一つひとつでは力を発揮できなくとも、この森のように多様な生態系をつくることで、新しいものづくりにつながる。また、それが日本の得意な分野でもあるということを考えることができました。ここから議論を広げるとまた大変なことになるので、今日、この森に集うそれぞれの立場から、「響とともにつくる未来」についてご提言をお願いします。

では、先ほど佐藤さんの質問からはじまったので、また佐藤さんにボールを投げます。

明治神宮を物心両面から体験する

佐藤　響は、明治神宮で活動させていただいているＮＰＯ法人です。独立した法人格で、基本的には誰でも会員になれます。響の事業の広がりは、どんぐりとたんぼに留まるものではありません。そこに個別性ではなく、総合性が生まれてくるはずです。

このことを考えたとき、今後大切になるキーワードのひとつは、外苑です。明治神宮は内苑と外苑が一体となるかたちでつくられました。かつ、そこには表参道と裏参道の連絡道路があり、だからこそ今まで存在してきたところもある気がします。どんぐりとたんぼの事業は内苑で行っていますが、響が明治神宮とともに活動できる場は、内苑だけでなく外苑もあるわけです。そんな視点から今後の響の可能性について、アイデアがあればうかがいたいです。

図2―苗木の里親を募る響のメンバー

もうひとつのキーワードは、世界です。響イコール明治神宮ではありません。ここで学んだこと、得られたことを、明治神宮の枠を超えて世界に発信し、果てはアフリカまで進出していくような積極的な活動もできるのではないか。この点からもお二人のアイデアをぜひ聞かせてください。

船橋　今回、明治神宮が鎮座一〇〇年を記念して実施した、分厚い境内総合調査報告書を拝見しました。生態学や生物学的な「物」の側面から見て、すごくおいしい知見があり、森づくりとして非常に面白い。もともと荒れ地であったところに、人々の志が集まって、明治神宮ができた。神道では神籬《ひもろぎ》といいますが、そういう心の側面と、生態学的なプロセスをきちんと管理して森をつくったという物的な側面、その物心両面を含めて、参拝に来た方に体験してもらえたらとても充実するのではないかと思いました。

具体的に、たとえば響さんはどんぐりを苗木にして里親制度をされてますけれど、これ自体はある意味でモノカルチャーです。そこで、このステージにあるテーブルぐらいの大きさのプランターの真ん中に苗木を植えて、その周りに野菜も含めた植物を五〇種類ぐらい植える。小さな拡張生態系をつくる体験です。多少管理は必要ですが肥料もやることなく、明治神宮の森ができたのと同じ原理で遷移し、しかも収穫も得られるという。そういう原理を学びながら、森に思いを馳せる心を育てられたら素晴らしいと思います。拡張生態系は、プランターでなく地べたでもできますので、響さんのどんぐり畑で小さいのをつくって、明治神宮の森との相互作用を観察することもできるかもしれません。

再開発に伴う緑地のガイドラインというと、最近はすべて保守的で、木を一本伐るとしたら、まったく同じ木をどこか別のところに一本植えるという発想です。それが、明治神宮の内苑をつくったときのように、むしろ生態系を拡張するようなガイドラインができたら、これは響の範疇を超えた都市計画の話になりますが、面白いだろうなと思います。そうやってできる生態系が、明治神宮とどう響き合うのか。

明治神宮の森づくりは、人類史上今までなかった生態系の拡張プロジェクトでした。今は保全の色合いが濃くなっていますが、ここで一〇〇年後を見すえるのであれば、これからの拡張とは何かということを真剣に議論してみるのも面白いと思います。これも響の範疇ではないかもしれませんが、そういう議論の場に、響や明治神宮の方々とともにわれわれがいたり、近隣の人がいたり、外国人がいたりする。科学者だけでなく、教育やエンタメなどそれぞれの役割をもった人たちがさまざまな文化圏から集まってくると、先ほどの合田さんのお話のように、共産主義的な強圧的なところにも向かわずに済むのではないでしょうか。

佐藤　響の範疇を超えた話がどんどんできたらいいなと思っていましたので、うれしいです。響の役割はそういうところにあるとも思いますし。

尾立　ありがとうございます。今まで響は苗木一本で皆さんとつながってきましたが、舩橋さんからは、もっと大きな拡張生態系として、森そのものでつながっていくイメージをいただきました。

　合田さんにもおうかがいします。アフリカでは分かち合う、信頼し合うというつながりをテクノロジーの力で回復しようと取り組んでいらっしゃいます。未来の響にとっても、デジタルなどネットワークを通じた新たなつながり方もあるのではないかと思いますが、何かヒントをいただけるでしょうか。

響は世界への架け橋として

合田　森をつくる仕事で私が知っている方で、杉山龍丸さんがいます。ご存じの方はいらっしゃいますか。杉山さんは、インドの砂漠地帯で長年緑化に携わりました。この地域では、木が根づくことで水が滞留し、植生も回復して作物がつくれるようになっています。龍丸さんのお祖父さんが明治のアジア主義者の杉山茂丸で、父親が小説家の夢野久作です。平成三一（二〇一九）年にアフガンで亡くなった中村哲さんも、やはり争いをなくすために荒れた土地に緑を取り戻し、農業を興しました。森をつくりだすことが、その周辺で暮らしをはじめるための原点だという価値観をもっているのは、われわれ日本人の特性ではないでしょうか。舩橋さんがブルキナファソでなさっていることも同じだと思います。舩橋さんのつくる森は神宮の森と違って、食べられる森だというのがいいところですね。

　響と世界ということですが、海外から日本に来た人たちが実際に明治神宮を訪れて、一〇〇年前に原野だったところがこれだけの森になっているというのを見ていただくことは、とても大事だと思います。それから、たとえばですが、ブルキナファソやモザンビークに響の苗木を数本でもいただければ、それをはじまりの象徴として向こうで苗木を増やしていくことができる。これが植物のいいところだと思いますが、さらに増やして苗木の周りに食べられる森をつくって、生態系を拡張していく。これはハードルが高いことなのか低いのか、私個人的にはそんなに高くない気がするのですが、そんなことができればと思います。

　そのとき伝えなければならないことは、せっかくつくっても奪い合って森を殺すことは、実は難しいことではないのです。全部収奪してしまえば、その森は死んでしまうわけですから、そうではない森のつくり方、守り維持することがなぜ大事なのかということを伝えることも、響の大事な役割になるかと思いますが、いかがでしょうか。

尾立　今から佐藤さんにお尋ねしようと思っていますが、響は苗木を通していろいろなところにつながっています。コミットメントの力であり、これをどのような言葉にしたらいいのか迷うのですが、響というのは橋渡しであると思います。

明治神宮のご神域と外との橋渡し、一〇〇年前と現在から未来への橋渡し。舩橋さんと合田さんから、これからの響の役割についてご提案をうかがいました。佐藤さん、今後の展望や可能性について聞かせてください。

佐藤　明治神宮のなかでこのような話ができて、私にとってとても貴重な機会になっています。合田さんのご提案のように、海外まで苗木をもっていって増やしてもらうのもとても面白いと思います。結局のところ物も伝えたいのですが、あわせて心も伝えたい。両方伝えたい。

少し散らかりながら話しますと、先ほど舩橋さんから紹介があった境内総合調査の報告書には、文化的な調査が最低限しかないと思います。総合調査というからには、もっと文系的な側面も入るべきだと思います。逆に新しくできた明治神宮ミュージアムでは、自然科学的な側面があまりないように私には見えました。そこは両方が必要な時代になっていることを、強く意識する必要があると思います。

それはもちろん、内苑でなくて外苑でやるという方法もあります。そもそも明治神宮は複合的な空間なわけですし、そういうビジョンをもってつくられたことを、あらためて評価しながら進めていきたい。一〇〇年前にはネットはありませんでしたが、今ならすぐできることもたくさんあります。

合田さんの話で、舩橋さんの森は食べられるからよくて、響の森は食べられないからよくないと聞こえましたが、どんぐりも食べられます（笑）。スダジイなどは、あくを抜かなくても食べられるどんぐりです。結局、どんぐりもたんぼも、種を次の世代につなぐ活動なのだと思います。

今日、会場の後ろには赤十字「昭憲皇太后基金」の募金箱が置かれています。昭憲皇太后基金は、世界の赤十字の平時活動を支援するため、皇后の寄付金を元に明治四五（一九一二）年に創設されました。運営は国際赤十字に設けられた合同管理委員会が行い、原資を切り崩すことなく、そこから得られる利子が毎年、世界の赤十字社に配分されます。昨年は、一六の国と地域が支援先に決まりましたが、そのひとつが南スーダン赤十字社の「植林による環境保護活動」だったと知り驚きました。私はモザンビークに駐在している関係で、現地の赤十字社にインタビューする機会があったのですが、ボランティアの青年たちは次にやりたいこととして、マングローブの植林をあげました。木を植えることが赤十字の活動と聞くと不思議な感じがします。でも彼らによると、人を救うことの根本を突き詰めたら植林にたどり着いたという話が印象的でした。

多様性と総合性を求めて

尾立　一〇〇年以上前に誕生した基金が、今もこの森で引き継がれ、世界の森づくりにつながっているとは、時を超えた壮大な力を感じます。

さて、今日、この森に集った私たちは響とどのようにつながり、未来とつながっていくことができるか。最後にお話をうかがえればと思います。

合田　一〇〇年前、明治神宮の森をつくろうと、全国から樹木が集まり、そして青年団が集まった。果たして今の私たちは、そのようなことができるだろうかということを自分自身への問いとして感じました。今日、集まってくださった皆さんにとっても、一〇〇年後に何かを残すなら、今実行するしかないわけです。そのなかで自分が果たすべき使命なり、役割なりは何であるのか。一人ひとりの心の持ちようからすべてがはじまると思いますので、一緒に考えていければと思います。

舩橋　先ほどの佐藤さんの話のつづきからはじめますが、確かに境内の総合調査で、生態学的な調査はされているのに人文科学的な調査はされていないというのは鋭い指摘だと思います。逆にいうと、これだけ豊かな拡張された生態系があるのに、自然博物館的なものがない方が驚きで、これがヨーロッパなら拡張生態系ジオパークといったものを、神宮の森にポーンとつくることもやりかねないです。もちろん、ここは神域なので見世物にするべきでないという意見もあるかもしれませんが、それぐらい豊かな知見が眠っています。外苑でもいいのでそんな展示ができたら、人々はますます関心を寄せるだろうと思っています。

私自身、合気道部の門人時代は明治神宮のことは何も知らず、ここは武道場に人を投げ飛ばしにいくところだと思っていました。獣医学部の実習が終わると五時で、六時までに道場で稽古着に着替えていないと刀で切られるという噂があった（笑）。それで至誠館まで全力でダッシュして、神域の雰囲気はあまり感じていなかったはずですが、今、サブサハラで砂漠緑化をしていることを考えると、その精神的な由来は明治神宮での経験にあるのではないかと、ここに来て気づくものがあります。すると、明治神宮の人文学的な知見とはそういうところにもあるはずで、これも世界とつながるネットワークになれば面白いと思います。

合田さんの話で思い出したのが、明治神宮には「なんじゃもんじゃの木」があります。ヒトツバタゴです。南方のベトナムなどから来た樹木で、東京では少し寒すぎるので、このままだとどんどん枯れていくと予想する人もいます。逆に南方系なのでアフリカにもっていけば、このなんじゃもんじゃの木がサブサハラの砂漠緑化に役立つかもしれない。そういうポジティブな見方もできます。マングローブも沖縄では保護されていますが、ハワイでは駆除の対象になっていますので、生物種に善悪はなくて、全体の関係性で善悪が変わり、生かし生かされているのが生態系の世界です。

最後にテイクホームメッセージのお題ですが、私が科学者としていつも不思議に思うのは、なぜ生命はこんなに多様化する必要があったのかということです。まるっとした単細胞の生命が宇宙を占めて、それでみんなハッピーとはならなかった。これだけ異なる人や生きものが争ったり、話し合ったり、愛し合ったりして平和を築こうと努力するなかで「心」と呼ばれるものが進化してきたという現象があるとしたら、なぜそういうものが必要なのかを常に問いつづけることが、結果として、社会に活かされていくのだと思います。

最近、ダイバーシティ＆インクルージョンといわれます。なぜ、人だけでなく生きものは多様化する必要があり、互いに協力して進化する必要があったのか。そういったことを、たとえば拡張生態系をひな型として学びつつ、実社会への意識を深めるきっかけになるなら、非常に幸せだと思っています。

佐藤　まず、今日のフォーラムに参加できたことを非常にうれしく思います。この場をつくっていただきありがとうございました。参加くださった皆さまもありがとうございます。非常に頭を働かせた二時間半でした。私は話しているからいいですが、皆さんのなかには自分も話したいと思う方もいらっしゃったのではないでしょうか。

響の会員にどうして参加したのか、なぜつづけているのかを聞きますと、ここに来ると落ち着く、雑草を抜いて無心になるのが楽しいといった声が多いです。そういう体験・体感が非常に大事だと思っています。はじめにご紹介したように、響が開催する「アースデイいのちの森」では、音楽があったり、ヨガがあったり。

フォーラム終了後、響のメンバーと記念写真を撮る登壇者

響の活動では、この総合性ということを大切にしていきたいです。

今日も会場ではどんぐりの苗木を配っていますので、ぜひ船橋さんのように、この子たちに話しかけてくれたらありがたいと思います［図2］。また、お金の面での支援も受け付けています。企業の方であればCSRの連携も行っています。息子さん、お嬢さん、あるいは大学の先生であれば学生の皆さんに、響というNPOが東京にあるのだということを教えていただけたら、ともうれしいです。

Part III

MACHI × MIRAI

1—大正九年、明治神宮鎮座祭にあわせて開通した表参道

2—昭和二〇年代（右）と現在の表参道（原宿表参道欅会提供）

4—令和二年十一月一日　明治神宮鎮座百年祭

彫刻家・名和晃平氏の作品「鳳／凰（Ho/Oh）」が南神門に飾られた

2019. wood, lacquer, gold leaf, platinum leaf. h:216, w:190, d: 118 cm. photo: Kenryou Gu | Sandwich

第6章

これからの表参道・渋谷・東京

原宿から未来を見つめて

明治神宮の参道として誕生した原宿表参道も、令和二（二〇二〇）年で一〇〇周年を迎えた。

まちづくりの当事者と専門家が、日本各地や世界の事例をひもときつつ、渋谷原宿と都市東京の未来を語り合う。

01

原宿表参道の一〇〇年

これまでとこれから

松井誠一

私は原宿表参道欅会という商店街振興組合の理事長を務めております。商店街振興組合というのは地域の商業の発展・振興を進める法人格ですが、私たち欅会は、実態としては直接的な商業振興はほとんどやっておりません。それよりも環境や景観を整備して、まち全体の付加価値を高め、そのことによってお客様がいろんな意味でここへ来たいなと思う、そういうまちづくりをしようということでやってまいりました。

本日は令和二（二〇二〇）年の明治神宮鎮座一〇〇年を記念いたしまして、表参道の歴史を含めてお話ししたいと思います。内容は三つぐらいに分かれます。最初に写真をいくつかご紹介しますので、表参道の歴史を感じていただきたい。具体的に注目していただきたいのは、道そのものが変化したということです。長さや広さは変わってません。でも見ていただければ、「ああ、表参道もずいぶん変わったんだな」ということがおわかりになると思います。

松井誠一
Matsui Seiichi
商店街振興組合　原宿表参道欅会理事長

次に、表参道の歩道に植えてあるケヤキについて。このケヤキが年とともにどう成長し、どう変化したかということに注目していただければと思います。そうしたことを踏まえて、結論から先に申し上げておきますと、ケヤキの植え替えをできるだけ早くやったほうがいいのではないかという提案をしたいと思います。

最後は、この表参道の将来について、私が思い描いているといいますか、想像していることを皆さんにお話しできればと思います。

水と緑のネットワーク

最初の写真は航空写真です［口絵3］。奥の右側が明治神宮、左側が代々木公園、そして真ん中に流れ出ている緑の川のようなのが表参道です。これは私の大好きな写真で、平成二五（二〇一三）年に欅会が『原宿表参道2013水と緑が協生するまちづくり』（松井誠一、今泉宜子ほか著、産学社）という本をつくったときに、見開きの最初のページに明治神宮さんからお借りして使わせていただきました。

ご覧のように、明治神宮と代々木公園は大きな緑の貯水池みたいなものです。そして、表参道はそこから緑が流れ出た大きな川に見えます。また、周りにも小さい緑がたくさんあります。この両側は住宅地ですが、個々の住宅の庭にも緑があります。その緑を結んでいるのが、たとえば昔の穏田川が暗渠になったキャットストリートなどの街路です。つまり、大きな緑の貯水池から表参道という川を伝わって個々の緑へつながっていく、水と緑のネットワークが形成されています。緑の多いところは、暑い夏場も周りに比べると気温が低くなります。気温が低いと鳥や昆虫、動物たちが移動する経路になり、生きものにとっても大変重要な通り道になっているわけです。

図1は、昭和一五（一九四〇）年の表参道のケヤキです。現在は再開発のために解体されている原宿クエストのあたりです。植えてから二〇年ぐらいですが、葉が繁って、目線の前に緑がありますから景観的にはよかったんじゃないかと思います。

図1——昭和一五年のケヤキの様子
原宿表参道欅会提供（図1〜3、5〜8）

ケヤキに見る道の変化

図2は、戦後で昭和二七年頃です。神宮前交差点から青山方面を撮った写真です。ケヤキが非常に小さくて、道路には車線もセンターラインもありません。実は、表参道のケヤキは太平洋戦争の空襲で大半が焼失しました。この若いケヤキは、戦後に地元の造園業の方たちが自費で植えられたケヤキです。ここで歩道と車道の境目にケヤキが植えられていますが、その位置関係を後から見る写真と見比べていただきたい。わたしの記憶では、後にこの道路を整備するときに確か歩道を少し広げたはずなんです。一方、図3は同じ時期に、神宮前交差点から明治神宮側を撮った写真です。こちらに写っているケヤキは戦争で焼けなかったので、こんなふうに緑が生い茂っています。

図4は昭和三六年、明治神宮近くです。センターラインが引かれ、車道も三車線に破線で分割されています。ケヤキの枝ぶりを見ると、車道に大きく広がっています。これぐらいだと歩

道を歩いてる人の目から見ても緑が非常に近く見えて、ちょうど戦前の図1の頃のように、葉が生い茂る感じが十分に楽しめたのじゃないかと思います。

図5は昭和四九年頃だと思います。昭和三九年の東京オリンピックが終了して、代々木の第一・第二体育館を残して選手村は代々木公園となります。おそらくその工事の際に道路も整備したのではないかと思います。覚えてるんですが、整備のときにここに地下鉄千代田線をつくりました。当時は開削工事といって、地下鉄は全部上から掘ったんです。明治神宮前駅の開業は昭和四七年でした。表参道はこれを機会に、中央分離帯ができ、左右二車線ずつの通行帯、両側の駐車帯も整い、だいぶ幹線道路らしくなってきました。また、歩道も広げたようで、ケヤキの位置が相対的に歩道側に取り込まれて見えます。

上から：図2―昭和二七年頃。神宮前交差点から青山方面
図3―昭和二七年頃。神宮前交差点から明治神宮方面
図4―昭和三六年五月五日、明治神宮付近　鈴木均氏提供
図5―昭和四九年頃

この写真でもうひとつ見ていただきたいのが、図4と比べてケヤキの木が車道の上に広がっていないことです。もしかすると地下鉄の開削工事のときに大型の機械を入れるため、道路の上に出ていた枝を落としたのではないかなと思います。

そして、図6が現在の表参道です。中央分離帯がすごく高くなりました。それからケヤキの木も非常に枝ぶりが広がって、中央で右と左の枝が重なりそうです。こういう状態ですので、空撮の写真だとほとんど右と左の区別がつかない、一本の緑の流れに見えるわけです。

並木の世代交代という課題

ここからは、現在の課題について、特にケヤキに関連してお話ししたいと思います。

明治神宮内苑にも宝物殿前の芝地に大きなケヤキの木が数本あるんですが、それを見ると四方八方、上にも横にも枝が伸びてるんですね。広いところに植えると、ケヤキは本来大きく広がる木なんだと思います。

図7は表参道のケヤキです。四月初めに撮ったので葉はあまりついていませんが、右側の木はひょろっと痩せて葉ぶりがよくあり

ません。ケヤキの状態が悪く倒れそうになると、私たちは緊急伐採しています。そして、土壌改良したりして二年後にまた新しく植えるんですが、新しい木の伸びもものすごく悪いのです。特に両側に樹勢の強い木があると、後から植えた木はどうも発育が悪い。一方で、以前より背が高くなった木は、緑が上の方に行きすぎて、下から見ると葉のない枝ばかりが目について、どうも淋しい気がします。

もう一つの問題点は、地中で根を張るスペースが完全に足りないことです。そのため根が絡み合って歩道の舗石を持ち上げ、なかには割れているところもある状態です［図8］。こういうところが現在、ざっと見ても十数か所あります。専門家にお話を伺うと、多分根の周りにはもう土はほとんどないだろうと。根だけが太くなって、でも伸びる場所がなくて絡み合っている。このように、木の大きさに対して根を張るスペースが圧倒的に足りない、そして木が水分を十分に摂れてないという、ケヤキにとっては非常に厳しい状況だと思います。

それからもうひとつは地盤沈下。これは多分地下鉄の工事の影響だと思うんですが、確かな原因がわかりません。しかし、表参道ではひどいところで二〇センチぐらい落ちてます。地下鉄があるところは地下鉄自体の基礎が入っていますので落ちてません。それからビル付近も基礎が入っていて落ちてませんが、地下鉄とビルの真ん中の歩道が落ちていて、相当ひどいです。東京都の方ともしょっちゅう話をしていますが、沈下が止まってからレベル調整をするという考えのようです。

図6―現在の表参道

上：図7―現在のケヤキ。痩せて枝振りがよくない

下：図8―地中の根が絡み合って持ち上げられた歩道の敷石

ということで、私は長いことケヤキを見てきて、やはりケヤキを順繰り、順繰りに植え替えていくことが必要なのではないかと思います。このままの状況でケヤキを残しても順番に枯れてしまい、そして危険な状態になる。もしこれが倒れたり、枝が車道や歩道に落ちると大変な事故になります。

いっぺんに植え替えると並木とは呼べなくなるので、たとえばですが全体を二五ブロックに分けて、二年に一度ずつ順番に植え替える。それだけでも五〇年かかります。ですからなるべく早くはじめたほうがいいと思います。自然保護ということで考えると、木を伐ることに抵抗を感じる方も多いと思います。しかし、いけないのは伐ったままにすることです。大切なのは、木を伐ったら新しく植えること。そうすれば、その若い木が空気中の二酸化炭素を吸収して、成長していきます。

テクノロジーの未来とともに

最後に、これから先のことをひと言だけ申し上げます。

今、いろいろなテクノロジーが急速に変化して、たとえば自動運転やカーシェアリングなどが盛んにいわれています。この関連の技術はどんどん発達するでしょうが、一体これがいつ頃実用化するか、一般的になるかは誰にもわかりません。難しい問題がいっぱい残っています。ですが、たとえばトヨタ自動車は、富士山のふもとにある自社の工場地帯で、将来の自動運転のために実験的なまちをつくる計画をしています。走らせる車がすべて自動運転、しかもコンピュータで一台一台を中央制御する。このような車が東京のまちなかを走る時代が来たら、表参道はいったいどういうふうになるでしょうか。私が思っているのは、たとえば深夜から午前十一時までは低速で自動運転の車が走っていい。だから歩行者と自動車が両方とも表参道を使える。しかし、午前十一時から深夜までは車は入れず歩行者専用道路にすると。そういう使い方が可能になってくるのではないか。

それがいつになるのかはわかりませんが、その前段階として、私はぜひケヤキの植え替えをして、並木を更新しながら使っていくことを実現したいです。木の大きさも、表参道の道幅からすると樹齢五〇年ぐらいがちょうどいいのではないでしょうか。街路の使用の仕方が変われば、また新しい素晴らしい表参道に生まれ変わることができます。こういう先駆的なことをするのに、表参道は一番向いていると思います。皆さんの注目の度合いも高いので、技術が実用化された折には、ぜひ表参道でいの一番に実施して、それをたくさんの方に見ていただきたい。するとほかのまちも、ああ、あれがいいねということで早く普及することになるのではないか。そんなふうに考えています。

02

表参道と放射二三号線

創造のまちのシビックプライド

太田浩史

私は東京大田区の生まれですが、曾祖父が陸軍で穏田に住んでいた関係で、父は穏田生まれで、私も本籍は神宮前です。ですから、原宿はとても大事なまちで、何か準地元民のような気持ちがあり、本日明治神宮の会場に立たせていただいていることもご先祖様がお喜びかと、嬉しく思っております。

私は建築と都市空間の設計をしています。今は熊本県の阿蘇に鉄道駅を設計するという楽しい仕事をしています。真ん中に広大な芝生のある駅で、まちづくりの観点からみても面白いパブリックスペースができると思っています。また、都市再生について研究しており、イギリスの事例を中心に、一九九〇年代から世界の都市で何が起きてきたのかを調べてきました。街の研究をするなら目を鍛えなきゃと思ってひたすらまち歩きをしていまして、平成一五（二〇〇三）年から一八年半で四一四都市を歩きました。目標にしている一〇〇〇都市に、果たしてたどり着け

太田浩史
Ota Hiroshi
建築家、ヌーブ代表

るかどうか道半ばです。

パブリックスペースでピクニック

私は平成一四年から「東京ピクニッククラブ」という活動をしています。これは公園の楽しみ方を浸透させたいというのが動機です。ピクニックは皆が知っている言葉ですが、フランス語が語源だとか、一八〇二年に社交の一形態としてイギリスで大流行したとか、その背景はほとんど知られていません。東京ピクニッククラブはそうした歴史の研究、アンティークのピクニックセットの収集、それから社交としてのピクニックのデモンストレーションなどを行っています。平成二〇年にはイギリスの創造都市ニューカッスル・ゲーツヘッドで、一〇日間一〇か所でのピクニックイベント、「ピクノポリス」を行いました［図1］。川沿いの広場に飛行機型の芝をつくり、地域の皆さんに食事をもち寄ってもらい、ワークショップやコンテストを行いました。その後、横浜、シンガポール、福岡、ロンドンなどでピクノポリスを行いましたが、一貫したメッセージは「パブリックスペースを創造的に使おう」ということです。ピクニックはとても敷居が低く、誰もが楽しい時間を過ごせるので、まちを考えるひとつのきっかけになると思っています。

さて、ピクニックは私の妻で同じく研究者の伊藤香織と盛り上がって

図1──平成二〇年、イギリスの創造都市ニューカッスル・ゲーツヘッドで開催された「ピクノポリス」　東京ピクニッククラブ撮影

はじまったというのが一番の理由ですが、個人的な理由もございます。それが今日お話しする原宿のホコ天の体験です。私自身が踊ったり演奏していたということではなく、むしろあの喧噪をうるさく思っていた方ですが、平成八年にホコ天が廃止になった後、ものすごい喪失感に襲われたんですね。当時、なぜホコ天がなくなったかという話を建築家の知り合いとよくしたんですが、「うるさいし自動車が通れないから仕方ないんじゃない」という意見が大勢でした。そこでピクニッククラブをはじめたとき、これは都市のパブリックスペースを使うための権利の表現だと考えて「ピクニック・ライト＝ピクニックをする権利」を唱えることにしました。

一方で、使う側のマナーや創造力にも課題があると考えました。公園のフィールドワークを通して、ゴミの捨て方や、ブルーシートといった道具の貧しさなどを目撃したからです。使い方が向上しないと、公園管理者も利用者を信用しない。ですので、「Think Your Own Picnic＝あなた自身のピクニックを考えよう」とスローガンを発信しました。この辺は、運営の問題で廃止に追い込まれたホコ天を見ていたことが影響しています。

図2—英国バーミンガム。シビックプライドキャンペーンのバナー

東京のシビックプライド

東京ピクニッククラブの活動から、さらに「シビックプライド研究会」が生まれました。きっ

かけは私がイギリスに都市再生の調査に行ったとき、バーミンガムの中心市街地に「You are Your City」と書かれたバナーがあって、これはとても面白い言い方だなと思ったんです。「あなた自身があなたの都市である」[図2]。これはどういう考え方から来るんだろうと興味が湧き、帰国して妻と調べはじめ、どうもバーミンガムの人はそれをシビックプライドキャンペーンといっていることがわかりました。

日本には「郷土愛」「愛郷心」という言葉はありますが、それはその場所で生まれた人しか持てない感情ですよね。シビックプライドは直訳すれば「市民の誇り」となりますが、それは故郷への愛着よりも広義の意味、つまりそこで生まれていない、まちに新しくやってきた人が抱く愛着も含まれます。もともと人口流入が盛んだった一九世紀半ばのイギリスの工業都市、まさにバーミンガムやマンチェスターなどで生まれた言葉でもあり、郷土愛よりも能動的な、この都市をよりよい場所にするために自分自身が関わっているという、ある種の当事者意識に基づく自負心を含んでいます。

バーミンガムのバナーから研究がはじまったこともあり、シビックプライド研究会では「まちづくりはコミュニケーションデザインである」という捉え方で、代表的な九つのコミュニケーション・ポイントを提案しています[図3]。そのひとつがパブリックスペースです。

パブリックスペースは、体験を通して都市に参加して、その都市の文化や規範を知る大事な場所です。大事なのは、その体験がひとりではなく、多くの人と分かち合うものとしてあらわれるということです。同じもの、同じ場所を体験した人は間接的につながっていて、それが都市を強くすると、私たちシビックプライド研究会は

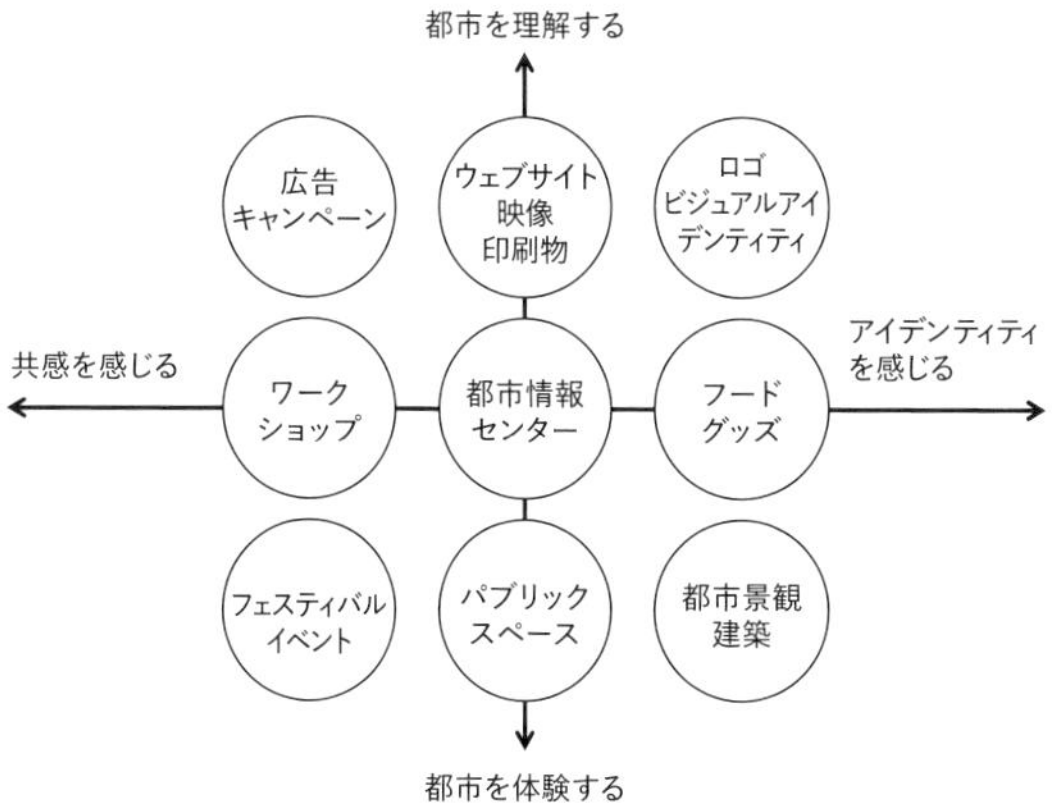

図3―代表的な九つのコミュニケーション・ポイント

考えます。この間接的なつながりは見えないけれど、あそこの食堂は美味しかったとか、いつも山や海が見えたとか、そういう共通体験は都市には欠かせません。パブリックスペースはそうした共通項になるうえに、初恋の人とデートをしたとか、独りぼっちで泣いたとか、個人的な体験も加わりますから、都市への参加意識としてのシビックプライドにはとても大切です。

そこまでご説明して、ようやく原宿の話になるのですが、原宿がホコ天という稀有のパブリックスペースをもつことによって、いかに多くの人の参加意識を掻き立て、間接的ではあるけれど、その人たちをつなげ、大袈裟にいうと日本中の人が原宿が好きだといえるまで共感を育てていったのか、そのことをお話ししたいと思います。

ホコ天で花咲いた原宿の文化

歩行者天国の歴史は北海道の旭川からはじまります。昭和四四（一九六九）年に旭川で社会実験がはじまりまして、それがきっかけで歩行者天国が全国的なブームになります。象徴的なのは、旭川の社会実験の二か月ほど前に、フォークゲリラで有名だった新宿駅西口地下広場の封鎖事件があったことです。新宿の地下

広場は、民主主義と広場という戦後の概念セットがあったと思うんですが、旭川の社会実験を境に、それが商業主義とストリートというセットに変わってくるんです。これはかなり鮮やかな転換で、原宿の隆盛とホコ天の文化はその変化の象徴だと思っています［図4］。

翌年の昭和四五年、銀座、上野、新宿、神戸などの名だたるまちで歩行者天国がはじまります。当時は自動車による公害、そして交通事故が顕著だったので、警察主導ではじまりました。ですが、原宿のホコ天がはじまるのは、その七年後なんです。これはどういうことでしょう？

その理由は、実は芸能人として現在も著名な舘ひろしや岩城滉一にあります。彼らがはじめたクールスという暴走族が有名になり、原宿が暴走族のメッカになったんです。青山通りが東京オリンピックで幅員が広くなり、表参道も幅がありますから集まりやすかったんでしょう。原宿がホコ天をはじめたのは、この暴走族を追い出すためだったんです。

さかのぼると昭和三八年、翌年のオリンピックにむけて代々木体育館の建設がはじまります。このときに体育館と今の代々木公園のあいだを走る道路、通称「放射二三号線」の建設がはじまり、原宿の空間的アクターがそろってきます。その開発史を一枚の地図にまとめると図5のようになります。まず表参道があり、それが放射二三号線に延長されます。当時、在日米軍の住宅施設ワシントンハイツがあった敷地の南半分にはＮＨＫと代々木体育館が建てられ（昭和三九年）、北半分は代々木公園となりました（昭和四六年）。昭和四七年には、千代田線が霞ケ関から代々木公園

図4―昭和五八年の原宿ホコ天
原宿表参道欅会提供

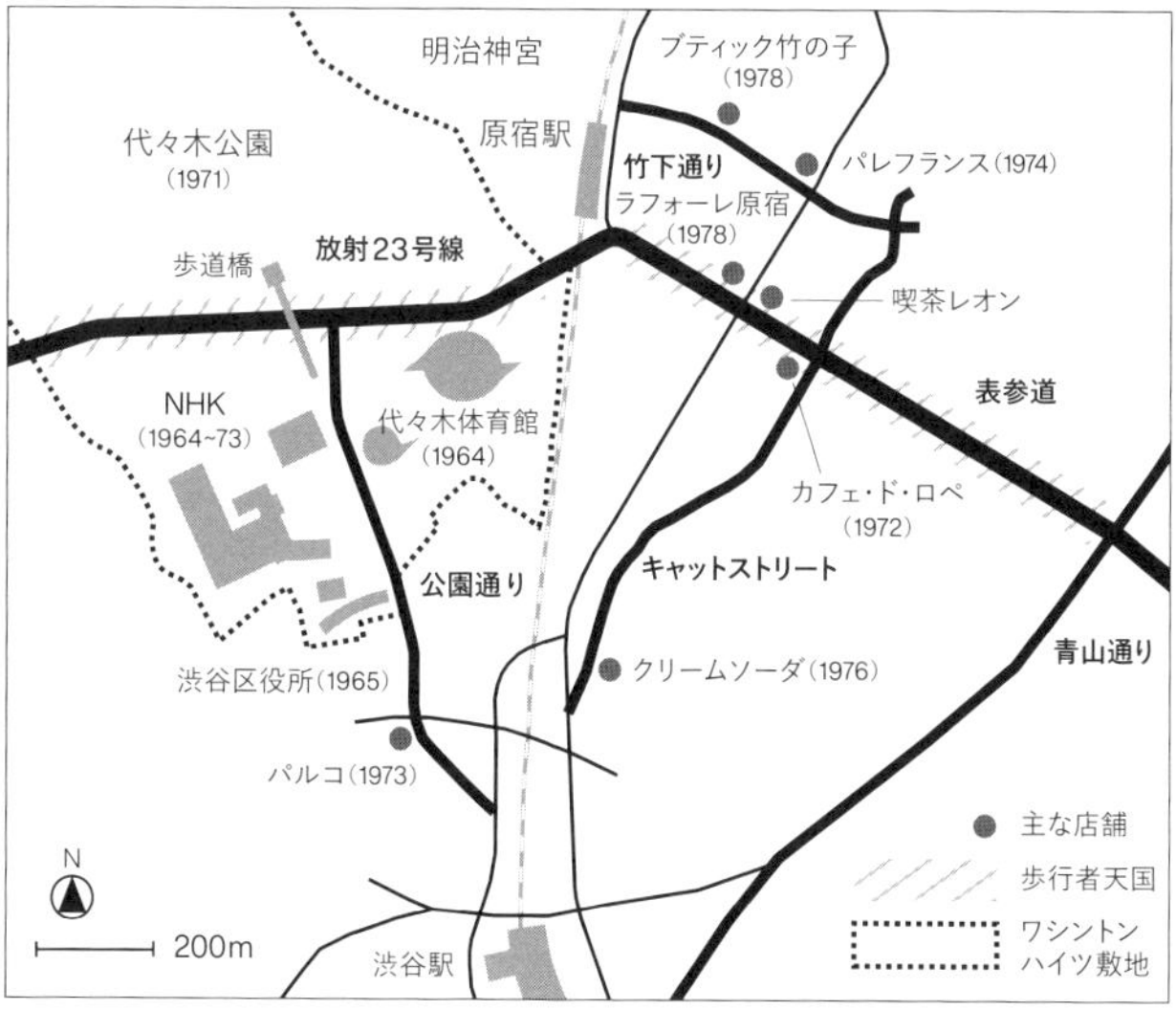

図5―表現の自由の場としての歩行者空間　筆者作成

駅まで開業し、原宿に注目が集まります。

原宿の文化をつくった第一世代のお店もできはじめます。地図でこれらの配置を確認すると、興味深いことがわかります。キャットストリート入り口の古着店クリームソーダと出口のカフェ・ド・ロペなど、有名店が道の両端を押さえている。そこからレオン、ラフォーレ、パレフランスにブティック竹の子と、一筆書きのように回ることができます。これらの道は実質的に歩行者専用道ですから歩きやすく、後はホコ天さえ実施されれば、渋谷から原宿を歩いて回る大きな回遊性が完成するところまで準備されていたわけです。この回遊性はほかのまちの歩行者天国とは大きく違う特徴といえるでしょう。暴走族排除という理由ではじまった原宿ホコ天ですが、空間的にも、文化的にもどこか必然的な感じがします。

表参道から放射二三号線へ

昭和四七年の『毎日新聞』に、表参道で踊っていたグループを「ここは道路だから踊ってはいけない」と警官が注意し、代々木公園入り口に移動させたという記事があります。五五年になると、ブティック竹の子で服を買った人たちが駅西の放射二三号線で踊りはじめます。竹の子族の誕生です。なぜ表参道では踊れないのに、放射二三号線では許されたのでしょうか？

私はその理由が知りたくてずっと調べていたんですが、先日、某動画サイトに突如「原宿二四時間」という昭和五五年のＮＨＫドキュメンタリーがアップされまして、それを見て理由がわかりました。要は表参道は原宿署の管轄で、放射二三号線は代々木署の管轄。二つの署の見解が違ったんです。インタビューを見ると、原宿署が「いけないものはいけないでしょう」

というのに対し、代々木署の鹿山さんという次長は「一般の方に迷惑がかかるなら規制はしますが、子どものやることですから、そこまで目くじらを立てることはないでしょう」と答えています。この鹿山さんのお陰で、放射二三号線でのダンスが許され、それ以降のパフォーマンス、ロックバンド演奏へのレールが引かれたことになります。

バンドの演奏は昭和六三年頃から活発になり、ＴＢＳの番組で通称「イカ天」がはじまって全国的なバンドブームが生まれます。この辺りは三年間かけて土日のホコ天出演バンドをすべて調査した滝川久さんの驚くべき記録『原宿サンダー通り――ホコ天ローラーサウンドムーブメント』（はるふゆ出版、平成四年）によって知ることができます。たとえば、平成元年一月一五日の出演記録を見ますと、ヒューズやリモートなど十一組のバンドのほか、ロカビリーと竹の子族、口笛おじさん、女装おじさんなど賑やかです。実は、この日は昭和天皇崩御の一週間後なんです。そんな状況でも、ホコ天ははっちゃけていた。本日、会場に滝川さんがお見えですので、改めてこのような調査をしてくださったことにお礼を申し上げたいと思います。

原宿の体験を都市再生にいかす

さて、さまざまな文化を生み出したホコ天ですが、残念なことに平成八年に放射二三号線部分が「試験廃止」され、一〇年には表参道を含め、全廃されます。治安上の問題ということですが、表向きはバンドの騒音問題で幕を閉じたことになっています。当時、この廃止について、社会学者の吉見俊哉先生が「交流の機能廃止は時代に逆行している」というコメントを寄せています。そのとおりなんです。

この頃は、特にヨーロッパでパブリックスペースの見直しが大きく進んだ時期です。コペンハーゲンのストロイエの歩行者専用道路の拡張、デュッセルドルフの自動車専用道路を埋め立てたライン川プロムナードなど、色々な名作ができます。そのとき、日本ではホコ天の廃止という大きな後退があった。それは結局、パブリックスペースを社会のなかにうまく位置づけられなかった、私たちの力不足だったのだろうと思います。

二〇〇〇年代になると、都市再生の分野では「創造都市」の議論が盛んになります。議論の中心は、都市の根源的な働きはさまざまな才能が集まって新しい価値をつくることであり、その働きを社会的に、経済的に育てていくべきだという考え方です。これはまさに一九七〇年代から原宿が示してきたことで、あの自由な空間があったからこそ、原宿でデザインされた服を原宿で着て、日本中から才能が集まって原宿発の音楽が生まれたということがあったわけです。その結果、世界に冠たるカルチャーが生まれたわけですから、原宿を「創造都市」の文脈で読み解き、そのなかでホコ天が果たした役割をきちんと整理することが大事だと私は思っています。

最後にまとめますと、日本の歩行者天国は公害や交通事故の対策としてはじまりましたが、原宿ホコ天が七年遅れてはじまり、表現の場を求める若者が集まって日本を代表する創造の現場となった。近年、日本でもようやくパブリックスペースの議論が盛んになり、特に街路空間の見直しが国交省を中心にはじまっています。そのときに、原宿の経験、つまりホコ天で得られたもの、廃止によって失われたものを再考して、次代のまちづくりにつなげることが大事だと思っています。

03 世界のストリート
デザインとマネジメントの現場から

三浦詩乃

松井理事長、太田先生のお話では時代ごとの表参道の姿をとらえていただきました。私からは道そのものの話をいたします。街路や道路と呼ばれる道は今、転換期の真っただなかにあります。

転換期を迎えた街路空間

まず、東京都区部の土地利用を見てみましょう。都の公有地に占める道路面積の割合はだいたい五〇％（民地を含めると二〇％）です。宅地の次に道路が占める割合がかなり大きいです。道を見直すことが、まちの環境の持続可能性に与えるインパクトはとても大きいことがわかります。宅地は各個人の意向にしばられますけれども、道は公共空間ですから、地域の人々、

三浦詩乃
Miura Shino
東京大学大学院新領域
創成科学研究科特任助教

行政の意向があれば面的に変えられます。

ここまで道路面積が増えたのは、生活空間を削ってでも整備してきたためです。これまで道路は、交通工学、道路工学など工学分野の知見を動員して、経済成長をけん引する車の快適性と安全性を高めることを指標に整備されてきました。しかし、八〇年代以降、社会学、建築、環境学などの分野から「すべての道のデザインがそれでいいのか? 生活空間を大事にすべきでは?」という提言がなされます。人が沿道に暮らすまちなかの道、街路空間（Street）は、まちどうしをつなぐ道路空間（Road）と性質が違うよね、ということです。

有名なのはドナルド・アプルヤードの、住まいやすい街路「リバブルストリート」研究です［図1］。三点の図は、同規模幅員の街路を挟む住宅地の様子です。人のつき合いを線で、人が居場所としているところを点で可視化し、比較しています。上から順に車の交通量が少ないのですが、逆にこの順で線と点の数が大きいです。こうした調査から車の交通量が地域の豊かなつき合いに与える影響が明確にあると示しました。これは、地域の方々がなんとなく実感していた結果かもしれないですが、客観的かつ定量的に示されたことに価値がありました。この研究結果は各地のまち、都市計画の専門家に衝撃を与え、このリバブルであること、「リバビリティ」は、一九九〇年代以降の世界の各都市の政策キーワードになります。たとえば世界銀行などの国際開発金融機関の取り組み目標、あるいは米国のクリントン政権のアジェンダとして提言されました。車で手に入れた自由さと引き換えに不自由さを抱えてしまった生活空間を見直し、道路としてデザインされていたまちなかの通りをリバブルな「街路」として転換する、それを実行に移す動きが出てきたわけです。現在見られる世界各地の通りのリ・デザインもこうした背景があります。表参道は生活空間を守ってきた。だから現在のようなかたちで発展

図1——リバブルストリート研究成果 D.Appleyard, *LivableStreets*, 1982（図版はBruceAppleyard, *Livable Streets*, Elsevier, 2020より）

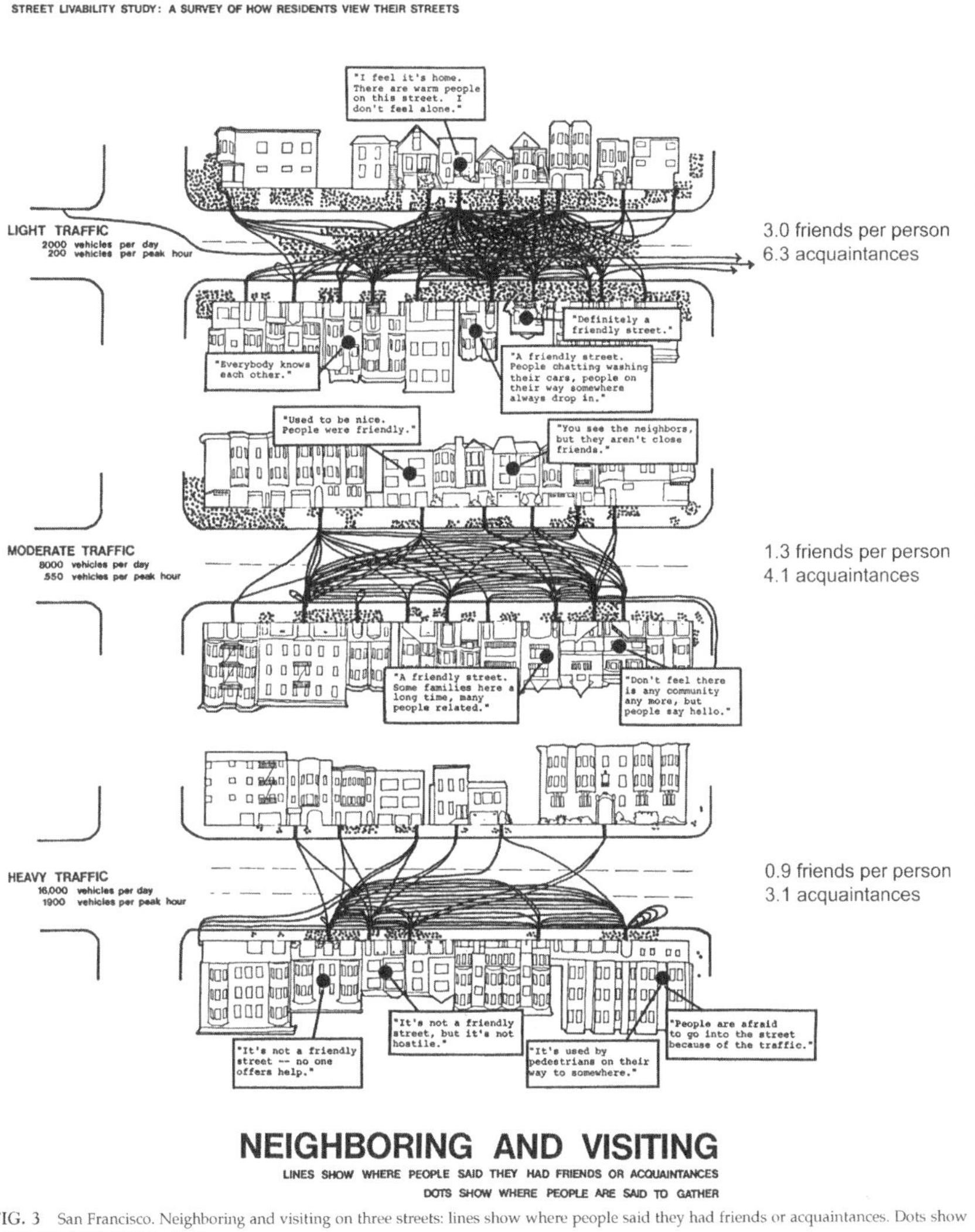

FIG. 3 San Francisco. Neighboring and visiting on three streets: lines show where people said they had friends or acquaintances. Dots show where people are said to gather.

したのでは、と考えます。

街路デザインのステップ

街路デザインは空間を三つの切り口で見ていきます。まず、地図で俯瞰的に見る見方です。交通や緑のネットワークの観点で、対象地の役割を見出すものです。対象地が複数の場合は、どちらから整備したら効果が高いのか戦略を立てます。さらに、各対象地に視点をよせて、どのような利用主体、アクティビティに開くか、そのために沿道とどのように関係づくりを行うか、といった整備時のレイアウトや整備後のマネジメントを検討する平面、断面で見る見方があります。かなり単純化していうと、これまでの道は三つの切り口のどれで見ても車に相当に配慮しながら空間を割り当ててきました。これからの道は、車を排除すべきという極端な話ではありません。あるまちの街路網の任意の地点を抜き出して、先ほどの三つの切り口で見るとします。めざすべきは、どの地点を取ってみても、これまでよりも人（車以外の自転車、公共交通、車椅子など多様な交通手段の人）の存在感が強く、その人たちにとってストレスが小さく対等になっている状態です。そのように取り組んでいくというのが世界の潮流です。

ファーストステップは、人や沿道の営みの場づくりです。人の移動（Link）と併せて居場所（Place）の機能を設けましょうという議論がようやく提唱されはじめました。これまで道の等級は、移動の量を捌《さば》けるほど格上でした。そうなると居場所などは空間が余るならそこにつくってもいいかという扱いになります。表参道は別ですが、ほかのまちを見渡してみてください。路上に気軽に座れるベンチがあるまちはなかなか少ないのです。また、沿道の店舗にとっては車の居場所、配達・荷捌き機能も重要です。あるいは、学校の前で待ち合わせする子どもたちの場所など、移動空間だけでなく居場所空間がある地域の情景を想像すると、その豊かさを感じていただけると思います。

最近日本各地の幹線街路で、従来は車の居場所だった空間を人に開くような実験が行われています。新宿駅東口では路上駐車をうまく整理して、警察も協力し、人が過ごせるような場所に転換しました。東口エリアの屋外空間の事前調査では、来街者の多さに見合うベンチがなかったのです。こうした空間ができたことに来街者は喜んでいるという結果が現地アンケート調査で示されました。また、広島市の目抜き通りでは、将来、公共交通と歩行者中心の通りにしようというトランジットモールと呼ばれる計画を地元の民間が主体となって立てています。最初の試行としてバス停周辺の空間を居心地よくする実験が、令和二（二〇二〇）年、コロナ禍が襲う前後に行われました。停車帯にデッキを張り、ベンチ、花壇、人を惹きつける飲食スタンドを設置しました。さらに、時間貸しの駐車場でも数台分のスペースを借りきり、ベンチを設けることにして、一体的な空間づくりをしました。中部地域の各地の企業がこの実験に協賛して、通りをよくしていこうという動きが出ています。ほかにも丸の内、さいたま市大宮、松山市、姫路市と、通りがまるで公園のように使われる姿が見られます。表参道ではすでに取り組まれていることもあるでしょうし、もっとできそうなことも全国の事例から見えてきます。

居場所ができると、それらを歩いて巡りたくなるでしょう。もっと歩きたい、そうした空間づくりがネクストステップです。国内でも歩きたくなる空間づくりの推進がここ一、二年で加速しました。都市再生特別措置法や道路法の改正、取り組みに対する支援もみられます。歩きたくなる空間をつくる。それは路面だけの話ではなく、沿道の建築のデザインも含めて変えていきましょうという動きです。人が寄りつきやすくなるよう、お店や交流スペースもガラス張りにするなど、見た目も明るい空間にします。

世代的にも、身体能力的にも多様な人たちが出かけたくなる、出かけやすくなるようなゆとりをつくることが大切です。ただ広々とした空間があればいいのではなく、そこにいたくなるようなしつらえ、芝生、椅子などが必要になります。つまり、サードステップとして、マネジメント、人の手が関わって運営していくことでうまく回っていくのです。

こうした方針に賛同を示す自治体は現在までに全国で三〇〇都市以上あり、そこに東京都と渋谷区も含まれます。

速度と路面のデザイン

国内の政策では沿道の空間が大事ですよと、強く打ち出していますが、歩きたくなる空間づくりでは、速度と路面のデザインも重要です。図2は、ウィーンの商店街マリアヒルファー通りです。ウィーンでは、二〇一二年から二〇二五年の約一〇年間で、多くの市民の交通手段を徒歩、自転車、公共交通など人が身体を動かすことを伴う交通手段（active transport と総称）に転換するという非常に意欲的なゴールを描いています。描くだけでは進まないので、目抜き通りを変えていくことになりました。そこで用いられたのが速度と路面のデザインです。これで通りの主役が入れ替わりました。以前は二車線と駐停車帯があり横断歩道を人々が足早に歩くという、よくある通りでした。デ

図2―ウィーン・マリアヒルファー通り　筆者撮影

ザインを変えたことで、夏季の気候がよい日など、一気に人がまちにあふれるという状況になりました。商店街の方々も市民も、反対と賛成が拮抗する状況でしたが、徐々に賛成が増えていきます。先ほど松井理事長からご紹介があった、六〇年代の表参道に似ている気もします。車は通っていいけれども、一方通行にしました。速度は十分に落としてもらいます。時速二、三〇キロ以下であれば、万が一歩行者と接触事故があっても致死率が下がるからです。そのうえで路面はあえて平坦にします。これまで標準的とされた設計では、歩道と車道を分けるのですが、その区分をなくして、すべての交通手段が気をつけて譲り合うことでより安全な空間にしています。これは八〇年代オランダで最初に実践された方法で、少しずつ世界に広がりました。とにかくどこでも横断できる。商店街のようなところにはもってこい、ベビーカーの家族もすごく楽しそうに歩いています。荷捌きや障害者の方が車でアクセスするときは必ず停められるよう、必要な乗車スペースを厳選して、うまく配置しています。

これからは、シェアサイクルやキックボードなどさらに多様な交通手段の出現も論点になります。限られた幅員の街路空間にどのようにして入れていくか？ 現在、各国で共有されているのは、台数ではなく、その中身、つまり乗り物に乗る実人数で考えていこうという原則です。国によって自動車の平均乗車人数は違いますが、だいたい一、二名程度で使っています。バスと自転車のほうがはるかに単位面積あたりの空間効率がいい。空間効率がいい手段を軽んじ、新しいテクノロジー、電気自動車や自律走行自動車ばかりに頼るようでは結局混雑が起きます。居場所の話を最初にしましたが、車以外の多様な交通手段の居場所をきちんと設けると、より多様な人をより多くの地域に迎え入れることができるという考え方が、世界中に共有されはじめています。

コロナ禍による取り組みの加速

コロナ禍を経て、世界の都市でこのような街路のデザイン変革を大胆に行う事例が増えています。以前からリバビリティ政策、低炭素化政策がすでにあったことに加えて、コロナ禍で普段から基礎疾患を予防するために、先ほどふれた身体を動かす、Active Transport の重要性が市民に共有されたことが背景にあります。行政側が力を入れたかった施策の重要性が、これを機に市民に浸透したとはいえ、もともと自治体が戦略を持っていたまちで迅速な動きがみられました。

アメリカでは、住民の公共交通分担率に地域差があります。公共交通分担率とは、公共交通によるトリップ数が全交通手段のトリップ数に占める割合のことです。ある地点からある地点へと移動することを専門用語でトリップといいます。その公共交通分担率は住民の平均収入や人口密度と相関関係にあるため、むしろ地域差をオープンに見せて一緒に解決策を探る計画手法がとられています。車の総走行距離に関する調査を見ますと、ニューヨークや西海岸ではコロナ禍のロックダウンでかなり数値が落ちていることがわかります。そこで、ニューヨーク市はロックダウンのうちに街路の一〇〇マイル（一六〇キロ）を歩行者に開いていこうとしています。なかなか難しくて二〇二一年の時点でまだ四〇キロしかできてない。けれどこれは最初のゴール設定が野心的だったことの裏返しです。それだけ大きく打ち出したからこそ四〇キロも実現できたのです。米国の都市ではほかにも、不要不急とされる地域活動が希薄にならずに、屋外でそれらを存続できるよう、多様な地域活動を支える街路空間のガイドづくりも行われました。実際に、路上や高架下を、学び、アート、あるいはレクリエーション、情報提供を行う場とする実験が行われています。現在、効果検証の段階です。

ロンドンでは、コロナ禍前から目抜き通りのオックスフォード通りの再生案を立て、最終イメージができ上がりつつあります。バスと歩行者、タクシー中心のトランジットモールです。コロナ禍でロックダウンが行われているなか、オックスフォード通りの東側エリアで歩行者と自転車ネットワークの拡大を行いました。食文化も変化しています。イギリスでは着座してゆっくり屋外で食事をとるアルフレスコ・ダイニングという文化があり、邸宅内で楽しまれていました。それが今は路上で定着してきているという記事が出ています。

パリについてはニュースでも取り上げられていますが、シャンゼリゼ通りのど真ん中の軸を歩行者に開くというビジョンが描かれています。数年前から、自転車も乗れる歩行者天国が行われ、毎週末、身体を動かすことを市民が楽しめるようになりました。これからは、都心のほぼ全域に三〇キロ規制をかけ、もっとスローに過ごそうよという交通施策を行います。最終的には、自転車での「一五分都市圏」を目指しています。各人の家から自転車で一五分圏内に仕事も、医療施設も、文化施設もある。所得、性別、国籍問わず、ハンディキャップがあったとしても、できる限り暮らしやすいまちにしていこうという考え方です。

表参道の将来にむけて

このように、道づくりは、ここではないどこかに行けること、「速く自由に」という方針から、現在は、ここ（自分の住まうまち）において「多様性、共生」を楽しむという方向性になっています。さて、世界の道を見たあと表参道を見て、皆さんはどう感じられるでしょうか？ すでに豊かな緑があり、世界的にも歩いてとても気持ちがいい通りのひとつだと思います。他方で、車線と歩道の比率や規制速度はどうでしょうか。松井理事長のスライドにあったとおり、昭和三九(一九六四)年のオリンピックを境に変わってきました。そのときにできた設備の一例が、中央分離帯と歩道橋です。これらが人々のアクティビティにとても影響を与えているのではないかということなど、後半の議論のポイントにもなるかと思います。

04 トーク

表参道がひらく明日への道

代々木の森とつなぐ未来

松井誠一×太田浩史×三浦詩乃×長谷部 健×今泉宜子

今泉　ここからは渋谷区の長谷部健区長に加わっていただきます。まず区長から、ご自身と渋谷の接点について、そして、これからのまちづくりについてお話をうかがいます。

渋谷のプライド＝明治神宮

長谷部　皆さま、こんにちは。私は昭和四七（一九七二）年、渋谷区神宮前三丁目の生まれです。一歳になる前から、代々木公園の青空保育で育ちました。子どもにとって明治神宮は少し怖いところでした。公園の際からザリガニを獲りに行くと当然怒られますし、夕方になると神宮の森はちょっと暗くて。都心ながら、自然に対する畏れのようなものを無意識に育めたのかなと感じます。

小学校は神宮前小学校で、校歌は「明治のみかどとこしへに」からはじまります。当時はあまりわかっていませんでしたが、大人になるにつれ神宮前に暮らしていることの意味をだんだん理解するようになりました。

その後、区長としてまちづくりに携わるなかで、渋谷区の成り立ちについて勉強することになりました。ご承知の方も多いと思いますが、このエリアは江戸時代は、将軍家が鷹狩りをした

今泉宜子
Imaizumi Yoshiko
明治神宮国際神道文化研究所主任研究員

長谷部 健
Hasebe Ken
渋谷区長

図1―ラフォーレ原宿の場所に教会（中央の建物）があった　原宿表参道欅会提供

場所だったといいます。まちとして成り立ってくるのは明治維新後です。今の代々木公園は陸軍の練兵場でしたので、軍の関係から人が生活するようになった。そして、大正九（一九二〇）年になって明治神宮が鎮座するわけです。これだけ広大な敷地が用意できたということは、それなりの田舎だったのかなと思います。

明治初期の小説を読むと、赤坂から渋谷に歩いてくる、その風景の描かれ方が本当に野っぱらの何もないところです。ちなみに道玄坂の道玄というのは、追いはぎの名前だそうです。江戸から出て一番最初の暗がりが渋谷でした。それが、明治神宮ができ、表参道ができたことで発展します。その後大きく変わったのは、太平洋戦争後だと思います。

渋谷区の人口はこの戦争前後にすごく増えます。先ほどワシントンハイツの話が出ましたが、戦後は和の文化である参道沿いに、米兵とその家族向けのお店や教会ができます［図1］。今も中華料理店がありますが、これはアジア系の米兵向けに開店したと聞いています。ですからこの参道では和洋折衷といいますか、いろいろな文化が交じり合ってきた背景があります。その素地があったからこそ、歩行者天国も非常に似合ったと思いますし、さまざまな人が集まって価値や文化をぶつけて、新しい価値や文化をつくる。そんなサイクルができてきたのではないかと思います。

次に大きな転機になったのは、昭和三九年の東京オリンピックです。その前は、まちがちょっと荒れていた時期がありました。それが、地域のＰＴＡの方々が中心になって、明治神宮の周辺だからということで、文教地区の制定を勝ち取るわけです。おかげで原宿は、渋谷や新宿と違ってパチンコ店や風俗店がない環境ができました。まさにシビックプライドですね。さらに私がすごいなと思うのは、表参道の高さ規制を地権者である住民の方々自身がなさっていることです。明治神宮とその参道があるから商売ができているという考えに基づいていると思うのですが、幅員がありますから、それなりに高くも建てられるはずなんです。でも、参道を守ろう、ケヤキを守ろうということで、皆さんで高さ三〇メートルに制限している。ですから、渋谷は明治神宮があったおかげで、区民が自ら参加してまちを形成するという文化がつくられてきたんだなと感じています。

面白いのは、区民の意識調査で、渋谷区のどこに自分たちのシティプライドを感じるかを聞くと、断トツ一位が明治神宮と代々木公園のエリアなんです。渋谷駅前のスクランブル交差点ではないんですね。区民にとっては、緑に満ちた神聖な場所は本当に誇らしく、また自分の生活を豊かにしてくれていると感じていることがわかります。

西参道の整備プロジェクト

これまでの一〇〇年間、このまちはシビックプライドである明治神宮とともに発展し、表参道も文化を発信する先進的な街路になりました。この表参道の先例をしっかり研究して、今われわれは西参道、その先には北参道の整備を考えています。

西参道は、小田急線参宮橋駅に近い明治神宮西門前から甲州街道に向かう道です。鳥居を出たすぐ横には代々木ポニー公園という区の公園があります。この参道は、左側が首都高四号線の高架下状態で、表参道に比べるとやはり少し寂しい感じがありました。参道らしさをしっかり意識して整備することで、表参道のように地域の人に愛され、また新しい価値や文化が生まれる場所になるのではないかと期待しています。

本日、西参道から来た方は気づかれたかもしれませんが、工事がはじまっています（編者註・令和四年四月二〇日、明治神宮西門付近の道路改良完了）。現状は段差や駐車帯があり、ほとんど車のための空間です。これを歩車道の段差をなくし、歩道は両サイドに約二・五メートル拡幅して、イベントもできるような歩行者空間として充実させていく予定です［図2］。

図3は西参道の高架下です。区としても申し訳なかったと思うのは、高速道路の下を違法駐輪の自転車集積所にしていたことです。高架下は建物をつくるにもいろいろな制限があるのですが、現在コンテナを活用した整備を計画しています。それから北参道の千駄ヶ谷には将棋会館があり、渋谷区は日本将棋連盟と協定を結んでいます。今、藤井総太さんの活躍もあり将棋をやりたいという人も増えていますが、会館だけでは手狭になっています。新しい高架下のスペースには、将棋の教室や、スタジオがあり、そこから発信できるようになります。将棋だけではなく、地域の方が会議や交流の場として活用できるようにと検討しています。また、今もある高架下の公園再整備を計画しています。

西参道の先には玉川上水旧水路緑道があり、この道の整備にも着手します。実は渋谷区の住民の半分が甲州街道の両側に住んでいます。これまでの渋谷の開発は、商用ビルを建設したり、渋谷駅周辺の利便性を高めることが主でしたが、この西参道か

図2―西参道路面の整備前（上）と整備後（下）　© 渋谷区

ら笹塚、本町に向かう地域で、都心で暮らすという文化、価値観を追求していきたいと思っています。中心となる考え方は、明治神宮の参道を中心とした渋谷区らしいまちづくりということです。

今泉　ありがとうございました。区長から直々に最先端の計画をうかがいました。西参道の整備とは、まさに歩行者空間、ア

図3―西参道高架下の整備計画。コンテナスペース（上）と公園（下）のイメージ　© 渋谷区

クティビティのための空間をめざすということですね。

長谷部　そうですね、パブリックスペースをどれだけ皆さんと共有できるか、そういったことを考えています。

表参道の付加価値を育てる

今泉　トーク前半は、表参道の未来に向けた課題とその解決策

について、具体的に議論いたします。その前に、第一部からこれまでの発題を受けて、ご感想をうかがいます。

松井　『週刊東洋経済』という経済誌がありますが、その令和二（二〇二〇）年七月四日号でフランス人のジャーナリストが興味深いことを書いていました。海外のラグジュアリーブランド、高級ブランドは、日本に進出すると銀座のほかに表参道にも出店します。銀座は戦前から裕福な客層が出かけるまちでしたが、表参道は最近です。実際、今も銀座のほうがよく売れている。その割に、表参道は地価も家賃も銀座と変わらず高い。なのになぜ、ラグジュアリーブランドは原宿に競って店を出したがるのか。それが彼の疑問でした。

それを読んで考えたのですが、やはりこのまちには地域としての付加価値がある。それは何かというと、緑が多い、景観が美しい、そして住民のコミュニティが非常にしっかりしているということです。環境や地域の安全が守られている。ですから、まちを育てるには、商業を育てるだけでなく、商業と住民のバランスをきちんと育てることが大切です。

しかし、今まちのあり方がちょっと商業に傾きつつあります。僕は発想の原点が「もっとモノを売る」ということだけでは、このまちは駄目だと思います。それだと規模の大きな渋谷や新宿には勝てません。豊かな環境とコミュニティが存在することが、このまち全体の付加価値に大きく貢献していることを念頭において、これからの進歩発展を考える必要があると思っています。

太田　私は三浦さんにお聞きしたいのですが、今日はいろいろな世代で原宿表参道のことを話していますが、たとえばホコ天もリアルタイムで経験していない若い世代の三浦さんが、なぜパブリックスペースに興味をもつのか、興味があります。

三浦　三〇代が若いかという疑問もありますが（笑）、私の世代は、住環境もマンションに住んでいるだけだととても閉じられたものになってしまいます。それを開いていきたい。家や職場以外に居場所がほしい。ただ、その居場所も与えられたものではなく、自分の手で開拓したい。そういう活動やプロセスそのものに、私たちの世代はすごく興味があると思っています。

研究としては、最初は私も建築や意匠の分野をめざしていたのですが、実は人の創造力をつなぐところって屋外の空間だなと。建物と屋外空間がうまいコンビネーションで構成されている。それが実はシビックプライドが高いまちの秘訣なんじゃないかという気づきがあり、中と外の間にある空間の研究をつづけています。

今泉　三浦さんは現在、原宿表参道地域を対象に調査研究もなさっているとのことです。よろしければ引きつづき、具体的な課題や提案についてお話しいただけますか。

表参道エリアのデータを収集

三浦　ありがとうございます。「新街路構想研究会」という名前ですが、道路空間の移動性と公共性について、三〇代の研究者から交通管理者の方まで有志で研究会を行っています。この会では、欅会様をはじめ地元の方々の協力をいただき、表参道エリアをフィールドとしてデータを収集し、それを元に意見交換を行っています。

たとえば、さきほど居場所づくりという話をしましたが、表参道エリアで快適だと思う場所をアンケートで調査しました。対象は居住者だけでなく、月に一度以上エリアに来るという定期来街者も含みます。公共空間のデザインでは、ひとつのまちに一〇か所、よい居場所があると魅力的なまちになるという秘訣のようなものがありますが、表参道には魅力的な居場所がたくさんあるので、それをまず把握しようというものです。

回答数が多いものを見ていくと、表参道だけでなくキャットストリート、竹下通りもそうですが、「歩道など路上の通行空間」そのものに、多くの方が魅力を感じていることが象徴的です。それから表参道の植栽一帯にベンチがありますが、アンケートでは、明治通りの交差点から青山通りにかけて、「腰掛けられる場所」が魅力にあげられています。つまり、まちで滞在できる場所があることが魅力と感じられている。これらはぜひ引き継ぐべき「居場所」だということがわかります。

また、来街主要交通手段についても簡単なデータ集計をしています。その結果を見ますと、徒歩と地下鉄、自家用車、バス、自転車の利用比率は、それぞれ七対二対一対一。ところが、実際に割り当てられている幅員は、歩道が一〇メートル、車道は二〇メートル、自転車レーンはゼロである、という現況が見えてきます。

さらに、交通安全の観点から、警視庁による自転車事故のデータも検討に加えました。すると来街交通手段としては電車もバスも同じぐらいの割合で利用されているのに対し、自転車レーンがないことから、表参道エリアで自転車事故が相対的に大きい可能性が見えてきました。

かなり交通的な見方ですけれども、こんなふうに利用者の比率や、現状に対して空間の配分が見合っているかということを分析します。そのうえで、空間の使い方として、二四時間のあいだでうまく配分する工夫がないか。データを組み合わせながら、将来的な方向性を議論していく。

まだはじまったばかりですが、欅会の方々と意見交換を行いながら、ワークショップを進めているところです。

今泉　松井さんはもちろん、このワークショップにご参加なさっていますが、いかがですか。

松井　まちに長くいると人それぞれの視点がありますが、一歩外に出ないと見えないことがたくさんありますね。いろいろな立場の方と議論して、データをまとめていただくことで、新たな気づきが多くありました。

ただ、これを単なる人気投票や評判の調査で終わらせるのは、つまらないと思うんですね。変なたとえですが、ラーメン屋で一番人気のメニューが一番売れるから、それだけでいいかというとそうじゃないですよね。違うメニューがあるから、みんなが楽しめる。まちを考えるときも、一番人気があるところ、儲かるところだけを狙うというのは危険だと思います。ですから、データとしてはとても面白いので、これをどう役立てるか。そこから先は人間が考えなきゃいけないんで、それを考えることこそ面白いですね。

今泉　先ほど中央分離帯や歩道橋の話題が出ましたが、表参道の歩行者空間化については、何かお考えですか。

表参道を歩行者空間へ

松井　これは立場の違いでいろいろな考えがあるでしょうが、長期的に見ますと、私は表参道は歩行者に開放されるべきだと思います。ガードレールや歩車道の段差も交通行政として必要だということですが、それは高度成長期に物流を優先し、できるだけ多く速く安全に移動させることを目的としたものです。歩行者と自動車を完全に区別したほうが安全を確保できます。ただそうやってあまり広くない土地を用途別に細分化していくと、ある程度以上のキャパシティを受け入れなければいけない状況になると、難しい問題が出てくるわけです。

交通行政だけでいえば、近年東京都心の交通はとても改善されています。今までは西から北へ、北から西への物流の結節点が東京都心で、首都高の都心環状線が全部それをつないでいました。だからものすごく渋滞し、関係ない地域の地上交通に悪影響を与えていた。それがここ二〇年ほど国も都も非常に努力をしたおかげで、国土交通省のデータによれば都心の通過交通は従来の六〇パーセントまで削減されたということです。

そうすると、道路のスペースが以前より空いてくるのは間違いないです。ですから、先ほど海外の事例がありましたが、中央分離帯や歩車道の段差を解消したり、車の最高制限速度を低くしたりして、車と人間がお互いに安全に移動できるような仕組みが、そろそろ表参道でも可能になるのではないかと感じています。

長谷部　やはり、商業的な要素と都心で暮らすという住の要素と、その両輪のバランスが大切なんだと思います。渋谷区役所として僕らも、都心でどうやっていきいきと暮らしていくかということをもっと追求していかないといけない。それが西参道から笹塚・本町方面の開発のテーマにもなっています。

その点で、渋谷区も限られた土地しかないので、公共空間をみんなでいかにうまくシェアするかということが非常に重要です。それから高齢者の方々をはじめ区民の足としてハチ公バスが走っていますが、コミュニティバスのあり方もあれでよいのか。神宮の杜ルートは、区民でなく観光客の方々が多く利用しています。となると、たとえば、神宮前界隈だけを走る小さいオンデマンド型のタクシーがあって、家から電話すると来てくれるようなサービスがいいのかなと思います。データをベースにテクノロジーを活用して、最先端の田舎暮らしのようなことが、この都心の渋谷で実践できたらいいなと思っています。

変化を恐れないまち

今泉　区長は常々、ダイバーシティ、多様性のある渋谷ということをおっしゃいます。最先端と田舎暮らし、商環境と住環境、異なるものが共存できることは、渋谷の大きな魅力になりますね。

長谷部　ある意味変化を恐れないことが大事ですね。森も常に変化してるわけですし。大切なものを守りながら、変化を許容できるまちだからこそ、ファッションや文化がどんどん生まれるんじゃないかと思うんです。新しいことにチャレンジする人たちが集まって、何かシーンを持ちながら変化を楽しめるというのも、このまちの雰囲気にあるのではという気がします。

今泉　原宿のホコ天が日本を代表する創造の現場となったという、太田先生のお話に通じますね。

太田　令和二年、区長のもとで渋谷駅周辺道路のウォーカブルプランをつくるお手伝いをしました。表参道もぜひともウォーカブル原宿というのを推進していただきたいと思います。そのときには表参道を所管する東京都にも参加していただく必要があって、ぜひ広域な歩行者のネットワークをめざしてほしいです。表参道はブールヴァールですが、キャットストリートのような裏原の迷路も魅力的なウォーカブル空間です。それから、表参道は渋谷区だけでなく、青山通り側は港区ですし、先ほどお話ししたように放射二三号線、公園通りの方までを含めて、広い範囲で共同して、まちづくりを進めることが大切に思います。

今泉　ごく最近ですが、大阪ミナミの難波駅前で歩行者中心の空間再生をめざして、歩行者天国の社会実験を実施するというニュースを見ました。

長谷部　実は渋谷区もウォーカブルの実験をはじめています。渋谷駅を境に東西に延びる宮益坂と道玄坂は旧大山街道といいますが、ここを歩行者中心の渋谷の目抜き通りにしようと計画しています。宮益坂では以前から、パーキングメーターを制限して路上駐車を減らす社会実験を進めています。将来的には、駐車帯を外して歩道を広げたり、一方通行がいいのか、一車線がいいのかわかりませんが、歩行者空間の拡大をめざしています。その成果をある程度検証したところで、表参道は東京都道なのですが、地元の自治体としてぜひ汗をかきたく、近いうちに動き出したいと思っています。楽しみに待っていてください。

ふたつの一〇〇年が交わるところ

今泉　ここまで表参道の未来にフォーカスしてまいりました。今回参加申込みをいただいた方々のアンケートを見ますと、原宿表参道の未来を、明治神宮代々木の森とのつながりで考えてみたいという希望が多くありました。このテーマでご意見をうかがいます。

松井　明治神宮とその周辺の関係性は、まちづくりを考えるうえでとても大事だと思います。欅会が原宿シャンゼリゼ会と名乗って活動していた三、四〇年前のことですが、会員さんのなかに「明治神宮と代々木公園がなければ、商圏が倍に増えるのにな」といった方がいて、腰が抜けそうになりました。本末転倒ですが、さすがに今はそんなことはありません。

先ほど表参道に外国ブランドの店がたくさんあるという話をしましたが、日本法人のトップは、フランス、イタリア、スイスなどヨーロッパ、あるいはアメリカ人が多いです。彼らが就任して原宿に来ると、日本は近代的な経済力のある国だなと思うわけですが、それはニューヨークもロンドンも変わりないんです。ところが次の日に明治神宮に行くと、みんな大感激して、ああ自分は日本に来たんだと思うそうで、この衝撃はすごいみたいです。

やはり明治神宮がもっている、なんともいえない歴史や文化の求心力というのは、わたしたちが思っている以上に大きいことを実感します。

太田　京都に豊国神社といって、豊臣秀吉を祀った神社がございます。その宝物殿に「豊国祭礼図屏風」という傑作がありまして、今から約四〇〇年前の豊国神社とその前のストリートが描かれています。秀吉七回忌の大祭礼の様子ということですが、驚くことに門前で二、三組が大きな輪になって踊ってるんです。これが笑っちゃうほどホコ天の竹の子族にそっくりなんですよ。そういう意味では、豊国神社は四〇〇年前の明治神宮のロールモデルのような気もします。

境内はもちろん荘厳ですが、神社の前には門前町的な賑わいがあり、芸能や文化が花開きます。そういう総合性が外国人にも受け入れられているんだと思います。

長谷部　明治神宮があるということは、本当に渋谷区にとって大きな財産です。これが一〇〇年、二〇〇年と経つほど歴史の重みも増すわけですから、このまちはますます注目されていくと思っています。その重みや価値を、区民はもっと理解したほうがいいと思います。最近知った面白い事例ですが、区役所に自衛隊で元気象予報官だった職員がいるんです。この人が二年間ずっと、渋谷の空を観測してくれました。夏の時期、明治神宮の緑が上空の空気を冷やしてくれるおかげで、西や北のほうで発生して流れてくる雨雲が、渋谷の明治神宮付近で消滅し残りが新宿方向に流れていくそうです。そういったことからも明治神宮があることで、いろいろな意味で渋谷が護られているということを知ったほうがいいと思います。

知ることによって明治神宮のファンを増やす。明治神宮には「崇敬会」があります。僕も入ろうと思っているんですが、「崇敬会」といわれると若い人はちょっと引いてしまうかもしれません。でも若いファンを増やすことは大切です。もっと知るようになると、私のようにファンになる。ひいては感謝の気持ちをもつようになるという、そんなサイクルをつくっていきたいなと思っています。

今泉　明治神宮の未来と表参道の未来は、別々に論じることはできないことを実感します。三浦さんは、表参道の調査をなさっていますが、これからの明治神宮を考えるうえで、こんな調査が必要ではないかなど、ご提案があればぜひお願いします。

三浦　まず今の状況を把握することが大事かと思います。明治神宮では四季折々いろいろな行事がありますが、地域の方、外来の方々が、明治神宮に参拝した前後にどのような行動をとっているか、どこに滞在しているかなどがわかると、神社と参道の目に見えない一体感や精神的なつながりなどがデータにあらわれるかもしれません。そうすると明治神宮には表参道、西参道、ほかに北参道もありますが、それぞれの参道の特性や課題などがクリアになってくると思います。調査を通じてそんなお手伝いができたら面白いし、役に立てるのではないかと皆さんのお話をうかがって感じたところです。

今泉　参道を歩いて、明治神宮に入って、参道へ出ていく。その人の流れを調べるということですか。

三浦　そうです。それが住民の方なのか、外の地域からの来街者なのか、あるいは外国からの旅行者なのかという属性のバラエティを調査することでも、明治神宮とその参道空間がもつ豊かさというか、包摂性の高さが見えてくると思います。

前向きに未来に参画する

今泉　今日は太田先生から「シビックプライド」という大切な

言葉を教えていただきました。郷土愛に限定されない、能動的な参加意識を伴う、まちへの愛着ということだったと思います。まさに本日ご来場の皆さまにピッタリあてはまる言葉です。最後に、代々木の森と原宿表参道の未来のためにわたしたち一人ひとりができることは何か、ひと言ずつメッセージをお願いします。

太田　「社交」と「表現」というのが大事だと思います。ほかのまちで社交というと、居酒屋だったりバーだったり、夜の社交が多いんですが、原宿はまず社交が昼間でカラッとしている。そして、パブリックスペースが社交の場の役割を果たしている。このシンポジウムも社交ですが、ぜひ原宿の社交文化を盛り上げていきたい。それから、表現のまちであるということ。最近は社交も表現もオンラインでなされますが、やはりそうじゃないんだよと。われわれも小さい表現者ですので、着飾ってまちに出るとか、そういうことが大事なんだと思います。もしくは表現する人を応援する。そういうようなことで私も含めて皆でまちづくりを応援していくのがよいのかなと感じます。

三浦　この場にいらっしゃる方は、まちにとても関心がある方々です。一番いいのは、太田先生のピクニックみたいに実践して、いろいろなかたちでまちを使ってみて、気づいたことを発信することだと思います。それではハードルが高いということであれば、実践している人を応援する。

それも大変だという場合、実はまちで何が起こっているかということは、区や都がこまめに発信しています。それに対してパブリックコメントをする。こういうコメントにはネガティブなものが多いんですが、今日の話にもあったように、五〇年でまちは結構変わります。五〇年後の次の世代は価値観も異なるでしょう。そこに思いを馳せて、未来へ向けて前向きなコメントを寄せる。それだけでポジティブにまちを変える大きな力になると思います。

長谷部　未来をつくるといえば、やはり次の世代にどう伝えるかが非常に重要です。

明治維新があって、鎖国していた国が開かれて世界とつながった。その維新をなしとげた明治天皇を祀って明治神宮がつくられる。そこから渋谷のまちが発展して、世界とつながり今、変化の途中であるということ。よく欅会でも話すことですが、子どもたちは歴史を弥生時代から学びます。しかし、この一〇〇年をわかっていると、一〇年後、一〇〇年後と、次の一〇〇年を考えやすい。変化の流れは歴史を学んでいくことでわかると思うんです。今、中学校でも郷土学習で「シブヤ科」という授業がありますので、明治神宮さんとも連携しながら、子どもたちに伝えていくことが、次の未来をつくることにつながるのではないかと感じています。

今泉　ぜひ、明治神宮がご一緒できることがありましたら、お声かけください。

一〇〇年後ではなく二年後になりますが、原宿表参道欅会は令和五年に設立五〇周年を迎えるとのこと。松井理事長、二年後の近い未来に向けて、何かお考えがありましたら最後にお聞かせください。

松井　多分これからの数十年で、社会はものすごく変わると思います。でも区長が変化することを恐れずにとおっしゃったとおりで、それを無視したり、見ないことにしても社会は進みません。これからの欅会も、いろいろな現象に柔軟性をもって素早く対応できる組織でありたいと思います。

もうひとつ、今日もケヤキの植え替えに触れましたが、私は長いこと理事長をやっていて、どうもまちづくりや環境問題に力が入りすぎます。会員から商店会と違うじゃないかといわれても困るので、欅会は若い人たちにまかせます。自分事で申し訳ないんですが、私は五〇周年を機会に別の団体を立ち上げて、そこでケヤキの植え替えやまちの整備事業を実現できるよう支援ができたらと思っています。本日ご来場の皆さん、特に地域の皆さん、その折にはぜひご協力をお願いします。

今泉　最後に思わぬ決意表明がございました。これにてシンポジウムを終了いたします。ありがとうございました。

第7章

いのちとくらし

今、大切なことを見つめ直して

混沌とした時代から、私たちはどのような未来を見出すことができるだろうか。

各々の世界で本質を極め、本物を知る方々に、これからの日本人が大切にすべきことについて提言をいただいた。

01　彫刻表現の現在と未来

名和晃平

名和晃平です。よろしくお願いいたします。

僕は京都を拠点に彫刻をつくっていまして、発表する場はコンテンポラリーアートというフィールドです。ここでは作品を紹介しながら、「彫刻表現の現在と未来」というテーマでお話をいたします。

明治神宮鎮座百年祭と鳳凰

古代から中世、近代とずっといろいろな人々が彫刻という存在をつくり、そして見てきたと思います。その流れのなかで、僕は「今の時代において彫刻とは何か」ということを考えながら制作をつづけています。令和二（二〇二〇）年、鎮座百年祭の明治神宮境内で、ご縁あって南神門に「鳳／凰（Ho/Oh）」を展示いたしました［口絵4・図1］。神門の左右の空間にぴったりと入るサイズのこの彫刻は、京都の仏師の方、漆工の職人の方、それから箔《はく》を貼る職人の方の

名和晃平
Nawa Kohei
彫刻家、Sandwich Inc. 主宰、
京都芸術大学教授

図1―明治神宮南神門で展示された「鳳／凰（Ho/Oh）」2019. wood, lacquer, gold leaf, platinum leaf. h:216, w:190, d118 cm. photo: Nobutada OMOTE | Sandwich

工房と共同ですべて制作いたしました。展示は一〇日間という短い期間でしたが、最後の三日間は、夜間参拝でライトアップした展示を多くの方に見ていただくことができました。

伝統技術と3Dモデル

古来、彫刻表現は、いろいろな方法で発展してきていると思います。僕自身は大学在学中に粘土から木彫、石彫、また鋳造してブロンズに置き換えたり、石こう像をつくったりと、いろいろな素材で彫刻の技法を体験してきました。そのなかで、今の時代に合った表現とは何か、これから彫刻はどうなるのかを考えて、伝統的な技法と、今でしか使えない技術を融合した彫刻をめざしています。たとえば、コンピュータで造形ができるタッチングデバイスというソフトウエアを取り入れること。コンピュータのなかに仮想の粘土をつくって、それを手で触るように扱うことができるものです［図2］。今、彫刻刀をもっていると仮定すると、その彫り心地とか表面の凹凸の手触りとか、ざらざらしたテクスチャーまで伝わってくるような装置です。

ですから、僕自身が造形をしてきた経験をこのコンピュータ上の経験に置き換えて訓練をつづけると、本当に素材を扱っている感覚で造形ができます。人間の手も脳と神経がつながってものと接しています。コンピュー

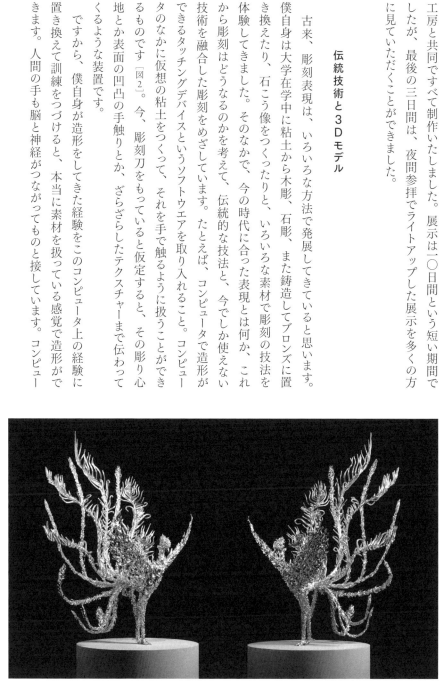

タを介する場合も、その距離やフォーマットが違うだけであって、想像力とリアリティを一致させる点ではどちらも同じではないかと思ってきました。最初はそのリアリティが足りないためコンピュータで造形することには違和感がありましたが、今はより自分の身体感覚を発揮できるのではないかという実感があります。

「鳳／凰（Ho/Oh）」の場合ですが、コンピュータで構造計算もできるので、それを設計図として京都の仏師さんに木彫で造形をしてもらいます。その後、漆を塗って磨くのは京都の漆の工房にお世話になり、さらに金箔の工房で箔貼りをしてもらう。そのように京都では造形からその仕上げまで、伝統的にいろいろな工房が分業しながらでき上がっていくわけです。今、僕自身のスタジオと京都の工房が連携して、ものをつくっていこうとしています。

3Dモデルの段階では無重力のように扱えるので、どんな形状も可能です。そこに物理シミュレーションという計算を入れて、この素材が石だったらどうかとか、木だったらどうかと仮想をする。そこに重力も加えたり、あるいは落下試験や破壊試験もできます。木彫の場合、実際に細い足で自立させるために金属の構造をどう入れるかという設計もしました。

一般に鳳凰は首に宝珠をつけていることが多いですが、今回の鎮座百年祭では、明治神宮からお借りしたクスノキの枯損木を使って、タケの実をモチーフに宝珠をつくりました。一つひとつ手彫りで進め、漆が塗られ、箔が貼られ、最終的には、高さが足元から羽の先までで二メートルほどのものになりました。右側が金箔、左下側がプラチナゴールドの箔になっていまして、

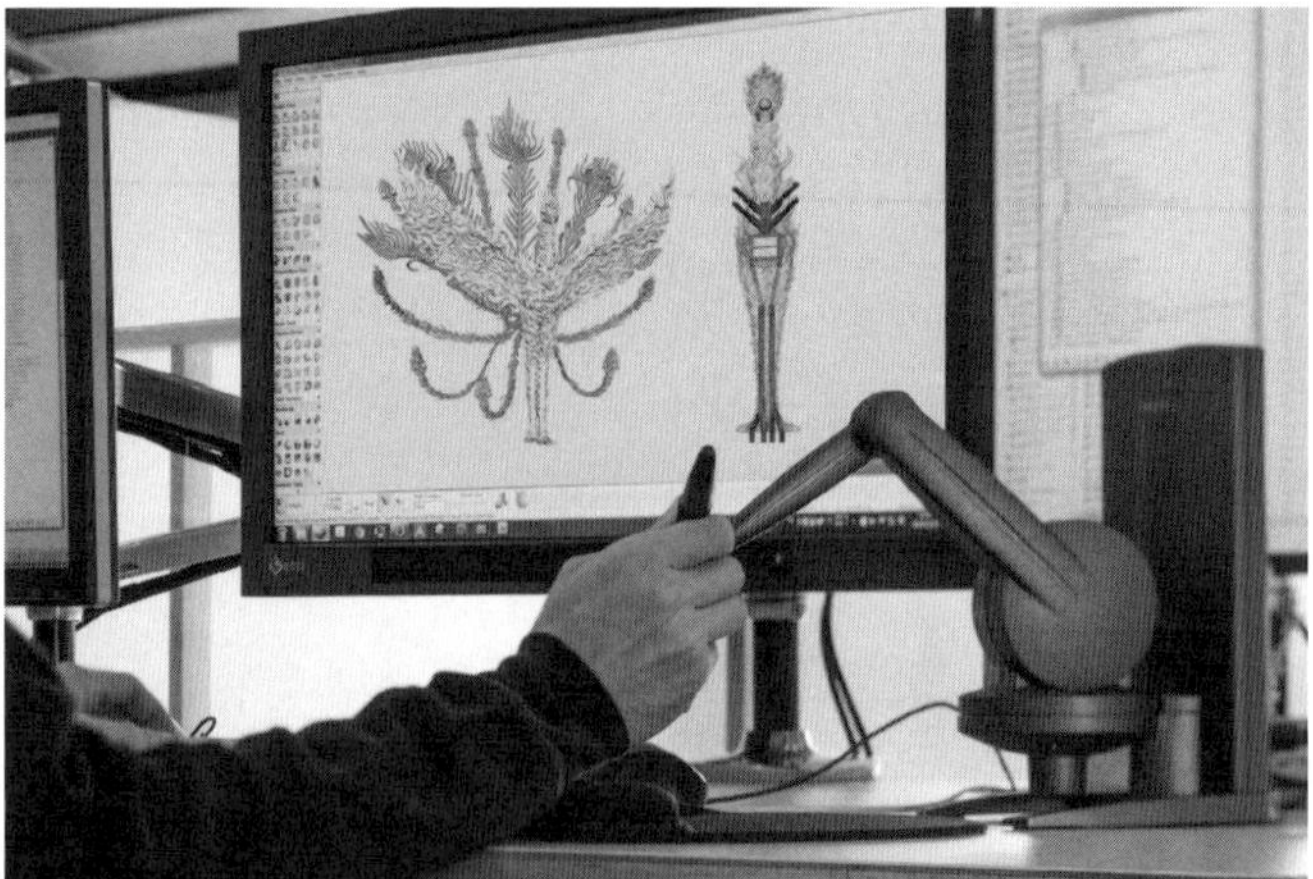

図2―タッチングデバイスで「鳳／凰（Ho/Oh）」を制作する名和晃平氏 © Kohei Nawa｜Sandwich

足のなかには金属の構造体が入っていますが、ほぼ木でできています。

軽やかに浮いたような羽の表現は3Dプリンターで出せますが、現実では自重で垂れ下がってしまう。ですので、いろいろな木の向きを組み合わせて、弓のように重力から解放された力を加えてふわりと浮いた表現になっている。ここはさすが仏師さんだなと。木の使い方、木の向きや、組み合わせ方によって浮遊感を表現された。ほんとにさすがだなと思いました。目の部分は内ぐりがしてあって玉《ぎょく》が入り、その目の部分だけ色が逆の組み合わせになっていて、プラチナゴールドの銀色の鳳凰には金色の目玉が入っています。

鳳凰は時代を超えて存在するという伝説の鳥なので、復活の象徴や永遠のいのちの象徴であったり、手塚治虫さんの『火の鳥』のモチーフになったり、世界各地でさまざまなかたちで存在しています。現在のこの世の中でつくるとしたらどういうものがいいかなと考え、僕は全身が炎になろうとして、怒りの目をしているイメージでつくりました。

また鎮座百年祭のときには、明治神宮ミュージアムの前に「ホワイトディア（White Deer）」という彫刻も展示いたしました［図3］。宮城県の石巻市の荻浜というところに「ホワイトディア」という六・三メートルの別の作品もあります。石巻・牡鹿地区を中心に平成二九（二〇一七）年から開催されている「リボーンアート・フェスティバル（Reborn-Art Festival）」という震災復興のための芸術祭に参加した際につくりました。海辺に立って遠くを見ています。

物質ではなくて情報としての作品を販売するNFTという動きが今、現代美術の世界で起こっています。「ホワイトディア」をNFTでコレクションしていただ

図3—明治神宮ミュージアム前の「ホワイトディア（White Deer）」
2020. paint on bronze.
h:300, w:200, d:200 cm.
photo: Keizo KIOKU

いた費用をこの宮城県の荻浜の「ホワイトディア」の恒久設置費に充てるというプロジェクトを先日行いました。

情報を彫刻する

それから情報と彫刻の関係でいいますと、「ピクセル（PixCell）」という作品をつくっていま

上：図4─「ピクセル・リードバック オーロラ（PixCell-Reedbuck (Aurora)）」 2020. mixed media. h:1131, w:1142, d:380 mm. courtesy of SCAI THE BATHHOUSE. photo : Nobutada OMOTE | Sandwich

下：図5─目の前のモノを「ピクセル（PixCell）」に変えるアプリ © Kohei Nawa | Sandwich

す［図4］。インターネットを使いはじめた二〇年前から、いろいろなものが情報に置き換わっていくことを彫刻にできないかと考えました。一〇〇年前に産業革命があり、僕が大学院生時代に情報化革命が起こりました。この一〇〇年スパンの情報化時代のはじまりは、今後の人類にとってものすごく大きな節目ではないかと。写真から映像へ、またカメラがスマートフォンのなかに入ったりと、さまざまなメディア技術が進化して人々のライフスタイルを変えてきている。その時代のはじまりを象徴するような彫刻を残していきたいと思っています。

美術のなかで特に彫刻はものすごく長いメディアで、何百年も残る可能性がある。今の時代に自分が彫刻家として何を残すか、どういうフォーマットでそれをつくればいいかということで考えたのが、この「ピクセル」だったのです。

物体そのものの表面をガラスの球体、レンズの連続で覆うことで、物体を映像に置き換える。たとえば写真を撮ると、カメラのレンズを通して紙に焼きつけられた物質ができます。その写真のような彫刻、あるいは映像のような彫刻ができないかと思い、レンズを通してしか見られない彫刻をつくったんです。コンピュータ用語のピクセル（Pixel）をもじって、映像の細胞（Cell）のようなタイトルをつけました。日本で鹿が神様のお使いになっている絵画がありますが、その神鹿をモチーフにしたり、インターネットを通して集めたモチーフ、また自分が学生のときに撮った写真そのものが「ピクセル」という彫刻になっています。

現実を拡張する試み

それからARという情報技術によって現実を拡張するという考え方があります。

最近、「ピクセルAR（PixCell_AR）」というものをつくりました。目の前の物体にiPhoneをかざすと、物体の凹凸を認知して、画面のなかで「ピクセル」をつくってくれるというアプリです［図5］。これも一年ぐらいかけて最近発表したものです。

同様に、今ちょうどGINZA SIXの吹き抜けの部分を会場にして展示をしていますが、ここでもARを使っています。「メタモルフォーシス・ガーデン（Metamorphosis Garden、変容の庭）」といって、空中に海面があるように感じさせるインスタレーションです。海流などが渦巻いているところに神鹿が立ちすくんでいます。ここでは、渦巻をテーマに踊るダンサーたちがうわーっと出てきて、また流砂のひとつになって消えていくというARのコンテンツをつくりました［図6］。

現在と未来をつなぐ彫刻

平成三〇年にはルーブル美術館のメインエントランスのピラミッドのなかに「スローン（Throne）」という作品を展示しました［図7］。この「スローン」を小さくしたものを明治神宮宝物殿で開催された「神宮の杜芸術祝祭　気韻生動―平櫛田中と伝統を未来へ継ぐものたち」でも展示いたしました。ルーブル美術館の展示は、「ジャポニスム 2018――響きあう魂」というパリで行われた日仏合同のプロジェクトでした。基本的に、ルーブル美術館は現代美術の展示を行いません。過去四回しかこのピラミッド内で現代美術が展示されたことがなく、しかもアジアの作家としてははじめてとのことでした。

「スローン」は玉座の意味です。玉座といっても椅子がすごく小さくて、三歳ぐらいの子どもしか座れないチャイルドシートみたいな椅子が中心にあります。誰も座っていない空位の玉座として、あるいはここに座っている人がインビジブルであるものとして、この作品をつくりました。新しい知性としての人工知能がこれから加速度的に進化して社会を管理し、人々がそれに盲従してしまうのではないかという思いを表現したつもりです。ルーブル美術館自身が、王権が残してきた宝飾品をコレクションしている場所なので、古代から連綿とつづいている権威とは何なのかということをテーマにしつつ、未来の玉座はどうなるのかということを示唆する彫刻にしたかったのです。

最後にパリでの彫刻作品「エーテル（Ether）」を紹介します。セーヌ川のほとりで、二五メートルにもなる彫刻を令和四年の末に立てる予定で制作中です［図8］。「スローン」と比べると、さらに大きなもので、水と生命と重力の関係を彫刻として象徴化してつくっていますので、ぜひ現地でご覧いただきたいです。

上：図6—GINZA SIXでの「メタモルフォーシス・ガーデン（Metamorphosis Garden、変容の庭）」2021. © Kohei Nawa | Sandwich

中：図7—ルーヴル美術館での「スローン（Throne）」2018. mixed media. h:1040, w:480, d:330 cm. © Pyramide du Louvre, arch. I. M. Pei, musée du Louvre. Remerciements : Musée du Louvre. photo: Nobutada OMOTE | Sandwich

下：図7—「エーテル（Ether）」の完成予想図。セーヌ河の中洲であるセガン島に展示予定 © Kohei Nawa | Sandwich

02 刀剣から見る日本人の美意識

原田一敏

私は常日頃大学での講義や美術館の館長として仕事をしておりますが、年に二回、五月の立夏、そして十一月の立冬の日に明治神宮で行われる御祭神の更衣の儀式である御衣祭《おんぞさい》でご奉仕しております。当日朝、潔斎をして白衣白袴をつけ、神職の方がご本殿の内陣からいったん下げてこられた神刀二振りのお手入れをするのです。このご奉仕をつづけ、かれこれ四〇年以上経ちます。

手入れするということ

今現在、おおよそ二五〇万本の日本刀が国内に残っています。しかもその多くはぴかぴかの状態です。それは愛好家の人たちや、美術館・博物館の職員が、美しさを維持するために手入れをしているからです。時代劇などで、てるてる坊主のような形の打粉（砥石を細かく粉にしたもの）をぽんぽんと刀身に振っている場面をご覧になった方もいらっしゃると思います。手入れは、

原田一敏
Harada Kazutoshi
東京藝術大学名誉教授、刀剣研究者

図1――国宝 金銅装大刀 小村神社所蔵 日高村教育委員会提供

まず刀身に引かれた油を取り除きます。昔でしたら美濃紙などで拭き取りましたが、今は高品質で柔らかいティッシュペーパーを使います。さらに打粉で油を全部取り除いた後、椿油や丁子油などをごく薄く塗り空気に直接触れないようにしてさびを防ぎます。

刀剣は一年に一度程度は手入れが必要です。それを怠って二年以上手入れをしないと、油が刀身にこびりついて染みになります。一度染みになったものは、研師さんにお願いして軽く研磨をほどこすことになります。

沸、匂の美、そして鍛え肌

鉄でできた刀剣が日本に出現したのは今から約二千年前の弥生時代です。当時のものは地中から出土するものが多くて刀身はさびで覆われて研ぐこともできません。そのなかで珍しい例が、高知県の小村神社のご神体である古墳時代の六世紀の大刀です［図1］。この大刀は本殿内に長い間人目を避けて大切に奉安されていたと聞いています。今も手入れのおかげで、非常にいい状態で伝わっています。また、奈良時代以降になりますと、正倉院宝物として伝わる聖武天皇の御刀など、美しい姿のまま残っているものが多くございます。

古い時代は反りのない真っすぐな直刀が中心でした。それが今から一千年前ぐらいの平安時代、一条天皇の頃に反りのついた日本刀というものが完成します。日本刀の大きな特徴と魅力はやはりこの反りのある姿で、カーブの美しさは機能的でもありますし、刃文も併せて、究極の美ではないかと思います。

日本刀は一番いい鉄を材料として使いますので、さびにくい性格があり、さらに機能的によ

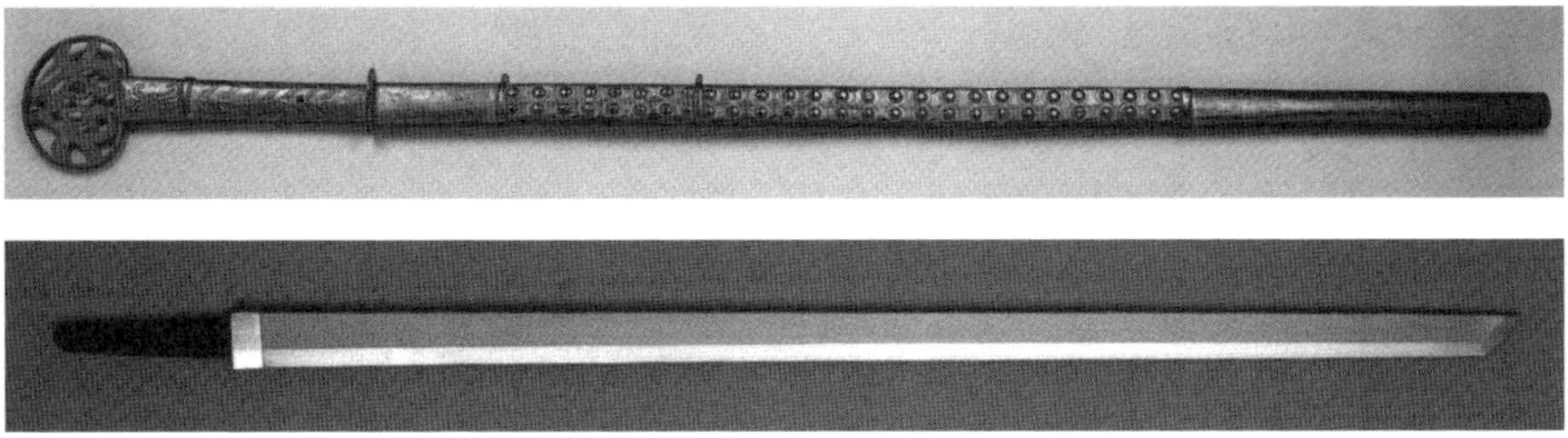

く切れるように、焼き入れが行われています。和包丁でも一応焼き入れしますが、その際に日本刀の場合は刃文を入れます。美術館、博物館の展示でライトを当てるとはっきりと白い部分と黒い部分の境目の刃文の線が出てまいります。その線のかたちがたとえば真っすぐであったり、波であったり、花のようなかたちであったりします。変わったところでは富士山のかたちを刃文として焼いたものがございます。そこにさまざまな技巧があらわれるわけですが、そのひとつが刃文を構成する線自体の美しさです。非常に粒子の細かいものを匂《におい》といい、粒子が粗くてつぶつぶが見えるところを沸《にえ》といいますが、その匂、沸の美しさが一番の見どころです。

よく知られた刀工に正宗がいます［図2］。室町時代の刀剣書『往昔抄』では、その解説として「この作、焼刃白く、沸多し。地はせやかに、唐梨子の切り口のごとし。地色黒くしんに塗りたる上に雪の降りかかりたるを見るがごとし」と書いてあります。「この作品は焼いた刃文がすごく白くてきれいで、沸というつぶつぶが非常に目立っている。地の鍛えが立っていて、リンゴの切り口のようにみずみずしくて、細かい。黒漆のところに雪が降ったように、黒い地色に白い沸が光って美しい」といった意味です。『往昔抄』では、作風の観察がよく行き届いた例

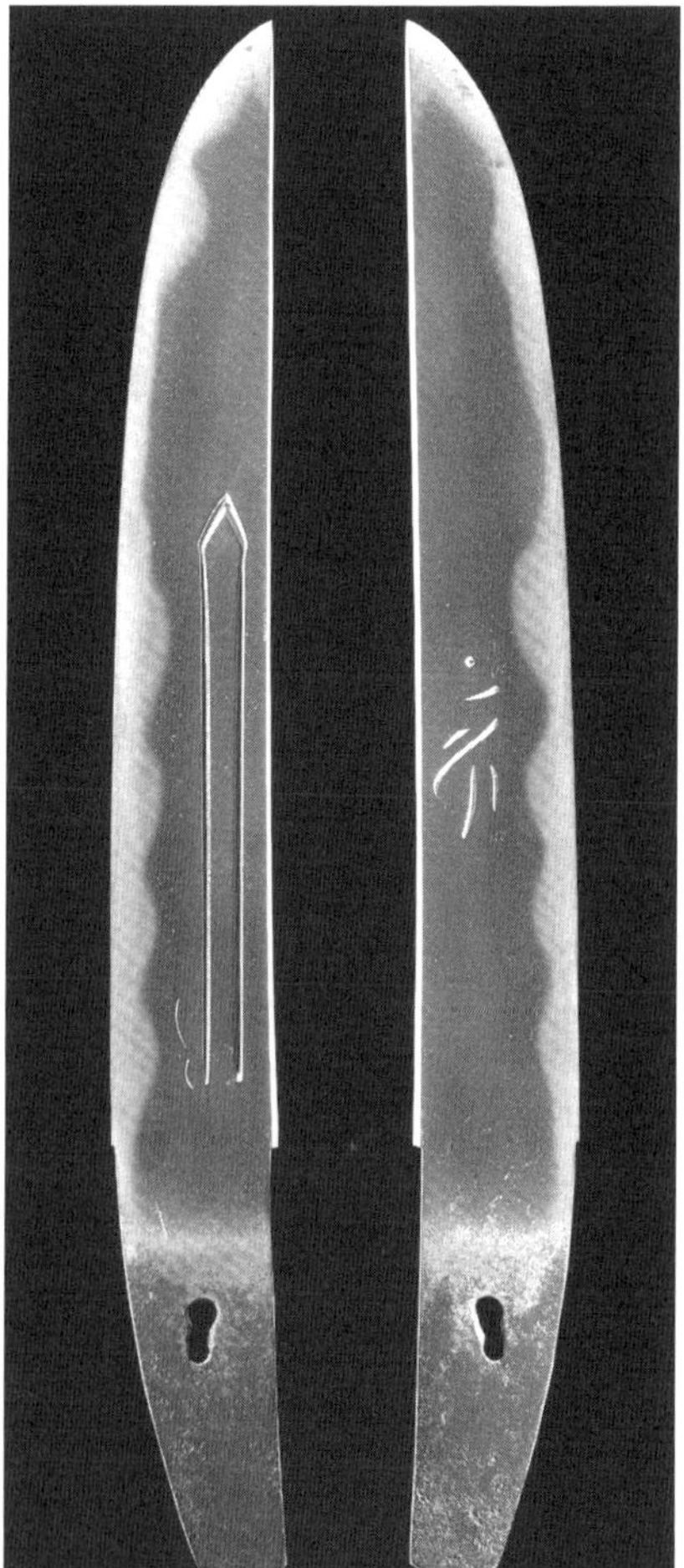

図2—国宝 短刀 無銘 正宗 名物包丁正宗 永青文庫所蔵

えで表現されており、私たちも調書を取るときの参考にしています。

多彩な鍛え肌は、不純物を取り除く行程で生まれます。島根県の山中にある仁多郡で、今でもたたら製鉄が行われています。そこで取れる玉鋼《たまはがね》という鉄以外は日本刀の材料として適さないものです。鉄を生産するときには必ず不純物が混じります。硫黄やリンは鉄に悪影響を与えてさびやすく、もろくしますので、刀鍛冶の人たちはできるだけ不純物を取り除いて洗練された鉄で刀をつくります。ここに、鉄製品の究極の美しさが生まれます。鍛錬する、折り返しては伸ばす作業をつづけることで、地鉄《じがね》に板目、柾目など、表面にさまざまな鍛え目が出てまいります。

神々と刀

なぜ神社に刀が多いかということですが、ひとつには、刀剣そのものをご神体としてお祀りする場合があります。三種の神器にも大刀が含まれています。ヤマトタケルノミコトがお亡くなりになる直前までご愛用されたのは草薙剣《くさなぎのつるぎ》ですが、そのお妃でありました宮簀媛《みやずひめ》によって熱田神宮に奉納されている。まさにこれはご神体同然の扱いをされていると解釈していいと思います。

それから、ご装束・調度品など神の御料として調進されたご神宝のなかに大刀が含まれていることがあります。その代表的な例が、平安時代の春日大社のご神宝、足利三代将軍義満奉納の熊野速玉大社のご神宝や、鎌倉時代初期、厳島神社に納められた刀身が五〇センチに満たない大刀です。

神の御料として最も古いのはおそらく伊勢の神宮の大刀ではないかと思います。二〇年に一度ご遷宮のとき、たくさんの刀を調進しています。現在も各地の刀鍛冶がそれを担っています。昔は遷宮のとき、それまで納められていた装束や刀などすべてが撤下されて、地中に埋められました。したがって基本的に古いもので残っているものはありませんが、偶然、建物を造営するときに発掘されたものがあります。鎌倉時代の玉纏《たままき》の大刀です〔図3〕。ちょうど古墳時代の埴輪《はにわ》にも似たものがありますが、非常に古くからの形式を示すものとして注目されています。こういったものが神の御料として捧げられてきたわけで、今でもご遷宮の際につくられています〔図4〕。

そして三つ目ですが、戦勝祈願のため、または祈願成就にあたっての奉納です。中世以降、武家の活躍と同時に戦が非常に多く、その戦勝祈願に武家は神社に参りました。その後、無事帰ってきたお礼として、自分の身につけていた刀、あるいは新たにつくった刀を神社に奉納することが中世以降多く行われました。この風習はつい先だってまであり、第二次世界大戦のときに復員した方々が指していた軍刀を、感謝の印としてお宮に奉納いたしました。身につけていた刀を神に捧げたいという心情が、日本人の気質にあると強く感じます。

また、天文八（一五三九）年、後北条氏二代目の氏綱が鎌倉鶴岡八幡宮に奉納をした、長さ九〇センチもある非常に大きな太刀があります。これには「所願成就皆令満足」という文字

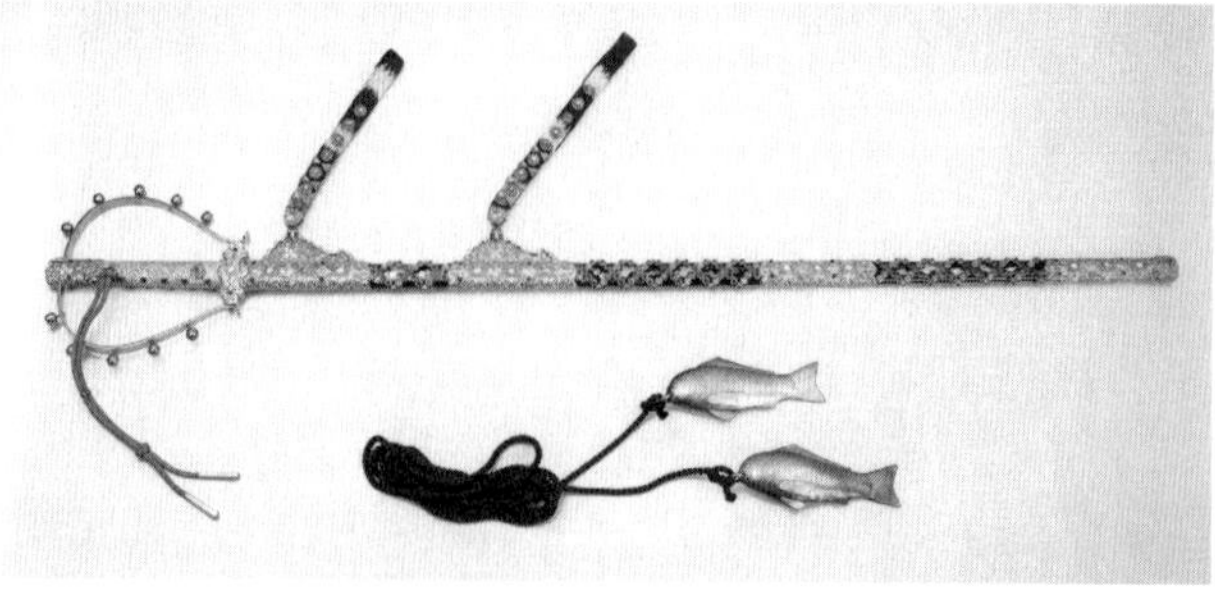

上：図3—重要文化財 玉纏横刀 鎌倉時代・一三世紀 神宮司庁所蔵
下：図4—玉纏御大刀 附・鮒形 昭和四年調進 神宮司庁所蔵

が彫られています。北条氏が里見氏をはじめ房総諸将と繰り広げた、国府台合戦に勝った際に奉納したものです。戦勝祈願や戦勝した証しとして刀を奉納したことをよく示す作品であると思います。

千年の輝きを継承する

西暦でいうと一〇〇〇年前後に日本刀が誕生するわけですが、その一番古い刀工が伯耆《ほうき》の安綱という人です。彼のつくった「童子切安《どうじぎりやす》綱《つな》」は当初のままぴかぴかの状態で、しかも研ぎ減りも少なく大切に扱われて、現在の私たちでも自由に見ることができます。東京国立博物館所蔵の刀剣のなかでも、この「童子切安綱」はトップの健全さと古さ、刃文の完成度、それから鍛錬の良さをもつ最高級のものです。国宝の刀剣は一二〇点ありますが、そのなかでも特に優れた作品といえます［図5］。

後鳥羽上皇は、日本刀をつくるのが大好きな方で、『承久記』にも、院の御所に刀鍛冶を召して刀をつくる相手をさせたこと

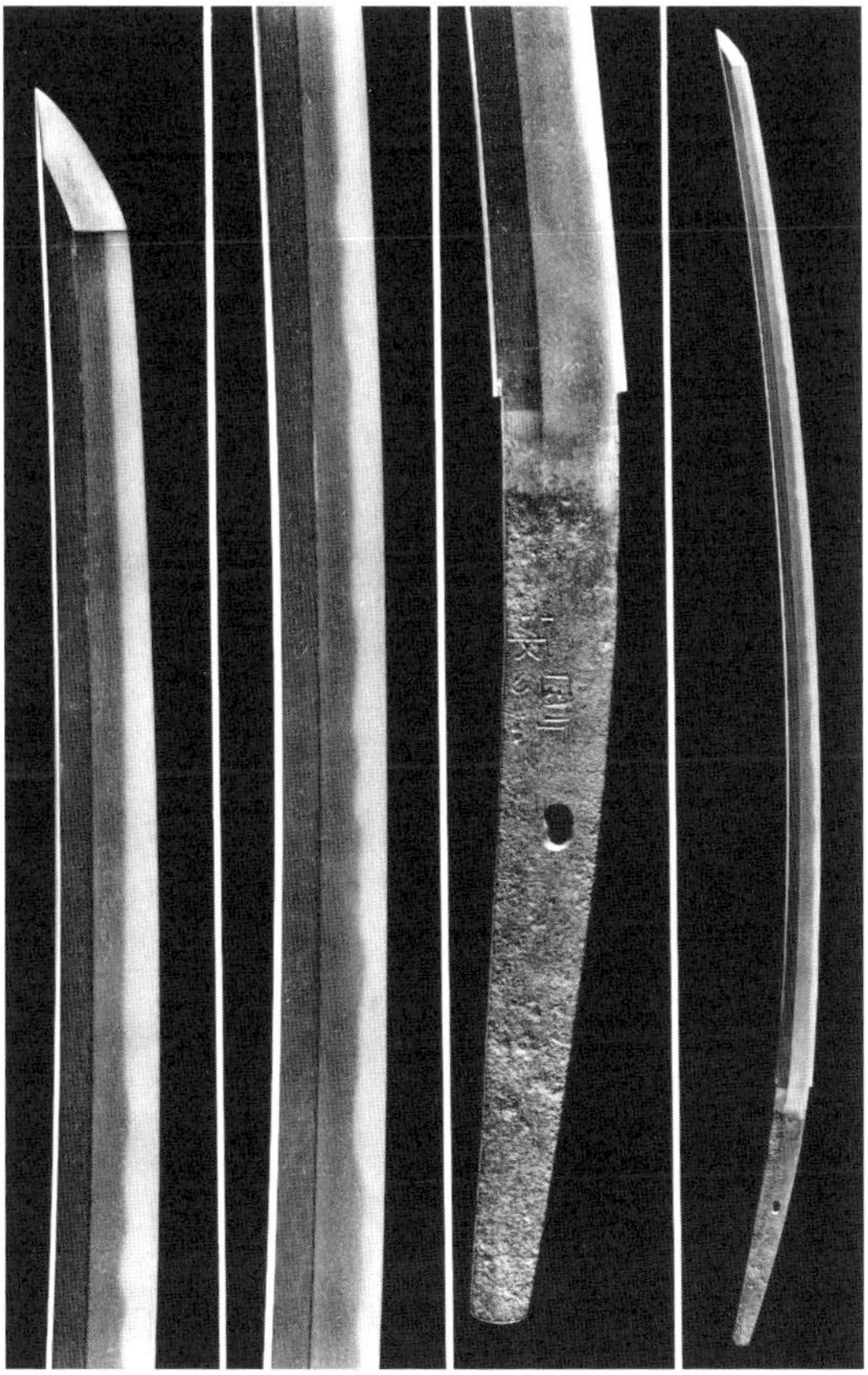

図5—国宝 太刀 安綱 童子切 安綱 平安時代中期 伯耆（鳥取）の刀工 国立博物館所蔵 https://colbase.nich.go.jp/collection_item_images/tnm/F-19931?locale=ja

が記述されています。京都の観智院に伝わった『銘尽《めいづくし》』という書物には、その記録が残っています。上皇は月番で京都、備前、備中の刀工を召し寄せました。その書物のなかに「御太刀磨　各従一人　国弘　為貞」とありますが、これは研師のことです［図6］。

中世の仏師や絵師たち、鋳物師などの名は歴史上かなり出てまいりますが、保存に従事する職人さんとしては、日本刀の研磨の、この国弘と為貞二人しか私は知りません。いかに日本刀を手入れする人たちが、当時から大切にされていたかがよくわかる史料だと思います。私たちも、未来永劫《えいごう》同じように手入れをすることで、刀をさらに先の世代まで引き継いで残さなければならないわけです。

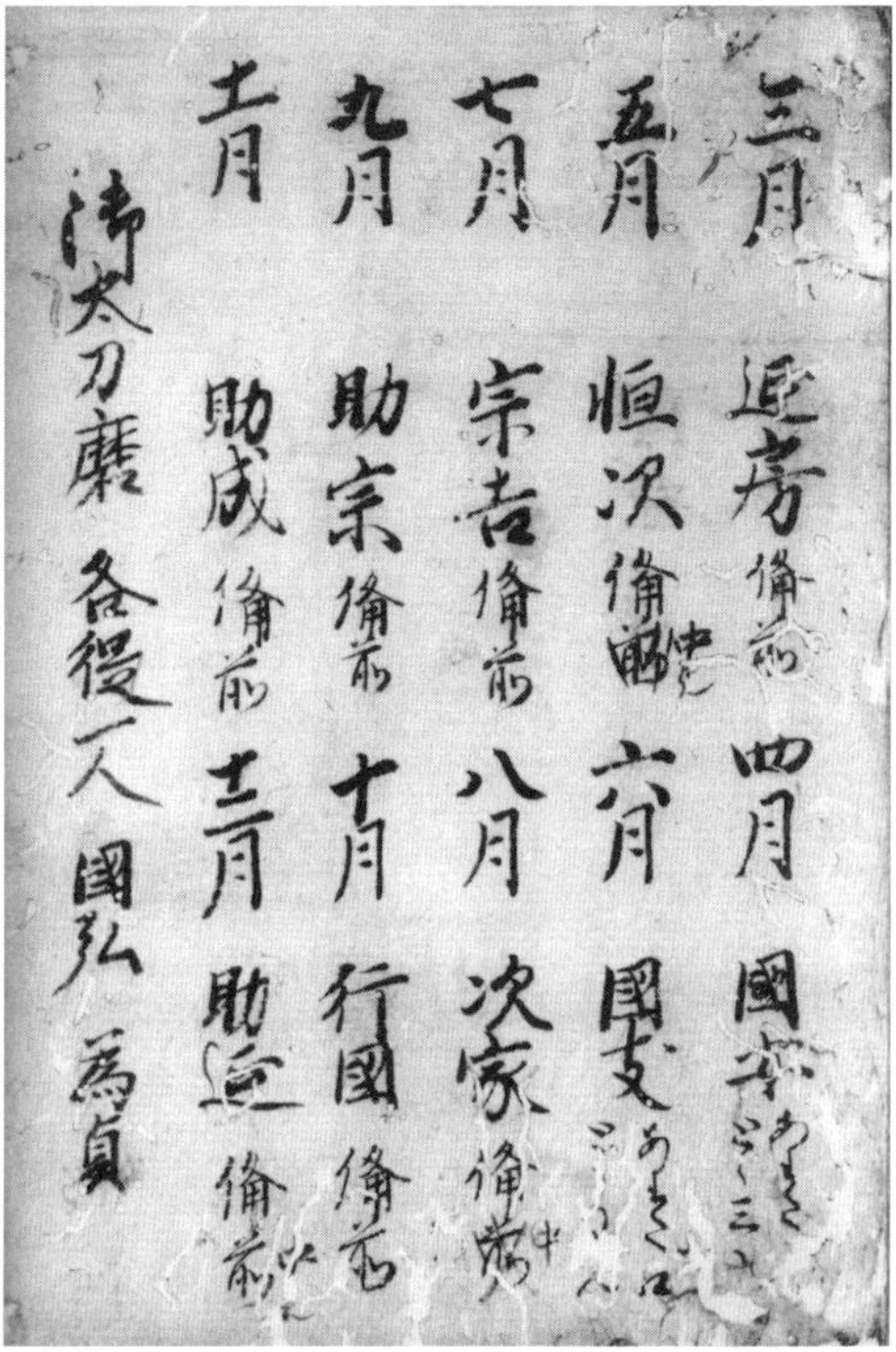

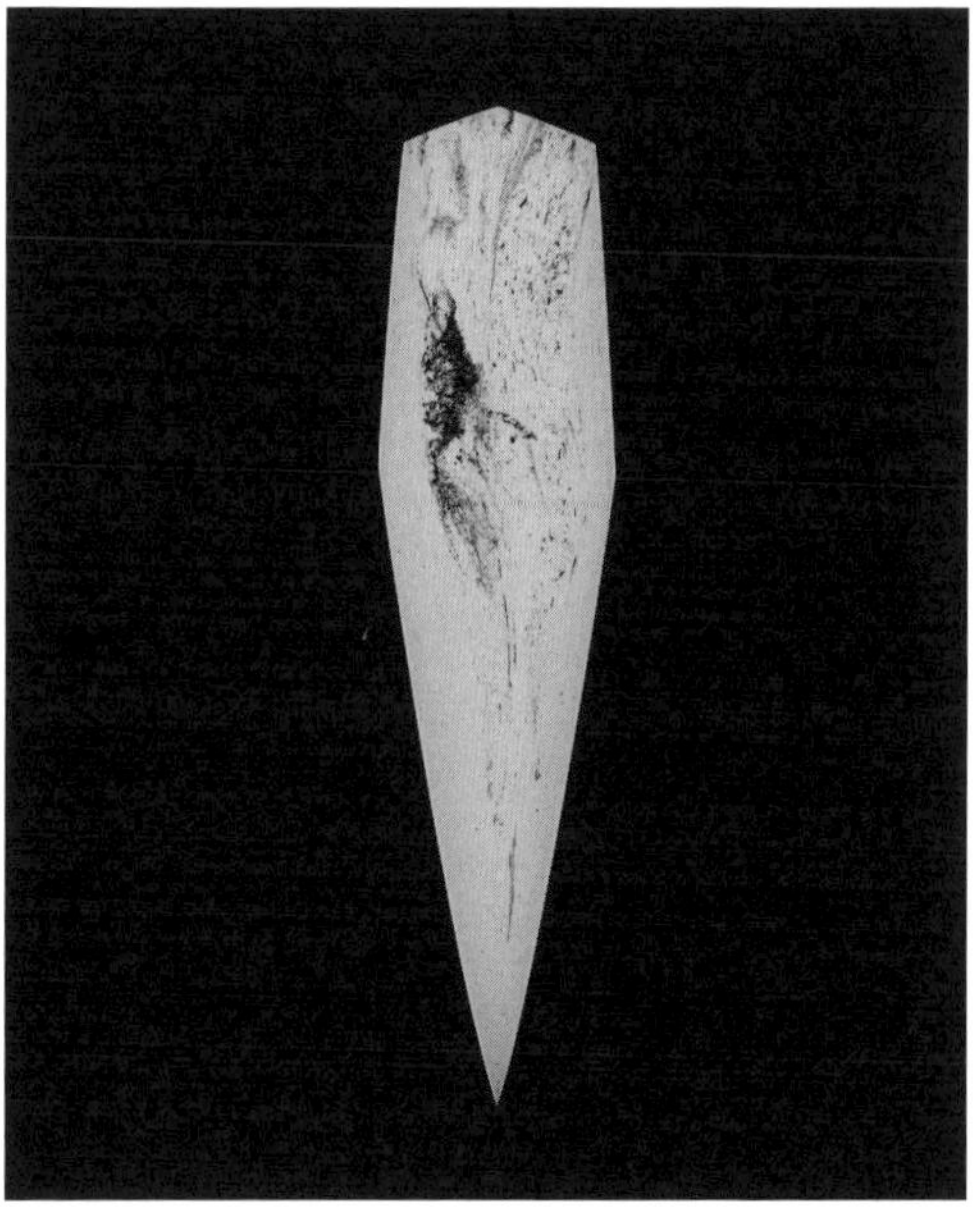

上：図6―重要文化財『観智院本銘尽』（国会図書館所蔵）。左側に「御太刀磨　各従一人　国弘　為貞」と、研師についての記述がある

下：図7―日本刀の断面　筆者撮影

その一方、今、最新工学によって日本刀の分析をすることもやっております。ＣＴスキャンによって非破壊で内部構造を見ることができます［図７］。断面図の真ん中に縦に黒い一本筋が見えます。日本刀のつくり方は、一番硬い鉄を下に敷いてその上に炭素量が少ない柔らかい鉄を入れて折り返します。折れず、曲がらず、よく切れるのは、真ん中に炭素量が少ない柔らかい心鉄《しんがね》を入れて、外側に炭素量の多い硬い皮鉄《かわがね》をサンドイッチしているからだということを実証することができました。最新の技術によって、作刀の秘密を今後さらに詳しく知ることができると思います。

いろいろと話して参りましたが、皆さんにおかれましては、日本人の伝統的な感性に思いを馳せ、新しい刀の見方をしていただきたいと思います。

03 トーク
伝統と創造　日本人の感性

名和晃平×原田一敏×いとうせいこう×廣瀬浩保

廣瀬　ここからは、作家・クリエーターのいとうせいこうさんをお迎えし、トークのコーナーに移りたいと思います。

いとう　お二人の話を聞いて、明治神宮の森にも関わる共通点があるかもしれないと思ったことを展開していきたいんですが。

僕、江戸の職人と話をすることが多いんです、下町におりますので。名和さんから、京都の職人はいろいろに分散して技術をもっていて、そのネットワークでものをつくっていくというお話が出ましたよね。でも、江戸の職人は「いや、俺たちだとひとりで全部やることになるんだ」という。これ歴史的な違いの問題だと思うんですけど。

京都で実際に職人たちと接してつくっていくとき、中央集権型じゃなくて自律分散型に最初からなっている、それは、まさに今っぽい、ネットワークっぽい――。

名和　きっかけは、若林佛具さんという会社から仏壇のデザインをできないかと僕に相談がきたことです。仏壇のことを調べるなかで、若林佛具さんがハブみたいな拠点になって、五〇社ぐらいの工房が紐づいていろんな技術が結集していることがわかった。打ち合わせを重ねるうちに、結局僕は彫刻がつくりたいですっていうことになって、「鳳／凰（Ho／Oh）」をつくったわけです。

京都の伝統的なものづくりってこうなんだなと。つまり、ひと

廣瀬浩保
Hirose Hiroyasu
明治神宮禰宜、百年誌編纂室室長

いとうせいこう
Ito Seiko
作家、クリエーター

つの工房で使う技術とか、道具とか、材料があり、その材料を提供する工房があり、そこで使われている道具をつくる職人さんがまた別にいる。いろんな技術が集まっている。美術でも同じで、画家が絵を描くと同時に、筆をつくる職人、絵の具をつくる方、その顔料を開発する人の存在とかさまざまなことがものづくりの奥には広がっている。

いとう　で、原田さんに質問ですけれど、なぜ分散する必然性があったのか。

職人の方から話を聞いて昔考えたのは、戦乱のある場所での知恵だなということです。ひょっとしたら、伝えるためにあらかじめ技術を分散させておくという非常にリアルなことがあったのかなと思います。たとえば組み紐、彫金、漆も、工芸は日本刀につながることが多いですが、この技術の分散について、原田さん、どうお感じですか。

原田　刀剣の場合はもう全国的につくられていましたので分散する必要はありませんでした。中世、江戸時代も含めてそれ以前では、日本刀は武士の数だけ必要でしたので、職人さんの技術が途切れることはなかったです。ただ江戸の元禄を過ぎて平和になったときに刀工の数はぐんと減りました。

いとう　そうなんですね。

原田　ええ。八代将軍吉宗はそのために刀剣政策を行って、諸国の刀鍛冶を調べさせた。また、浜松町の浜離宮で自らの前で刀をつくらせ、出来の良かった刀工には葵紋を切ることを許しました。

自然と技術、物質界とデジタル界

いとう　なぜその話を思ったかというと、元々この明治神宮の森は人工的なものだったわけですよね。今はもう亡くなってしまいましたけど柳生真吾という園芸家の友達がいて、彼と一緒にこの森を見て歩く機会があったとき、「いとうさん、見てください。あれはアカガシですよね、これシラカシですよね。自然の森のなかではこうはなりません」と。隣り合って生えないんですって。

そういった本来は同じ環境にはないものを、ある時、人工的にもってきてつくったのがこの神宮の森。しかも百年後に理想形になる計画が、すでに八〇年ぐらいで理想に近づいてきた。それは自然の力がすごかったから。とにかく自然のままに不自然なものを置くと。それが七〇年、八〇年経つとひとつの自然を活性させる。これは人間の技術と自然が融合した面白いかたちなんじゃないかと思って。

名和さんがつくるものもそういうところがあるんじゃないか。つまりデジタル的なものと物質的なもの、職人的なものとコンピュータ的なもの、人工的であるものと自然であるもの、現実的であると同時に非現実的なものがお互いに干渉し合うところに面白いものができていく感じがするんですが、その辺どうですか。

名和　素材と技法の関係でいうと、新しい技術で新しいものをつくる場合、たとえば３Ｄプリンターがアウトプットする素材は、樹脂系とか、石油系の素材です。この一〇〇年ずっと石油系の素材が街中を埋め尽くして、また服として私たちの身体を覆っていますけれども、たとえば仏像のつくり方では木彫で漆を塗って箔をつける。これはリセットできて長持ちすることが一千年単位で検証されてきた技術ですよね。それに比べると、この一〇〇年ほどで開発された樹脂系の素材はだいぶもろいと思います。

いとう　なるほど。

知恵と技術の守り方

名和　それは、京都の工房と組んで実感しましたし、何百年もかけてつくられた知恵とプロセスは信頼できると思いました。

いとう　先ほどの「鳳／凰（Ho/Oh）」では、木の反発力を生かすお話がありました。仏像でもよくあるんですけど、木が南の太陽を得ようとして育つことを利用して、切って乾かして、逆側にして貼り付けると、もうそれはずっと反発する。そういうびっくりするようなことをやるんですよね。

名和　本当にすごいです。その木をどこから取ってくるか、どの向きで使うかという知恵が蓄積されているのが伝統的な工房です。その知恵はある意味クローズドで、漏えいしないシステムです。分散してひとつの工房にひとつの技術を特化することで……。

いとう　全部がばれない。

名和　そうです。だからサバイブする、工房を守るためのシステムでもある。今その工房が毎年ひとつずつという単位で閉まっていて、なかなかアウトプット先が見えなくなってきた。だから、「鳳／凰（Ho/Oh）」は、新しい表現者と何か共同したいという若林佛具さんのプロジェクトでもあったんです。

いとう　隠している場合でもないよっていう。

名和　そうです。だからどこまで開いて、どこまで閉じるかという判断に今迫られてるときだと思います。

いとう　原田さん、それは刀剣でもいえることなんですか。一子相伝的なものがあって、本当は。

原田　そうです。いまだに徒弟制度の非常に強い世界です。そもそも日本刀は誰でもつくれるわけではありません。師匠に入門して、最低でも五年修業して、その間に刀鍛冶が審査員になっている文化庁の講習会を受ける。その審査を通らないと作刀許可が下りないんです。ですから師匠と弟子のつながりが今でも大切にされるわけです。それがなければ、今の日本刀の制作は完全に滅んでしまいます。

いとう　そのなかで本来は伝わっていた技術がだいぶ伝わらなくなっていくような実感はありますか。

原田　実際に明治九（一八七六）年の廃刀令で、それまでの刀のつくり方が途切れるんです。その間、わずかに明治天皇が制定した帝室技芸員制度で、月山貞一や宮本包則《かねのり》といった数人の名工が保護されて、その技術が細々と伝わった。それから昭和に入って今度は軍刀をつくる人を養成するために日本刀鍛錬練習場ができたわけですが、その作刀はもう理論的になってしまった。先ほどスライドで内部構造をお見せしましたが、後年のものはもっときれいに心鉄《しんがね》が入っている。むしろ、古い刀のほうがアバウトなつくり方をしても出来としては趣があることが多い。それは工学的研究をしてはじめてわかってまいりました。

いとう　太刀の装飾をつくるような職人の技は、伊勢の神宮に納めることでようようつながってるという感じですか。

原田　そうです。そういう点で見ると伊勢の神宮のご遷宮がなくなったら、刀に限らず、滅びてしまう日本の工芸はたくさんあると思います。二〇年に一度つくるからこそ技術が伝わっていることは多々あると思います。

斬るためのデザイン

いとう　名和さんは原田さんのお話を聞いていて、相当刺激的だったんじゃないかと思うんですけど。

名和　僕はさっきのスキャン画像がすごくかっこよかったと思っています。トルソーみたいに美しいバランスでできている。やっぱり無駄がない。力学的に使うっていうことが研ぎ澄まされたかたちをつくったのかなと感じました。

いとう　その辺は原田さん、どうですか。

原田　日本刀は最初の頃は直刀といわれて真っすぐだったんです。ところが反りを生じた。人を斬る場合、物を切る場合、反りがあることで刀が自然に滑るんです。その方がたやすく斬れて、手の反動がない。ですから戦国時代の刀には短くて、簡単に振れるように六〇センチぐらいのものがあります。

いとう　相当短いですね。

原田　片手で斬れるくらいです。ところが平安時代、鎌倉時代になると七五センチぐらいで長くなります。当時の平均身長は一五五センチぐらいですので、今の人が振る以上に昔の人は長いものを振っていました。

いとう　大変な技術が要りますよね。

原田　重さが大体七五〇から八〇〇グラムぐらいで、それを振り回していたんですから、すごいですね。南北朝時代はもっと長くて九〇センチの刀を使っていました。昔は実際に使う道具だったということがはっきりといえます。名刀の条件は何かというと、物がよく切れることと『古今銘尽《こきんめいづくし》』に書いてあるんです。物が切れないものは、駄目なんです。

いとう　美意識だけじゃ駄目なんだ。

未来永劫の手入れ

名和　刀を一千年もの間ぴかぴかの状態を保つのはどういう保ち方をするのですか？ 金属は彫刻でもどんどん変化してしまう印象があります。

原田　日本刀は、人を斬る部分の刃の部分と、真ん中に補強するための鎬《しのぎ》、それから峰打ちで使う棟、その三本の線から構成されていますが、上から下までほぼ等間隔。それはすべて研師の技術です。刀鍛冶は大まかなところまでつくりますけれども、その形を整えるのは最終的には研師の仕事です。

名和　表面に何か塗るんですか。

原田　何も塗っていません。砥石だけです。

名和　すごい。研ぐだけのことなんですね。

原田　白と黒のコントラストが出ていますけれども、白いところは内曇をとって、小さく切った砥石を手にくっつけてこすって白くします。余白の黒いところは鉄粉を練ったものと、油でそれを漉《こ》したものでこすって黒くしています。そうやってお化粧していくんです。

いとう　そのメンテナンスのスパンは？

原田　研いだ刀は手入れをきちっとしておけば五〇年、一〇〇年は今の状態です。

いとう　えっ。げげっ。名和さん、それはすごい話じゃないですか。

名和　すごいです。ブロンズの彫刻も、半年に一回くらいのコーティングや磨きで保たれています。相当純度が高くないと保てない。

いとう　元の純度が肝心だっていうことなんですね。

原田　たとえば徳川美術館の刀には、鞘に文化何年に研いだと書いてあって、おそらくそれ以降研いでない。文化というと一八〇〇年ぐらいです。

いとう　じゃ、時代劇で刀にぽんぽんぽんぽんと毎日やってるじゃないですか。あれは何をしているんですか。

原田　あれは古い油を取り替えるのが本来の仕事なんです。紙で拭っても油は全部取れませんので、砥石の粉で研いで、こびりついている油を取る。

いとう　やらなくても五〇年もつことはもつんですか。

原田　それをやって五〇年です。

いとう　やっぱりそれはやるんですね。

原田　ですから油を取って、取り替えるという手入れが大事なんです。

いとう　原田さん、ぽんぽんやりに行くの大変ですね。

原田　いやいや、愛好家の人は、あのぽんぽん打つのが楽しみなんです。儀式みたいに。

いとう　そうか。

もののあはれと永遠の美

いとう　原田さん、名和さんのお話を聞いていて、どうでした？名和さんの作品は、コンピュータ的な技術と人間の技術が一緒になってつくっている作品じゃないですか。

原田　どんな3Dを使っても最終的にはそれぞれの人、作家の感性です。たとえば金属の工芸家と金属を使う彫刻家との境界はもうなくなりましたね。

いとう　どういうことですか。

原田　要するに彫刻をつくることと、金属工芸のジャンルで造形物をつくることの区別があいまいになってきている。結局問題になるのは、石こうでも、コンピュータでも、手を下す本人の意識であって、人間自身の造形力だと思います。

いとう　このシンポジウムの今一番大事な主題は未来ってことなんですけど、未来永劫変わらないんだっていうことですね、やっぱり人間なんだと。

原田　人間の力が大事だと思います。

いとう　名和さん、その辺はどうですか。

名和　もちろんコンピュータは人間の知性が生み出し、知性が使いやすい道具として発明されたと思うので、人間自身もそれを活用することで成長していくとは思います。でもＡＩの話を聞くと不安を感じるとともに、人間自身が精神的に負けないよう強くないといけない。

いとう　そしてもうひとつは、今さっき森のことでいいましたけど、手入れしないっていう方法もある。たとえば仏像なんかはその方法を取ったわけですね。それによって諸外国の宗教的な美術とは違って、いってみればおんぼろになっていくんだけど、そこがいいっていう考え方もする。

名和　そうですね。

いとう　それ人間の判断ですもんね。

名和　だから東京藝大の保存修復科も、どんどん直すというよりは今の状態をいかに保つかという方向に進んでいると思います。ただ仏像自身はリセッタブルなビジョンをもっていて、つくり直すことができることにすごい長けている。たとえば漆や箔が落ちてもそれを全部きれいに落として元に戻すことができる。永遠に保つことができる。

いとう　そうですよね。ひとつは伊勢の神宮のように何年かに一回変えていく。もうひとつは自分たちはもう触らないという方法。そのふたつがあり得るっていうことですね。

名和　だからもののあわれみたいな、すべてのものが無常であるという見方もあるし、永遠性が美学として伝わっていく方向もある。日本刀は永遠性のほうですね。

仏像にみる生命観

原田　お二人に教えていただきたいことがあるんですけれども、東南アジア、タイ、ミャンマーなどの仏像は施主が金箔をわざわざ買って貼るから常に金ぴかの状態ですが、日本はなぜそれをやらないんですかね。

いとう　それなんです。

名和　平等院が数年前にきれいにしましたよね。最初見たとき、びっくりするぐらいカラフルで、できた当初はこんな感じなんだっていうインパクトがすごくあったんです。でも、仏像が全部あんなふうに新しくなっていくと、それはそれで違和感を感じる。

いとう　僕は自分の主義で仏像をすごくよく見て回っていますけど、なぜ直さないのかっていう問題は常にあるわけです。東南アジアの人たちが直すと、もちろん安っぽい見かけになるわけじゃないですか。でも、それでも拝む熱意は彼らのほうが上なんです。

　ということは、この物質の向こうを彼らは見ている、この仏像は便宜に過ぎないんだっていう考えがあるのかもしれなくて。逆にいうと、日本人はこの物質そのものが仏、このもの自体が大事っていうふうに思っているんじゃないか。

　それともうひとつは、直してしまおうとするとその仏像に触らなければならない。ひょっとしたら日本の仏教の考え方には、人間がそういったものに触れてはいけないというものがあるんじゃないか。このもの自体が仏性を得ている仏なんだという考えですね。今のところはそう思って見てきてます。原田さん、どうですか。

原田　私は日本人の感覚だなと思うんです、あるがままに、本来のままにという。

いとう　一番最初のままにするんだっていう考え方と、その年月で変わっていく姿のままで自分たちも一緒にいるんだっていう考え方ですね。

　人間は死んでしまいますけど仏像は死んではいかないので、ひょっとしたら生命観のようなものもあるかもしれません。自分たちが何かしなくてもこの方たちは残るだろうと思っているのかもしれません。

04

人と自然の原点

塩沼亮潤

千日回峰行

私たちは何かの命《めい》を、つまり役目をいただいて、この星で命《いのち》を授かりました。しかし実際は、気づいたら、私をはじめ皆さんもどこから来てどこに行くのかわからないままに人生がはじまっていたというところです。では、この人生でいちばん大切なものは何か。それは、日々一歩一歩階段を上るように、人として大切な何かを見つめて、人のために役立つ生き様を残していくことだと思います。

私はご縁があり、奈良県にある吉野山総本山金峯山寺で千日回峰行を行じました［図1］。この行には、一日四八キロの山道を、年間一二〇日をめどに約四か月、五月から九月の初旬まで毎日歩くという単純な決めごとがあります。ただひとつだけ厳しいといえば、万が一途中で行を断念しなければならない結果になった場合には、刃渡り一尺ほどの短刀で切腹をして行を終えなければならないということです。

塩沼亮潤
Shionuma Ryojun
大行満大阿闍梨、福聚山
慈眼寺住職

行じるのは、往復四八キロの険しい山道で、山の頂上は一七〇〇メートルをも超えます。そこを一六時間かけて歩き通します。出発前と後の用意もありますので、睡眠時間は四時間半ほど。一日の疲れはたまる一方で取れることはありません。体も足もぼろぼろになります。極めて厳しい修行ではありますが、やっている本人にとっては、つらい、苦しいということはありません。皆さんのご迷惑になるような、心配をかけるような行者だったら失格だと覚悟を決めて行に入りますので、一切の不平不満もいわず、しんどいとも思わない。これが前を向いて明るく目標を達成するときの気持ちなんだと思います。

私たちは人間関係のなかで、人からのちょっとした仕草や目線、言葉によって何で、どうしてと傷つきます。それで暗い世界に心の針が向いたままだと人生が暗い方向に行ってしまいますよというのが、仏の法を説いた釈尊がいわれたことです。どんなにつらいこと、苦しいことがあっても心を明るい方向にもっていきましょう、揺れ動く感情をコントロールする強い意志をもちましょうと。

山には心を浄化する力があります。自分の体がしんどいときほど、足元のお花を見ただけでも深い意識に入ります。自然と自分が悪いんだなという反省の方向に心が動き、やがてその反省から感謝の心が生まれます。そんな体験を書きつづった日誌がありますので、読んでみたいと思います。

図1—大峯山頂付近　鎖の行場
図1〜3　福聚山慈眼寺提供

百六十六日目。雨や風は自分に何を教えてくれるのか。少し足を止めて考えてみると、自分が一本の木であったとしたなら、ただ天に向かって真っすぐ伸び、風は自分を鍛え、雨は自分を潤し、お天道様の光を受け、ただ天に向かって成長するひたむきさ。大きくなるにつれ、しっかりと根を下ろす一本に考えさせられた。

この日誌はおそらく行のはじめの頃。仏教では、一木一草は、仏性つまり仏様の性質を備えているといいます。山というものはうそ偽りがない、真実そのもの。その山で歩き、呼吸をし、水を飲み、ご飯を食べていると、人間の原点に返っていきます。すると、迷いから遠ざかり、自分の心が冷静できれいになってゆく感覚を体験します。

ただ先ほど申しましたように、お山での修行はたった四か月。あとの八か月は道場で小僧の皆さんと日常の作務を通して修行をしています。悟りきった仲間たちではないので問題の取り違い、勘違いでいらいらする場合もある。先輩から無理難題をいわれる、先輩のいらいらする感情を受ける場合もあります。何でなんだろう、どうしてなんだろうという迷い。山のなかに入って、雨や風、そして木々の一本一本を見ると、ふと心のなかに日々の悩みが改めて浮かんできて、自分って愚かだな、ちっぽけだなと素直に反省できます。

行が進んで七百八十二日。人間は雨を降らすことも、強い風を吹かすこともできない。ただひとつできることは人を思いやること。人を思いやることによって人に感動を与え、勇気を与えることができる。人間は母なる大地に抱かれしことを忘れてはいけない。

人生は永遠に終わることのない階段だと私は思います。技術さえあればどんどんと自分のスキルを磨いていける。お坊さんなら悟りに向かって歩みつづけられる。おぎゃあと生まれたときに与えられた役割のなかで、人それぞれが仕事を通して人のお役に立ちながら、内面にある心の意志を光り輝くように磨きつづける、これが人生なのかなと思います［図2］。

私は神道のことが非常に好きです。修験道の開祖・役行者《えんのぎょうじゃ》は賀茂氏の出自で、その系譜は大国主神《おおくにぬしのかみ》の御子の事代主神《ことしろぬしのかみ》につながっている。その開祖の身体に流れていた血、つまり日本の元々の宗教と、大陸から伝わってきた仏法が出合ったことによって、修験道が生まれたと思います。神道、仏教ともに排他性がないために、人生をより良く生きていくためのアイデアとして現代にまで至っているといえます。

図2―お加持を授ける

師と弟子

今日、問題提起したいことがあります。人は、技術や伝統の継承を請うためにお師匠さんにお世話になります。そのときに、お師匠さんから、人格の否定ではありませんが、おかしいところを強い口調で否定されます。最近、修行道場に入って道を求める若者たちの傾向として、心の針がどんどん暗い方向を指し、ひいては恨み、憎しみに引っ張られてしまう。どんなに嫌なことがあっても笑顔で明るい考えをもつという訓練が、小さい頃からの親子関係で訓練されていない。その場合、指導していくわれわれは非常に大変です。

同じ時期に、頭をそって、衣を着けて、袈裟《けさ》を着用した若者でも、物事をどう捉え、どう解釈していくかという日常の心がけの違いによって、五年後、一〇年後、人格的に向上していく者もいれば、逆に衰退していく者もいる。そのポイントは、謙虚と素直だと思います。謙虚で素直であるからこそ、「ここおかしいよ」といわれれば、「すいません。これどうでしょうか」と答えて、修正してゆくことができる。ただ微妙な誤差です。実は、達人と一般のレベルは微妙な誤差しかないんです。この微妙な誤差を指摘してくれる、見抜くその師匠も大変です。

師匠は、弟子と全人格をもってぶつかり合いますから、非常に面倒くさい。ときには恨まれる。そういう役割を担ってまでも「違うよ」と諭す。一〇〇回諭して、やっとうまくいく。そのとき、「よくやったね」のひと言ですべてが成功体験となって伸びていくものです。しかし、最近では家庭のなかで心構えを教わっていないので、道場に入っても、「もうついていけません、辞めます」という若者が実は多くなっている。それではいけないからといって、だんだんと指導の仕方が優しくなり、簡略化される。われわれが解決しなければならないのがこの伝承の問題です。ものづくりだけに限ったことではなく、私たちの人としての大切な何かです。「ありがとうございます」とか、「ごめんなさい」とか、相手を思いやる敬意。はい、と答えて相手の気持ちを拝むような心。そういう大切な原点が継承しにくい世の中になってきたのではなかろうかと思います。

もう一度、人として大切なものは何かを問い直すことです。神主さんなら神様がどう思われていたのか、またお坊さんなら開祖の教えの基本は何だったのかということを外さないこと。原点となるその微弱な思いの波動を感じ取って、人に伝える。現代のわれわれは、たとえればアンプだと思います。このアンプの感性をデジタルにするのか、アナログにするのかでも伝わり方が違う。時代に合った伝え方とは何か、それを今後の新しいテーマとして認識すべきではないでしょうか。

自己を見つめ、磨きつづける

今の時代、自分自身をピュアにリセットするために、大自然のなかで自己を見つめることが非常に大切ではないかと思っています。昔、カナダのウィスラーという村に立ち寄ったとき、日本で昔嗅《か》いでいた懐かしい田舎のにおいがしました。今、田舎に住んでいますが、実はその昔懐かしい田舎のにおいはしません。個体と気体と液体があるならば、その気というものはにおいだと思います。山に入ったときの昔のにおい、今を生きる私たち一人ひとりがもっと感性をピュアに豊かにしていくと、日本の国土が発する気が、いい方向に向いてゆくのではないでしょうか。目の前の迷いから離れて、自分を客観視しながら日々生活をする。原点に返りながら、今日よりは明日、明日よりは明後日《あさって》と、自分自身を磨きつづける日々でありますように［図3］。

ありがとうございました。

図3——「今日よりは明日、明日よりは明後日」という思いで

05 トーク こころとからだ　日本人と自然

名和晃平×原田一敏×いとうせいこう×塩沼亮潤×廣瀬浩保

山に入るということ

原田　私は、刀のほかにも山岳修験の遺物も扱っておりましたので、修験道に興味をもち、大峯山に登ったことがあります。洞川から鉄の鎖でよじ登り、山頂で一泊して蔵王堂側に下りました。足はがくがくで大変な思いをしましたけれども、千日の行で、めげるときはございましたか。

塩沼　まったくないです。毎日楽しく。理由はおそらく夢をもってこれに励んでいるから。嫌だなとか行きたくないなという気持ちで自分が一日を過ごしたら負けになる。その負の結果を残しつづけたら、将来自分がもう少し大きなものに挑戦するとき自信がつかないんじゃないかと思っていました。行はやり直しができないので、全戦全勝するマインドでいました。また、私はちょっと変わってるんです。追い込まれるほど燃えてきて、集中力が増してきます。

名和　行のときは実際どういう状態なのか、ご自分で想像されていた以上のことがありましたか。

塩沼　毎日がアクシデントの連続です。大自然との駆け引きもあるし、自分の体調もあります［図1］。けがをしたり、体調を壊しながら、同じ時間に登って下りるためには、すべてに用意周到でなければ駄目です。一二〇％準備しても七割か、八割ぐらいできればいいほうです。

追い込まれたとき、ものすごく慎重になって、いったんとどま

図1―百頂茶屋跡にて　福聚山慈眼寺提供

るべきか、前にどんと行くべきか、それはもう自分の感性しかないです。大胆にいく場合は死ぬこともあります。一歩前足を出したとき、そこにマムシがいてかまれれば血清が間に合わないので死に至ります。運を天に任せる、祈るような思いでやっていく。でもいつも楽しかったです。

いとう　修行で、そこが森であったり、闇であったりする意味は何かあるんですか。

塩沼　たとえば若いとすごくエネルギーがあって短時間で荒々しく山を歩く。それを繰り返していると膝や腰を傷めちゃうんです。すると、ああ、そうか、山は優しく歩かないといけないんだな。自分にしっぺ返しが来る。ということは、人間関係も荒々しくあっては相手から冷たい言葉が返ってくる、優しく接すれば優しさが返ってくるとわかる。大自然から受ける教訓が大事であると思います。そういえば、海での修行はあまり聞かないですね。お釈迦《しゃか》様も森に入って修行されましたし。

いとう　そうですね。なぜか山に入りますよね。海も一様ではありませんけれど、水のなかではある程度の同一性のなかに入ります。でも、森だと、岩、根っこ、泥、季節によっては雪であったりと全く違う状況が次々に出てくる。それに自分が一つひとつ対応しなきゃいけない、しかも毎日。その修行のなかで、あるトランス状態に入る。やっぱり闇だし、自分の内面に入っていかざるを得ない。そして体も極限状態に入る。そのときビジョンは出てくるんですか。

塩沼　力を入れて修行していると、さっき紹介した日誌のようなことが頭に浮かびます。歩きながらメモを取ると、次々浮かんできて楽しくなってトランス状態に入る。真っ昼間なんですが、歩いている体から自分の感覚が上に二〇センチ、二〇センチ上がっていくんです。三〇センチぐらい上がったところで、これ以上離れたら自分に戻れない、危ないと思って強い意志で体に戻りました。

名付け得ぬもの

いとう　次に名和さんにお伺いしたいのは、今からつくるぞっていうときに作品のイメージが、いつ浮かぶのかっていうこと。原田先生には、技術の伝承のこと、ちょっと違うよって注意しただけで子どもの心が離れてしまうような時代に、次の時代の人をどう育てていくかということをお伺いしたい。

名和　子どもの頃から変わらずに、頭のなかに作品を考えるスペースがあるんです。そこに作品の種みたいなものが何種類もあって植物みたいに成長していく。常にもやもや浮かんでは消えてゆく、名付けようがないものがたくさんあるんですけど、それをこうつくったら作品になるということが、ある瞬間、パズルとして解ける。僕の場合、つくっているものの種類が多いので、常に頭のなかでパズルをやってるような状態かもしれないです。

「森」的アプローチ

いとう　やってることが多いほうが浮かぶ場合もありますよね。別の刺激が影響するから。

名和　そうです。なので、建築の図面を見ていたら発想が出てきたり、素材を触ってたらその粘り気が自分の体のなかに残って、それが後でフラッシュバックしてくるんです。

いとう　それって強引に結びつけるわけじゃないけれども、森感、森的なものにちょっと近い。そこを歩いているうちに全然違うことが出てくる感覚ですね。

名和　そうですね。森って外から見える部分だけじゃなく、土壌のものすごく深いところまでいろんなものが関わっている。動物、昆虫、菌糸、地衣類とかいろいろなもので保たれている。その一つひとつの要素をかたちにできないかなと常に思ってます。

原田　森とは関係ありませんけれども、日本刀をずっと研究している者として一番楽しいのは、今まで誰もその存在を知らなかった刀を見たときです。いつ誰がつくったかを考えるとき、頭をその作風が駆け抜ける。あの作品のあの部分にこの刃文は似てるとか、この鍛えはあの流派のあの系統かとか、それを考えるのが一番楽しい。

いとう　それ、森じゃないですか。頭のなかの森ですよね。それ、刀の森ですよね。

存在の向こう側にあるもの

いとう　目の前にあるものの素性を知ろうとすることですけど。一部でお話ししていた、何かの向こうに別のものを見るってことがすごく大事だと思います。なぜ日本の場合は、仏像を直さずそのまま残しているのか。そのものの向こう側に何かを見るっていうことがすごく大事な気がして。

さっき弟子を叱るお話がありましたけれど、大体怒られてる人は狭い範囲でしかものを見てくれないじゃないですか。怒っている人の向こう側に実は伝統があって、教えというものが続いている。だから、今師匠としてこの人は怒ってるんだと。このことを伝えるのが難しくなってますね。

塩沼　そうですね。礼節と我慢がなくなっていると思うんです。本来、師匠は怒っているように見せて叱るものです。そこに自分の感情はない。でも現代は、感情だけで怒ってしまう人がいるから若い人が離れていく。面倒くさいとうちの師匠はいいます。全人格をぶつけながら、ときに相手の悪いところをえぐるようにやっていかなきゃいけない。痛みを伴うからこそ絆が深まるっていうこともあるんです。

神道ではどうですか、師弟関係とか、文化の継承とか。

廣瀬　継承といいますと、神社祭式行事作法があります。厳格に決まっているかたちにどうやって心を合わせていくかがポイントになると思います。その心の合わせ方は、先輩の後ろ姿を見て学ぶ。だから言葉以外のところで学んでいくところがあります［図2］。

いとう　それはさっきの言葉でいえば、言葉の向こうに何を見るかっていう視点。

廣瀬　そういうことだと思います。

塩沼　やっぱり意地悪な先輩とかいるんですか。

廣瀬　相手を意地悪に感じるときは、自分のなかの受け入れがたい心をその相手に投影しているんだと思います。その心の影の部分にどうやって光をあてて和解してゆくかが問われている。そのために、神道としてはまず禊祓をする。修験道でいえば懺悔して六根清浄となる。まず自分の心を清めてから、その相手に心を向ける。

　すると、相手の後ろにある事情や、物事の成り立ちが見えてくる。自分の影を認めず、自分が一方的に正しいと思ってしまうところにさっきのしつけの問題もあるのではないでしょうか。親は親で、子は子で自分が正しいといっている。今の時代、多くの人が自分の背景にある何か大事なものを忘れている。たとえば、節供。端午の節供、桃の節供など、日常の行事に実は自然を畏怖するような伝統の心がありました。生活で自然と伝わってきたものが今失われている。

図2—参進する明治神宮の神職

いとう　やっぱり時間のサイクルはすごく重要なものだっていうことですよね。

廣瀬　そうですね。

いとう　ということで、意地悪な人はいるみたいです（笑）。

弱さということ

廣瀬　塩沼さんにぜひお伺いしたいことがありまして、千日回峰行、四無行という大きな行を終えた後でも、どうしても好きになれなかった方がいらっしゃった。その後、山から下りて四年後にはじめてその方を受け入れることができたというお話を聞きました。山林を駈ける行のすごみもありますが、自分の弱い部分をさらけ出すことのすごみを感じました。

塩沼　廣瀬さん、何か悩んでるんですか。

廣瀬　はい（笑）。

塩沼　人間は欲もあるし、我もあるから、なかなかわかり合えない。でも、私は、皆さんに教えをほどこす立場だから、フラットな立場になりたいと思って、自分なりのハードル設定をしました。自分ができないのに、皆さんにほかの人を愛しなさいとはいえないなと。

正直なかなかできなかったです。嫌いな人、嫌がらせをしてくる人を好きになれといってもなれない。でも好きにならないと駄目だということで試行錯誤しながら一生懸命修行した。実際には、千日回峰行が終わってもなかなかとらわれていた部分があったと思います。

回峰行の後、本山に残れば生活は安泰だったのですが、挑戦してみたいと思って仙台の田舎に帰ってお寺をつくりました。お金もないし、檀家《だんか》もない、本山の援助もないから山の修行より厳しかったんです、実は。本山にいれば大きな看板とお師匠さんが守ってくれて、修行していればいい。ただ一人でいるとベンチャーみたいなもので、一から立ち上げないといけない。いろんな涙を流し、苦労してはじめて人間の幅が出てきたのかなと思います。数年経って、嫌だったと思う人を心から楽しませたい、喜ばせたいと思ってから、とっても私は幸せになったんです。だから廣瀬さんも幸せになれますよ、ほんとに。

いとう　良かったですね、廣瀬さん。

廣瀬　ありがとうございます。
　いとうさんはご自分がカウンセリングを受けた経験を綴った本『ラブという薬』（リトル・モア、平成三〇年）『自由というサプリ』（同、令和二年）を出していらっしゃいますね。このご本から自分の弱さを自覚して開示する大切さを感じました。

いとう　友人の精神科医との対談の本を出していまして、しかも僕は彼の患者なんです。僕の場合はこういう職業をしていますので、その模様を表に出すことでほかの人にとって道が開けるきっかけになれば、自分がちょっと恥ずかしいことがあっても人にいえるかなと思いました。

　一番大事なのは、認知のゆがみに気づくことです。人にいじめられてるんじゃないかと思ってること自体がその人の認知のゆがみだったりする場合もあります。精神科医に本当にそうですかっていわれるんです、まず書いてみてくださいと。箇条書きで書いて、もう一度、本当にそうですかっていわれて、あっと思うと、その箇条書きの半分ぐらい、なかにうそが入ってるんです。人間の認知ってすごくゆがむんです。それをなかなか治せない。森にこじつけると、自分が思っている自分の森って、大体みんなにとっての森とちょっと違う。人間はどうしても感情に振り回されて、自分にいいように、または自分に悪いように想像してしまう。まっさらな自然というものをそのまま見られるかどうかが大切だと教わりました。

　そういった、人の弱さを受け入れて、その人の何かを解放してしまうような環境は、一般の社会ではなかなかない。それをするのが宗教でもあるし、アートであるかもしれない。だから実はわれわれは割と精神科に近い職業じゃないかな。

次元を外す

廣瀬　そういう弱さを受け入れる心があるから名和さんのような繊細なものがつくれるし、また春の雪に例えられるような刃文が表現できるのでしょうか。

　ただそこでつぶれないようにするためにどうするのか。いとうさんは非常に反ユートピア的な小説も書かれますけど、いつもそこにユーモアがあって救われます。いとうさんがインタビューで「妄想でもなくて、ユーモアっていうのは次元を外す力がある」とおっしゃってましたが、大切なところだと思います。日本神話の最大の危機のひとつに、天照大御神《あまてらすおおみかみ》が天の岩戸にお隠れになって世界が真っ暗闇になる場面がありますが、それを打開したのはお祭りと天宇受売命《あめのうずめのみこと》の踊り、そして神々の笑いでした。

　先日、塩沼さんとオンラインで事前に打ち合わせをさせていただいて、「塩沼阿闍梨、当日は何てお呼びすればよろしいですか」と私、お伺いしたんです。そうしたら、何てお答えになったと思います？

いとう 塩沼さんが何を答えても不思議じゃないんです。

廣瀬 ビッグ阿闍梨と呼んでくださいと。

いとう 絶対思いつかないです。そんなこと。

廣瀬 私、その打ち合わせのときすごく緊張していまして。その凝り固まった自分を空気投げで投げ飛ばしていただきました。この次元の外し方は大切かなと。

いとう やっぱり論理で考えると詰まっていくものは絶対詰まっていく。ユーモアって論理では解決できない問題に関して発動するもので、どう考えてもこれは失敗だって思うときに失敗もよし、面白いと思う。それ以外に方法がないといってもいい。僕は名和さんの作品にも素敵なユーモアを感じます。ものすごく柔らかい。現代美術も小説も深刻なほうが受けはいい。でも本当に人の心に届くかなっていうとそんなことはないと思うんです。その辺はどうですか、名和さん。

木に宿るもの

名和 京都市立芸大の彫刻科の頃は仏像ばっかり見てたんです。現代美術を本気でやっていこうかなと思ったのは、大学院生になってロンドンに留学してからです。最初わからなかった現代美術の面白さが、いろんなものを見ていくとわかってきてはまりました。ただ全部の文脈を知ってないとわからないという作品はつくりたくない。先入観なく、作品と人が交流して起こることを大切にしたいなと。

いとう それは仏像もそうなんですよね。どんな功徳があるかということより、すごい仏像は見た途端に、どーんと来る。思わずにやっと笑ってしまったり、今日の俺はこういう気持ちだったんだなと思わせてくれる。それは作品と自分の間に何かの空気が生まれるという意味で同じ？

名和 たとえば鎌倉時代はたくさんいい彫刻や仏像が生み出されている。そのときの工房の様子とか、彫刻家の息遣いみたいなものを想像すると、その仏像のつくりたての状態を維持して見せるのか、古くなったたたずまいを愛でるのか、そのどちらがいいのかという話になりますけど。

いとう 仏像を見ていくと、最終的に日本の神道の木のとらえ方、木を自分以上のものとして見る神木思想があるんじゃないかと。今鎌倉時代の造形の躍動感のことを名和さんがおっしゃったわけですけど、その前の平安や奈良時代だと、ただ、ずぼーっと立ってるんです。それはほとんど木です。一木造りでそのまま切り出してきた、森のなかで本当に自分たちよりも何百年、何千年って生きてきたものに対する気持ちを単純にかたちにしたんじゃないかと。なので、時間が経っても直さないんじゃないかと。

そうなると先ほど来話している明治神宮の森のやり方と同じですね。手をつけないからすごく自然なものにわずか何十年でなってしまうっていうことと、この神木に対する日本人の感覚というもの、そして今いわれた仏像をなぜ直さないかっていう問題が意外にすっとひとつの道になって解けるんじゃないかと。原田さん、どうですか、その辺は。

原田 確かに今おっしゃったように、平安初期の室生寺の仏像や神護寺の仏像を見ると、ずどーんと立っている。

いとう そうなんです。

原田 感銘を受けますよね、何かが宿っている感じがします。

いとう 塩沼さん、今の木自体がわれわれにとって先輩というか、自分を超える存在であったりするという意味で、改めて森ということについて、どうですか。

塩沼 森に入ったとき、人間と同じでそこに死がありますよね。たとえば木が倒れる。師匠が非常にいい話をしていました。自分も老木と一緒で倒れていくんだと。しかし森というのは、そこから若木が出る。われわれはその若木の肥やしとなるような老い方をしないといけないんだと。

いとう 明治神宮の森も倒れたら片付けないって本当なんですか。

廣瀬 それが代々木の森の掟です。ただ参拝者に危険が及ばないことが前提ですが。

いとう これがすごく面白い手法で、しかも最初は人工的に植えているわけじゃないですか。原生林を守りましょうっていうんじゃなくて、人工的なんだけれども、そこに手をつけないことであっという間にそれを自然に返してみせるっていう考え方。ある意味現代的でもあるし、古来の考え方にも似ているし、どっちともいえない面白さがすごくある。僕らがこういう話をできていることはほんとに幸せ。今、この話を聞いているでしょう、周りの木が。木の皆さんが。

廣瀬　そのまま木を植えるのではなくて、人間の技術を通してより良い広がりを見せるというところが、この明治神宮が未来の可能性を感じさせてくれるところでしょうか。最近、無肥料・無農薬で多様な植物や野菜を混生密生させて、生命の力を最大限に引き出す協生農法と呼ばれるものがあって、その発想も実は組み合わせることにある。そんな未来を拓くヒントを、この森ももっている。そのことを大切にしたいなと思っています。それでは、最後に、おひとりずつコメントをいただきたいと思います。

今、問い直すとき

名和　産業革命以降、一気に工業化して都市が発達して、世界にグローバリズムが広がった。だけど環境問題のような弊害も生まれている。今まで理想と掲げてきたことを問い直して、ブレーキをかけないといけない状況だと思いますし、自然という概念をもう一度更新しないといけないと思います。自然に任せようとしても、今の人間の活動のペースに合うのかといったらそれももう間に合わない。だから、今度は人間が積極的に自然と関わって、自然をもう一度つくらないといけない。

この明治神宮の森は、人間がつくった森なので非常に参考になると思うんです。森はつくれるんだということです。また、日本の戦前戦後を通じて激動の歴史を背負うこの東京のど真ん中でこれだけ大きな森が維持されているということを世界に伝えるのは非常に大事だと思います。もう一度、宇宙、自然、人間って何なのかということを理解し直すべき時期なのではないかなと思います。

原田　昔、福岡の沖ノ島に行ったことがあります。三六〇度視界が真っ青な海でした。そのとき、自分がそのなかに溶け込んで、どうなってもいいという気持ちが起きました。この経験を通じて、無になってものを見るという力を得た気がします。現代の人間は人工物に囲まれて生活していますけれど、ときには、自然のなかで自分が無になってゆくような体験をすることが大切だと思います。刀を見るとき、仏像を見るときでも、自分を無にして見ることで、物の奥にある何かと対話できる感性が磨かれると思います。明治神宮の参道を歩いているときは、いつも自分が風景のなかに溶け込んでゆく感覚があります。

塩沼　私は考えてみたら森に育ててもらった人間だと改めて思いました。森のなかで足元に咲いてるきれいな花があると、何でこんな疲れ切った私の心を癒やしてくれるんだろうと思ったりします。同じ場所にたくさんの花が咲いていても、花はけんかしない、自分はこの花よりも劣ってるなと思います。

私をサポートしてくれる方がロンドンにいます。彼が、「これから塩沼さんはどうやって海外の人に教えを伝えていきたいんですか」と質問してきました。私はふと「伝えるんじゃなくて、伝わっていくんだよ」と答えました。伝えるという作為的なことではなくて、心そのものが自然に伝わっていく、森が変遷してゆくように、ときが流れてゆくように伝わっていけばいい、そんな考え方になりました。

これからの私のテーマは、大自然という原点を忘れずに、困った人、しんどい思いをしている人に寄り添うことです。実は令和二（二〇二〇）年から、いただいた講演料などはご飯を食べていけない子どもたちに全額寄付しよう、その寄付を生涯つづけようと決めたんです。どの宗教でも人件費や修繕費はかかりますけれども、それよりオーバーフローした分はどんどんと社会に寄り添うために寄付をする。このコロナ禍で、キリスト教は住む家がなくなった人を救う事業をしています。若いお坊さんたち、あるいは神道界の人たち、いろいろな人たちが、困った人に寄り添う、まさに森のような信仰のあり方が、心から心へ自然に伝わっていけばいいなと思っています。

いとう　僕も名和さんと同じで、この明治神宮の森のあり方はものすごいヒントになってると思うんです。原生林に返ればいいじゃないかっていっていると、人間は滅びざるを得ない。一方で、開発してしまえばいい、後のことを考えなくてもいいよといったら、われわれの子孫は大変なことになる。もう既に大変なことになっています。

その意味では大ヒントがここ明治神宮にあるわけなので、それを世界にアピールするのは非常に重要なんじゃないかなと。もう時間が足りないぐらいまで来ているので、急いでそれを行えるようにしていただきたいなと思います。

廣瀬　ありがとうございました。それでは、これをもちまして締めさせていただきます。

明治神宮鎮座百年祭記念シンポジウム
Mの森連続フォーラム——１００年の森で未来を語る
開催記録

※登壇順、所属・肩書は当時

主催・明治神宮国際神道文化研究所

PartⅠ　MEIJI × MATSURI

美の継承——明治の皇后のドレスをめぐる探究の物語

令和二年一〇月二四日（土）午後／明治神宮参集殿／参加者約一〇〇名

特別協力・中世日本研究所

登壇者　瀧井一博（国際日本文化研究センター副所長・教授）／深井晃子（京都服飾文化研究財団理事・名誉キュレーター）／モニカ・ベーテ（中世日本研究所所長）／ジョアナ・マーシュナー（ヒストリック・ロイヤル・パレス主任学芸員）［ビデオ出演］／松居宏枝（大阪市立大学都市文化研究センター研究員）／今泉宜子（明治神宮国際神道文化研究所主任研究員）

明治神宮のいのり——鎮座一〇〇年に込めた思い

令和二年一〇月二五日（日）午後／明治神宮参集殿／参加者約一〇〇名

登壇者　中島精太郎（明治神宮宮司）／隈 研吾（建築家・東京大学特別教授）／原 研哉（グラフィックデザイナー）／朝井まかて（作家）／手塚雄二（日本画家）／黒田泰三（明治神宮ミュージアム館長）

PartII　MORI × MAGOKORO

いのちの森で目と芽を育む――NPO法人響とともに
令和三年七月一〇日（土）午後／明治神宮参集殿／参加者約一〇〇名
登壇者　佐藤 峻（NPO法人響理事長）／船橋真俊（ソニーコンピュータサイエンス研究所シニアリサーチャー、一般社団法人シネコカルチャー代表理事）／合田 真（日本植物燃料株式会社代表取締役社長）／尾立愛子（一般社団法人環境・文化創造機構代表理事）

『林苑計画書』から読み解く森の未来
――「明治神宮とランドスケープ研究会」とともに
令和三年七月十一日（日）午前／明治神宮参集殿／参加者約一〇〇名
共催・公益財団法人東京都公園協会 緑と水の市民カレッジ
登壇者　上田裕文（北海道大学メディア・コミュニケーション研究院准教授）／水内佑輔（東京大学大学院農学生命科学研究科附属演習林助教）／小林邦隆（一般財団法人日本緑化センター主任研究員）／江尻（野田）晴美（樹木医事務所桔梗代表）／田中伸彦（東海大学観光学部教授）／竹内智子（千葉大学大学院園芸学研究科准教授）　※当日は、江尻氏が欠席につき小林氏が代理で登壇した。

永遠の杜　未来への提言
――境内総合調査の専門家とともに
令和三年七月十一日（日）午後／明治神宮参集殿／参加者約一〇〇名

登壇者　進士五十八（福井県立大学長、東京農業大学名誉教授・元学長、ランドスケープ・アーキテクト（造園家））／伊藤弥寿彦（自然史映像プロデューサー）／上田裕文（北海道大学メディア・コミュニケーション研究院准教授）／新里達也（株式会社環境指標生物取締役会長）／濱野周泰（東京農業大学客員教授）／小野展嗣（国立科学博物館名誉研究員）／細矢　剛（国立科学博物館植物研究部部長）／養老孟司（解剖学者）

Part III　MACHI × MIRAI

これからの表参道・渋谷・東京——原宿から未来を見つめて

令和三年十一月二十七日（土）午後／明治神宮参集殿／参加者約一〇〇名

登壇者　松井誠一（商店街振興組合原宿表参道欅会理事長）／太田浩史（建築家、ヌーブ代表）／三浦詩乃（東京大学大学院新領域創成科学研究科特任助教）／長谷部　健（渋谷区長）／今泉宜子（明治神宮国際神道文化研究所主任研究員）

いのちとくらし——今、大切なことを見つめなおして

令和三年十一月二十八日（日）午後／明治神宮参集殿／参加者約一〇〇名

登壇者　名和晃平（彫刻家、Sandwich Inc. 主宰、京都芸術大学教授）／原田一敏（東京藝術大学名誉教授、刀剣研究者）／いとうせいこう（作家、クリエーター）／塩沼亮潤（大行満大阿闍梨、福聚山慈眼寺住職）／廣瀬浩保（明治神宮禰宜、百年誌編纂室室長）

100年の森で未来を語る
Mの森 連続フォーラム
第三章
MACHI × MIRAI
令和3年11月27日土
14:00－17:00
これからの表参道・渋谷・東京
～ 原宿から未来を見つめて ～
松井誠一 × 太田浩史 ×
三浦詩乃 × 長谷部健 × 今泉宜子
令和3年11月28日日
14:00－17:00
いのちとくらし
～ 今、大切なことを見つめなおして ～
原田一敏 × 名和晃平 ×
いとうせいこう × 塩沼亮潤 × 廣瀬浩保
https://www.meijijingu.or.jp/miri/info.php
主催：明治神宮国際神道文化研究所

あとがき

明治神宮鎮座百年祭記念シンポジウム「Mの森連続フォーラム――100年の森で未来を語る」は、明治神宮国際神道文化研究所の主催により令和二（二〇二〇）年一〇月二四日から翌年の十一月二八日まで、全七回にわたり開催されました。

当初は、百年祭を控えた一〇月に大規模な国際シンポジウムを開催する予定でありましたが、新型コロナウイルス感染症の拡大に鑑み、この計画を変更し連続フォーラムとして一年間をかけて実施する運びとなりました。

令和二年十一月、明治神宮は大正九（一九二〇）年の鎮座から一〇〇年の節目を迎えました。今では天然林のように鬱蒼と繁るこの森は、全国から寄せられた約一〇万本の献木による手づくりの森です。造営に奉仕したのは、各地から馳せ参じた青年団の若者たち。その数、のべ十一万人。植林にあたっては、当代の林学者が叡智を結集した緻密な森づくり計画がありました。

はじめの百年。これからの千年。

——まごころを継ぐ永遠の杜をめざして

先の見えない困難な時代、ここに再び今を生きる私たちのまごころと叡智を結集することはできないか。そのような願いから実現した本フォーラムは、各界で活躍の登壇者の方々とともに、一〇〇年の森から未来を考える貴重な機会となりました。

本書の刊行にあたり、企画から出版にいたるまで終始ご協力をいただきました鹿島出版会出版事業部の渡辺奈美氏に、この場をお借りして感謝の意を表します。

最後になりましたが、長期間にわたる本企画の開催にあたっては、多くの皆様のご支援ご協力を賜りました。ご出演いただきました先生方、また催事に参加してくださった多くの方々に対しまして、厚く御礼を申し上げます。

明治神宮国際神道文化研究所

執筆者略歴

※登壇順。所属・肩書は当時

中島精太郎
Nakajima Seitaro
明治神宮宮司

昭和二二年、北海道生まれ。國學院大學文学部神道学科卒。昭和四四年明治神宮に奉職ののち、平成一九年に第十一代宮司。この森で五〇年以上に亘りご祭神に仕え、三つの一〇〇年―明治天皇百年祭〔平成二四年〕、昭憲皇太后百年祭〔同二六年〕、そして鎮座百年祭〔令和二年〕―を迎える。

隈 研吾
Kuma Kengo
建築家・東京大学特別教授

昭和二九年、神奈川県生まれ。東京大学大学院工学系研究科建築学専攻修了。平成二年、隈研吾建築都市設計事務所設立。慶應義塾大学教授、東京大学教授を経て、現在、東京大学特別教授・名誉教授。国内外で多数のプロジェクトが進行中。国立競技場の設計にも携わった。主な著書に『点・線・面』（岩波書店、令和二年）、『ひとの住処』（新潮新書、令和二年）、『負ける建築』（岩波書店、令和二年）、『自然な建築』（岩波新書、平成二〇年）他多数。

原 研哉
Hara Kenya
グラフィックデザイナー

昭和三三年生まれ。武蔵野美術大学大学院デザイン専攻修了。グラフィックデザイナー。日本デザインセンター代表取締役。武蔵野美術大学教授。無印良品のアートディレクションや愛知万博公式ポスターなど、日本の伝統を未来資源として世界の文脈につないでいく仕事を行っている。主な著書に『デザインのデザイン』（岩波書店、平成一五年、サントリー学芸賞）、『白』（中央公論新社、平成二〇年）など。

黒田泰三
Kuroda Taizo
明治神宮ミュージアム館長

昭和二九年、福岡県生まれ。九州大学文学部哲学科美学美術史専攻卒業。出光美術館学芸部長・理事を経て、現在明治神宮ミュージアム館長。博士（文学）。専門は日本近世絵画史。主な著書に『思いがけない日本美術史』（祥伝社新書、平成二七年）、『もっと知りたい長谷川等伯』（東京美術、平成二二年）、『狩野光信の時代』（中央公論美術出版、平成一九年、平成二〇年度第六回徳川賞を受賞）、『もっと知りたい文人画』（東京美術、平成三〇年）など。

朝井まかて
Asai Makate
作家

昭和三四年、大阪府生まれ。甲南女子大学文学部卒。平成二〇年、小説現代長編新人賞奨励賞を受賞して作家デビュー。平成二六年に『恋歌』で直木賞、同年『阿蘭陀西鶴』で織田作之助賞を受賞。以降、『眩』で中山義秀文学賞、『福袋』で舟橋聖一文学賞、『雲上雲下』で中央公論文芸賞、『悪玉伝』で司馬遼太郎賞、『グッドバイ』で親鸞賞を受賞。平成三一年に大阪文化賞を受ける。主な著書に『落陽』（祥伝社、平成三一年）、『類』（集英社、令和二年）、『輪舞曲』（新潮社、令和二年）など。

手塚雄二
Tezuka Yuji
日本画家

昭和二八年、神奈川県生まれ。東京藝術大学大学院美術研究科（日本画）修士課程修了。サロン・ド・プランタン賞、日本美術院賞・大観賞二回受賞、内閣総理大臣賞など数多の賞を受賞。令和二年に東京藝術大学日本画科教授を退官。現在、東京藝術大学名誉教授、日本美術院同人・業務執行理事、福井県立美術館特別館長、台東区芸術文化財団理事、横山大観記念館理事、東京都美術館運営委員。また日本全国で回顧展を多年にわたって開催。

モニカ・ベーテ
Monica Bethe
中世日本研究所所長

昭和二〇年、アメリカ生まれ。ハーバード大学卒業。大谷大学教授を経て、現在、主に尼門跡寺院関係の調査、研究、修復事業を行う中世日本研究所（女性仏教文化史研究所）所長。専門は芸能、及び染織関係。『尼門跡寺院の世界』（共著、東京藝術大学大学美術館、平成二一年）、『高僧と袈裟』（共著、京都国立博物館、平成二二年）など著書、翻訳多数。他に "Of Surplices and Certificates: Tracing Mugai Nyodai's Kesa" *Women, Rites, and Ritual Objects in Premodern Japan* (Brill, 2018) など。

瀧井一博
Takii Kazuhiro
国際日本文化研究センター副所長・教授

昭和四二年、福岡県生まれ。京都大学法学部卒業。京都大学大学院法学研究科を単位取得のうえ退学。京都大学博士（法学）。京都大学人文科学研究所助手、兵庫県立大学経営学部教授などを経て、現在、国際日本文化研究センター教授。著書に『文明史のなかの明治憲法』（講談社メチエ、平成一五年）、『伊藤博文』（中公新書、平成二二年）、編著に『「明治」という遺産』（ミネルヴァ書房、令和二年）など。

深井晃子
Fukai Akiko
京都服飾文化研究財団理事・名誉キュレーター

キュレーター、西洋服飾史家。お茶の水女子大学大学院修士課程修了。パリ第四大学に留学。日本における美術館で見るファッション展を切り拓いた。「モードのジャポニスム」展、「Future Beauty」展他を国内外で企画開催し、高い評価を受けた。京都服飾文化研究財団理事・名誉キュレーター。元静岡文化芸術大学教授。著書に『ファッションから名画を読む』（ＰＨＰ研究所、平成二一年）、『きものとジャポニスム』（平凡社、平成二九年、第三九回ジャポニスム学会賞受賞）など。平成一六年お茶の水女子大学名誉博士号授与、平成二〇年文化庁長官表彰他。

ジョアナ・マーシュナー
Joanna Marschner
ヒストリック・ロイヤル・パレス主任学芸員

ロンドンとマンチェスター大学で学位取得。ヒストリック・ロイヤル・パレスの主任学芸員として、ケンジントン宮殿を拠点に、ドレス史、建築史、美術史、装飾美術の歴史、博物館学を専門に、多くの研究、展示、出版プロジェクトを担当、この分野の第一人者として関連書籍多数。主な著書：*Queen Caroline: Cultural Politics at the Early Eighteenth-Century Court* (Studies in British Art) (Paul Mellon Centre BA, 2014)；共著：*Enlightened Princesses: Caroline, Augusta, Charlotte, and the Shaping of the Modern World* (British Art Centre at Yale Series (YUP), 2017), *Textiles Revealed: Object Lessons in Historic Textile and Costume Research* (Archetype Pub, 2000) など。

今泉宜子
Imaizumi Yoshiko
明治神宮国際神道文化研究所主任研究員

昭和四五年、岩手県生まれ。東京大学教養学部比較文化論学科卒業。雑誌編集者を経て、國學院大學で神道学を専攻、平成十二年より明治神宮に所属。平成一九年、ロンドン大学ＳＯＡＳにおいて博士号（学術）を取得。現在、国際日本文化研究センター共同研究員を兼任。著書に『明治神宮「伝統」を創った大プロジェクト』（新潮社、平成二五年）、『明治神宮 内と外から見た百年——鎮守の森を訪れた外国人たち』（平凡社、令和三年）など。

松居宏枝
Matsui Hiroe

大阪市立大学都市文化研究センター研究員

——

昭和六〇年、熊本県生まれ。東京女子大学文理学部史学科卒業。お茶の水女子大学博士前期課程、ベルリン自由大学客員研究員を経て、お茶の水女子大学大学院において博士号（人文科学）を取得。平成二九年より大阪市立大学都市文化研究センター研究員。現在、同志社大学同志社社史資料センター調査員を兼任。論文に「昭憲皇后の大礼服発注をめぐる対独外交」（『人間文化創成科学論叢』一八号、お茶の水女子大学大学院人間文化創成科学研究科、平成二八年）など。

進士五十八
Shinji Isoya

福井県立大学長、東京農業大学名誉教授・元学長、ランドスケープ・アーキテクト（造園家）

——

東京農業大学造園学科（前身は上原敬二林学博士創立の東京高等造園学校）卒、農学博士（環境学・造園学）。日本学術会議会員（環境学委員長）、日本都市計画学会長、日本造園学会長、日本野外教育学会長、東京農業大学長、環境省自然再生専門家会議委員長を歴任。現在、NPO法人美し国づくり協会理事長、福井県里山里海湖研究所長、福井県立大学長。Golden Fortune表彰、日本農学賞、読売農学賞、日本造園学会賞・上原敬二賞、日本生活学会今和次郎賞、内閣府みどりの学術賞、紫綬褒章受章。『緑のまちづくり学』『アメニティ・デザイン』『風景デザイン』（学芸出版社）、『グリーン・エコライフ』（小学館）、『日比谷公園』（鹿島出版会）、『日本の庭園』（中公新書）、『進士五十八の風景美学』（マルモ出版）ほか。

伊藤弥寿彦
Ito Yasuhiko

自然史映像プロデューサー

——

昭和三八年、東京都生まれ。米国ミネソタ州立セント・クラウド大学卒業（動物学）、東海大学海洋学部博士課程中退。平成二年以降、世界各地の自然や動植物の生態を取材し自然番組を作成。作品にＮＨＫ「生きもの地球紀行」「南極大紀行」「プラネット・アース」「伊勢神宮の森」「皇居の宝物 盆栽物語」など多数。第二次明治神宮境内総合調査では、映像班として四年間撮影取材し、ＮＨＫスペシャル「明治神宮 不思議の森」を監督した。

新里達也
Niisato Tatsuya

株式会社環境指標生物取締役会長

——

昭和三二年、東京都生まれ。日本獣医生命科学大学卒業。平成一五年、東京農業大学において博士号（農学）取得。専門は昆虫分類学および保全生態学。株式会社環境指標生物取締役会長。主な著書に『野生生物保全技術』（共編著、海游舎、平成一五年）、『日本産カミキリムシ』（共編著、東海大学出版会、平成一九年）など。

濱野周泰
Hamano Chikayasu

東京農業大学客員教授

——

昭和二八年、東京都生まれ。東京農業大学農学部造園学科卒業。平成九年、博士（生物環境調節学）取得。平成二〇年、東京農業大学教授。平成二三年、日本学術会議連携会員。平成二六年、社会資本整備検討会委員。現在、東京農業大学客員教授。著書に『イチョウの絵本』（農文協、平成二八年）、『世界の巨樹と絶景の森』（学習研究社、平成一七年）など。

小野展嗣
Ono Hirotsugu
国立科学博物館名誉研究員

昭和二九年、神奈川県生まれ。学習院大学法学部法学科卒業、ドイツ・マインツ大学生物学部中退。動物学専攻。昭和六三年、京都大学にて理学博士号を取得。平成三〇年、国立科学博物館研究主幹・九州大学大学院地球社会統合科学府客員教授（兼任）を定年退職。『サステイニング・ライフ』（監訳、東海大学出版部、平成二九年）など著書、論文多数。

細矢 剛
Hosoya Tsuyoshi
国立科学博物館植物研究部部長

昭和三八年、東京都生まれ。筑波大学大学院生物科学研究科修了後、製薬会社の研究員を経て、平成一四年より国立科学博物館に所属。博士（理学）。専門は微小菌類の分類。現在、国立科学博物館植物研究部部長（兼）筑波実験植物園長。生物多様性情報を集約して提供する国際活動「地球規模生物多様性情報機構」（ＧＢＩＦ）にも力を入れている。

上田裕文
Ueda Hirofumi
北海道大学メディア・コミュニケーション研究院准教授

昭和五三年、北海道生まれ。東京大学農学部森林環境科学専修卒業後、カッセル大学建築・都市計画・景観計画学部、都市・地域社会学科にてDr. rer. pol.（経済社会科学博士）を取得。札幌市立大学デザイン学部、北海道大学観光学高等研究センターを経て現職。著書に『「林苑計画書」から読み解く明治神宮一〇〇年の森』（東京都公園協会、令和二年）、『こんな樹木葬で眠りたい』（旬報社、平成三〇年）など。

養老孟司
Yoro Takeshi
解剖学者

昭和一二年、神奈川県生まれ。東京大学医学部を卒業後、東京大学大学院基礎医学解剖学にて博士課程修了、医学博士号取得。東京大学助手、助教授を経て解剖学第二講座教授。東京大学を定年前に退官。ベストセラーになった『バカの壁』（新潮新書、平成一五年）をはじめ、『庭は手入れをするもんだ 養老孟司の幸福論』（中央公論新書、平成二四年）など著書多数。昆虫採集が趣味で、ゾウムシが専門。

水内佑輔
Mizuuchi Yusuke
東京大学大学院農学生命科学研究科附属演習林助教

昭和六二年、大阪府生まれ。専門は造園学。千葉大学大学院園芸学研究科博士課程修了。博士（学術）。日本学術振興会特別研究員（ＰＤ）などを経て、平成二十八年より現職。編著書に『実践 風景計画学――読み取り・目標像・実施管理』（朝倉書店、平成三一年）など。

小林邦隆
Kobayashi Kunitaka
一般財団法人日本緑化センター主任研究員

昭和五二年、群馬県生まれ。専門は造園樹木学。東京農業大学大学院造園学専攻博士前期課程修了後、造園コンサルタント会社を経て、平成二五年より現職。これまで、都市公園、街路樹、文化財庭園、集合住宅等の植栽や管理に係る業務に携わる。技術士（建設部門：建設環境）。

江尻（野田）晴美
Ejiri-Noda Harumi
樹木医事務所桔梗代表

昭和五七年、千葉県生まれ。東京農業大学地域環境科学部造園科学科卒業。造園施工会社にて造園設計・緑地管理の監督（在職中に樹木医資格を取得）、公園管理の財団で技術職を経て、平成二七年に樹木医事務所桔梗を設立。令和元年より藤沢市景観審議会市民委員を委嘱。主な業務は、樹木診断、樹木調査、樹木関連の普及啓発など。

田中伸彦
Tanaka Nobuhiko
東海大学観光学部教授

昭和四一年、神奈川県生まれ。東京大学農学部林学科卒業。博士（農学）。農林水産省森林総合研究所や林野庁研究・保全課を経て、平成二二年より東海大学観光学部教授。景観や観光、環境管理計画研究に従事。著書に『森林環境2018——農山村のお金の巡りを良くする』（森林文化協会、平成三〇年）、『実践風景計画学——読み取り・目標像・実施管理』（朝倉書店、平成三一年）など。

竹内智子
Takeuchi Tomoko
千葉大学大学院園芸学研究科准教授

昭和四四年、東京都生まれ。東京大学大学院農学系研究科修士課程修了後、東京都に造園職として勤務、主に都市緑地計画の実務に従事。平成二〇年慶應義塾大学にて、東京の公園緑地政策に関する研究で博士号（学術）を取得。建設局東部公園緑地事務所工事課長などを経て多くの公園・庭園の整備事業に携わり、令和二年より現職。技術士（建設部門：都市及び地方計画）。

佐藤 峻
Sato Shun
NPO法人響理事長

平成元年、茨城県生まれ。京都大学総合人間学部卒業、地球環境学舎修士課程修了。併せて、国立社会保障・人口問題研究所、京都大学経済研究所、千葉大学人文社会科学研究科、日本老年学的評価研究機構等で研究活動。専門は、環境と福祉のまちづくり、ケアの持続可能性指標。平成二六年、アースデイいのちの森「早朝の明治神宮境内を歩く」でNPO法人響を知り入会、平成二八年より理事長。令和元年より日本植物燃料株式会社モザンビーク駐在。

舩橋真俊
Funabashi Masatoshi
ソニーコンピュータサイエンス研究所シニアリサーチャー、一般社団法人シネコカルチャー代表理事

昭和五四年、神奈川県生まれ。東京大学にて生物学、数理科学を修め、仏エコールポリテクニク大学院にて博士号（物理学）取得。獣医師免許資格保持。平成二二年よりソニーコンピュータサイエンス研究所研究員。持続可能性、環境問題、健康問題の交差点となる食料生産や生態系サービスにおいて、生物多様性に基づく協生農法をはじめとする拡張生態系の構築を通じて、人間社会と生態系の双方向的な回復と発展を目指す。一般社団法人シネコカルチャー代表理事と株式会社SynecO代表取締役も務める。

合田 真
Goda Makoto
日本植物燃料株式会社代表取締役社長

昭和五〇年、長崎県生まれ。京都大学法学部中退。平成一一年より日本植物燃料株式会社を創業。現在、アフリカのモザンビーク国およびセネガル国にて植物の力を借りる再生可能エネルギー、農業、電子マネーを活用した金融などの事業を行っている他、アフリカビジネス協議

会農業ワーキンググループにてアフリカ農業デジタル化基盤構築事業を推進し、スマートヴィレッジの基礎づくりを進めている。著書に『20億人の未来銀行』（日経BP社、平成三〇年）。

尾立愛子
Odachi Aiko

一般社団法人環境・文化創造機構代表理事

昭和四四年、大阪府生まれ。平成七年青山学院大学大学院経営研究科修了、経営学修士。平成二七年六月より一般社団法人環境・文化創造機構代表理事、およびグリーンイメージ国際環境映像祭事務局長。平成二九年より一般社団法人馬搬振興会理事。

松井誠一
Matsui Seiichi

商店街振興組合原宿表参道欅会理事長

昭和二六年、青森県生まれ。慶應義塾大学商学部卒業。昭和四七年、株式会社松井ビルを設立。平成一七年代表取締役就任。昭和五一年原宿シャンゼリゼ会（現・欅会）理事。平成一八年原宿表参道欅会理事長。一方で、昭和五四年 National Association of Underwater Instructors (NAUI), Instructor 認定。昭和六〇年ナウイエンタープライズ（NAUI日本法人）設立。学生時代より海洋生物研究を通じて図鑑作成・水中映画撮影を行い、映像制作会社のプロデューサー業務を担当。多角的な観点から、環境問題、特に都市と環境についての研究を行う。

太田浩史
Ota Hiroshi

建築家、ヌーブ代表

昭和四三年、東京生まれ。博士（工学）。平成三年東京大学大学院研究科建築学専攻修士課程修了。東京大学生産技術研究所助手を経て、平成一二年デザインヌーブ共同設立。平成一五～二〇年、東京大学国際都市再生センター特任研究員、平成二一～二七年、東京大学生産技術研究所講師。平成二七年より株式会社ヌーブ代表取締役。作品に「矢吹町第一区自治会館」、共著に『コンパクト建築設計資料集成［都市再生］』、『シビックプライド１・２』など。平成一四年より東京ピクニッククラブ共同主宰。

三浦詩乃
Miura Shino

東京大学大学院新領域創成科学研究科特任助教

昭和六二年、長崎県生まれ。博士（環境学）。東京大学大学院新領域創成科学研究科修了。令和二年より現職。令和元年国土交通省都市の多様性とイノベーションの創出に関する懇談会コア委員を務めるなど、人間中心の街路施策の提言を行う。編著に『ストリートデザイン・マネジメント――公共空間を活用する制度・組織・プロセス』、翻訳書に『ストリートファイト 人間の街路を取り戻したニューヨーク市交通局長の闘い』（いずれも学芸出版社）。

長谷部健
Hasebe Ken

渋谷区長

昭和四七年、渋谷区神宮前生まれ。株式会社博報堂退社後、ゴミ問題に関するNPO法人green birdを設立。原宿・表参道からはじまり全国六〇ヶ所以上でゴミのポイ捨てに関するプロモーション活動を実施。平成一五年に渋谷区議会議員に初当選、三期一二年務める。平成二七年の渋谷区長選挙に無所属で立候補し、当選。現在二期目。

名和晃平
Nawa Kohei

彫刻家、Sandwich Inc. 主宰、京都芸術大学教授

昭和五〇年、大阪府生まれ。平成一五年京都市立芸術大学大学院美術研究科博士課程彫刻専攻修了。博士第一号を取得。平成二二年京都市伏見区に自身のスタジオである「Sandwich」を創設。現在京都芸術大学教授を務める。令和二年の明治神宮鎮座百年祭において、明治神宮ミュージアム前に「ホワイトディア(White Deer)」、本殿前の南神門に「鳳/凰(Ho / Oh)」を特別展示した。

原田一敏
Harada Kazutoshi

東京藝術大学名誉教授、刀剣研究者

昭和二五年、横浜市生まれ。國學院大学文学部史学科卒業。日本美術刀剣保存協会研究職を経て、昭和五五年より東京国立博物館学芸部に所属。金工室長、法隆寺宝物室長、上席研究員を歴任。平成二二年より東京藝術大学美術館教授、平成二九年よりふくやま美術館館長。著書に『茶の湯釜——芦屋と天明』(至文堂、平成一二年)、『自在置物』(マリア書房、平成一二年)、共著監修に『名刀大全』(小学館、令和二年)、『茶の湯釜の歴史——芦屋・天明から京釜へ——』(淡交社、平成二八年)で國華図録賞受賞。

廣瀬浩保
Hirose Hiroyasu

明治神宮禰宜、百年誌編纂室室長

昭和三七年、埼玉県生まれ。早稲田大学教育学部地理歴史専修卒業。広告制作プロダクション勤務を経て、國學院大學で神道学を専攻。平成七年、明治神宮に奉職、同二八年、禰宜。展覧会運営、広報誌制作、式年催事企画などの社務を担当し、令和三年より百年誌編纂室室長。

いとうせいこう
Ito Seiko

作家、クリエーター

昭和三六年、東京都生まれ。昭和六三年に小説『ノーライフ・キング』でデビュー。平成十一年、『ボタニカル・ライフ』で第一五回講談社エッセイ賞受賞、『想像ラジオ』で第三五回野間文芸新人賞受賞。近著に『鼻に挟み撃ち』『「国境なき医師団」を見に行く』『小説禁止令に賛同する』『今夜、笑の数を数えましょう』『ど忘れ書道』『ガザ、西岸地区、アンマン』『福島モノローグ』などがある。現在河北新報、文藝にて『東北モノローグ』を連載中。

塩沼亮潤
Shionuma Ryojun

大行満大阿闍梨、福聚山慈眼寺住職

昭和四三年、仙台市生まれ。同六二年、吉野山金峯山寺で出家得度。平成十一年、過去一三〇〇年で二人目となる、一日四八キロメートルの険しい山道を千日間歩きつづける「大峯千日回峰行」を満行。同一二年、九日間の断食・断水・不眠・不臥のなか、二〇万編の御真言を唱えつづける「四無行」を満行。同一八年、「八千枚大護摩供」を満行。現在、仙台市秋保・慈眼寺住職。大峯千日回峰行大行満大阿闍梨。著書に『人生生涯小僧のこころ』(致知出版、平成二〇年)、『幸いをいただきまして　このひとときを大切に』(幻冬舎、令和三年)など。

明治神宮《めいじじんぐう》100年《ねん》の森《もり》で未来《みらい》を語《かた》る
M《えむ》の森《もり》連続《れんぞく》フォーラム全記録《ぜんきろく》

二〇二三年一月一日　第一刷発行

編者　明治神宮国際神道文化研究所
発行者　新妻 充
発行所　鹿島出版会
〒一〇四―〇〇二八
東京都中央区八重洲二―五―一四
電話　〇三―六二〇二―五二〇〇
振替　〇〇一六〇―二―一八〇八八三

印刷・製本　壮光舎印刷
デザイン　加藤賢策、鎌田紗栄（LABORATORIES）

ISBN 978-4-306-08570-1 C3036

本書の内容に関するご意見・ご感想は左記までお寄せ下さい。
URL: https://www.kajima-publishing.co.jp/
e-mail: info@kajima-publishing.co.jp